SOCIAL WORK WITH FAMILIES

가족복지론

정완립 오정화 장 미 최인하 이재근 박신영 공저

YANGSEOWON
양서원

머리말

가족은 다양한 민족적·문화적 특색을 가지고 있는 존재이며, 이에 따라 부모 관계나 부부관계의 가족 형태가 규정된다. 가족은 사회의 가장 중요한 기본단위이며 개인의 행복이나 사회의 통합 및 안정을 위한 중요한 요소를 지니고 있다. 이에 사회복지에서는 현대의 가족 문제가 중요한 관심의 대상이 되어 왔다. 특히 현대 사회복지의 역사는 자본주의 사회에서의 비인간화에 대응한 가족 기능의 보완과 대체, 강화의 역사이며 나와의 도전적 삶에 대한 싸움의 역사라고 볼 수 있다. 그러므로 사회와 국가는 법에 의한 강제뿐만 아니라 모든 수단을 가족복지정책 등으로 하여금 가족집단의 결속을 강화해 나가야 하며 가족생활의 유지·강화를 위해 노력하고 있다. 국가나 사회는 경제적·사회적 곤궁이나 가족관계의 장애로 고통 받는 가족원들의 복지를 위한 규범적 방법뿐만 아니라 실질적인 복지정책과 서비스가 필요하다. 현대사회에서 가족 변화와 여기에서 파생되는 가족문제는 개별 가족의 차원에서뿐만 아니라 사회 전체의 문제로 나타나는 것이 보통이다. 그래서 가족은 사회질서 유지를 위한 사회화 과정과 사회통제의 근원적 역할을 감당하고 있기 때문에 사회를 지탱하는 기반이 되고 있다. 따라서 가족의 위기는 곧 사회의 위기로 확대되기도 한다. 그리고 한국 사회의 가족 변화는 세계사적으로 유례가 없을 정도로 빠른 산업화의 역사와 함께 급격하게 진행되고 있다.

가족의 범주를 살펴보면 우리나라 민법 제779조에 따라 "호주의 배우자, 혈족과 그 배우자, 기타 본 법에 의하여 그 가에 입적한 자"는 가족이 되므로 부부와 자녀 이 외에 다세대 또는 호적에 기록된 자로서 범위가 다양해질 수 있다. 그리고 가족은 단순한 혈연관계가 아니라 가정 내부의 인간관계를 형성하고 연결하는 방식이며, 개별적으로 재산을 소유하고 관리하는 개인복지를 제공하되 공개념의 인식적 출발이며 자녀양육을 위한 헌신적 가정 단위라 할 수 있다. 따라서 가족문제가 단순히 개별적인 문제가 아니라는 인식은 이에 대한 사회 차원의 적극적인 대응 방안을 강구하게 한다.

한국 사회의 가족문제에 대한 통념은 산업화에 의한 핵가족화에 따라 가족주의적 가치체계가 개인주의적 가치체계로 빠르게 진전되는 과정에서 야기되었다.

이를테면, 핵가족이 증가함으로써 첫째, 가족부양체제가 약화되어 노인문제, 청소년문제 등이 발생하였고, 둘째, 개인주의가 만연되어 독신, 동거의 형태와 이혼 및 사별로 인한 한부모가족으로 인한 문제가족이 증가하고 있다. 한편 여성의 취업으로 인하여 자녀양육과 사회화, 가사노동에 공백이 생기고 가부장권이 흔들리는 현상 등이 문제의 핵심이 되고 있다. 그리고 가족이 스스로의 부양체제를 구축하여 자생적인 대책으로 노인, 아동, 장애인, 병약자 등의 안녕을 보호해야 한다는 보수적인 가족 관점인데, 국가의 정책 목표는 부양체제에 열악한 문제가 있는 가족을 선별적으로 지원하는 정책 방안이다. 이에 대한 비판으로 우리의 열악한 복지 현실을 은폐하려는 의도가 있다는 주장도 있다. 따라서 국가가 가족복지정책에 적극 개입하여야 하며 복지정책을 통하여 보편적 복지를 실천하고 전 국민으로 수혜자를 확대하여야 한다. 따라서 실직자가족, 다문화가족, 맞벌이가족, 이혼가족, 기러기가족 등 현대 한국 사회의 가족복지의 현안 주제에 대하여 진보적 입장에서 관점의 사회화가 필요하며, 이 책에서는 다양한 가족 유형을 인정하고, 건강한 가족 모형을 제시하면서 예방적 가족복지의 실천 방안에 초점을 두었다.

이 책은 대학에서 가족복지 교재로 사용할 수 있도록 최근의 가족복지 동향 및 연구자료, 가족복지서비스 현황과 정책 대안 등으로 구성되었다. 가족복지에 관심을 가지고 있는 학생들과 가족복지실천전문가, 그리고 자원봉사자에게 현장에서 실무를 위한 지침서로 도움이 될 수 있기를 기대해 본다.

끝으로 이 책이 출판될 수 있도록 아낌없이 지원해 주신 박철용 회장님 이하 임직원들께 감사의 말씀을 전한다.

2025년 6월

저자 일동

Contents

Contents

Contents

CHAPTER 01 가족의 의미와 기능

1. 가족과 가정의 정의
2. 가족의 구조와 기능

가족은 시대와 문화에 따라 변화를 거치면서 인류 역사상 가장 오랫동안 지속되어 온 사회를 이루는 가장 기본적인 제도다. 이렇게 오랫동안 가족이 존속할 수 있었던 것은 그만큼 가족이 인간에게 소중하기 때문일 것이다. '가화만사성(家和萬事成)'이라는 말에서도 알 수 있듯이, 우리 사회에서는 가족이 근본이라는 사고가 오랫동안 지배해 왔다. 이 장에서는 가족이 인간에게 얼마나 중요한지 탐색하고 가족의 개념을 다각적으로 조명해 보고자 한다.

1. 가족과 가정의 정의

세계 어느 곳에 가서 물어본다 해도 사람들은 가족이 소중하다고 답할 것이다. 그런 의미에서 가족의 소중함은 보편적인 특성으로 보인다. 그런가 하면 각 사회에서 가족의 의미는 그 나라의 역사·문화적 맥락에 따라 차이를 보일 것이다. 이와 같이 가족이 소중하다는 것은 보편성을 지니지만, 소중함의 방식과 정도는 나라 및 사회에 따라 차이가 있다.

1) 가족과 가정의 정의

가족은 인류가 만들어 낸 가장 오래된 기본적인 사회단위이다. 가족은 역사와 민족, 시대적 변천 및 사회문화에 따라 다양한 형태로 나타나므로 한마디로 정의하기 어려우며, 현대사회의 변화에 따라 가족의 개념도 변하고 있다. 기본적으로 가족은 혼인관계를 통해 형성되는 혈연관계 및 생활공동체이며, 인간의 생리적 및 정서적 욕구와 관계적 기능을 중요시하며 가족의 다양성을 인정, 충족시켜주는 안식처인 동시에 애정적인 인간관계의 장이라 할 수 있다.

반면 현대 가족은 사회 변화에 따라 혈연관계를 필수조건으로 하지 않고 오히려 정서적·관계적 기능을 중요시하며 가족의 다양성을 인정한다. 따라서 가족이란 가정생활을 유지하기 위한 특정한 역할과 지위를 가지고 있고, 가족구성원 간의 상호 성장과 발달을 지지하는 집단이라고 정의할 수 있다.

(1) 사전적 정의

① 가족

가족은 '어버이와 자식, 형제자매, 부부 등 혈연과 혼인관계 등에 의해 한 집안을 이룬 사람들의 집단(공동체) 또는 그 성원'(새우리말 큰 사전, 2000)이라고 되어 있다. 이때 집단을 말할 때는 가정(家庭)이라고 하며, 그 구성원을 말할 때는 가솔(家率)이라고 부른다.

② 가정

가정[1]은 '가족이 함께 생활하는 사회의 가장 작은 집단', '한 가족이 살림하고 있는 집단', '한 개인이나 가족이 생활하는 장소'로 정의할 수 있다. 가정은 가족의 공동생활이 이루어지는 장소일 뿐 아니라 휴식과 안정이 있는 따뜻한 보금자리를 의미하므로 가정이라는 뜻을 명확히 규정하기에는 미흡하다(김경원, 2005).

(2) 법적 정의

건강가정기본법 제3조에서는 '가족이라 함은 혼인, 혈연, 입양으로 이루어진 사회의 기본단위를 말한다.'라고 명시되어 있다. 또한 '가정이라 함은 가족구성원이

1) 세계인권선언의 제16조 제3항에 따르면, "가정은 사회의 자연적이고 기초적인 단위이며, 사회와 국가의 보호를 받을 권리가 있다."라고 한다.

생계 또는 주거를 함께 하는 생활공동체로서 구성원의 일상적인 부양, 양육, 보호, 교육 등이 이루어지는 생활 단위를 말한다.'라고 명시되어 있다.

① **가족**2)

- 어떠한 신념, 종교, 철학 등으로 연결된 사람들을 뜻한다.
- 동일한 집에서 생활하는 사람들을 말한다.
- 부모와 그들이 양육하는 자녀로 구성되는 하나의 사회적 지위를 가리킨다.
- 조상이나 결혼에 의해 관계를 갖게 되는 사람들의 집단(친족)이다.

② **가정**

- 한 개인이나 가족이 생활하는 장소(거주지)이다.
- 인간이 태어났거나 양육된 장소(고향, 본국)이다.
- 집(가정)으로 생각되는 장소이다.
- 하나의 단위로서 가족구성원과 그 내부에서 발생하는 사건(이혼 등)을 가리킨다.
- 고아나 노인을 보호하는 시설을 의미하기도 한다.

(3) 학자들의 정의

머독(Murdock, 1949)의 핵가족적 정의와 레비스트로스(Levi-Strauss, 1969) 등의 확대가족적 정의가 가장 보편적으로 알려진 정의이다.

2) 가족의 범위(민법 제779조): 우리나라 민법상의 가족의 범위는 배우자, 직계혈족 및 형제자매와 생계를 같이 하는 경우에 직계혈족의 배우자, 배우자의 직계혈족 및 배우자의 형제자매를 포함한다.

표 1-1 가족에 대한 학자들의 정의

머독 (Murdock, 1949)	• 가족은 공동 거주와 경제적 협력을 하며 생식을 특성으로 갖는 사회집단으로, 부부와 그들의 자녀(양자)로 구성된 집단이다. • 핵가족을 중심으로 한 기능론적 입장의 가족을 설명하는 정의이다.
버제스 (Burgess, 1963)	• 가족은 상호 작용하는 인격체들의 통일체로서 가족원 각자의 역할을 수행하면서 구성원 간의 상호작용과 의사 교환을 통해 공통의 문화를 창조, 유지해 가는 집단이다.
레비스트로스 (Levi-Strauss, 1969)	• 가족은 결혼으로 시작되며 부부와 그들 사이에서 출생한 자녀로 구성되지만 이들 외에 가까운 친척이 포함될 수 있고, 가족구성원은 법적 유대 및 경제적·종교적인 것 등의 권리와 의무, 성적 권리와 금기, 애정, 존경 등의 다양한 심리적 정감으로 결합된다. • 머독에 비하여 보다 확대된 범위를 포함하였으며 가족의 사회심리적 측면을 강조했다.
올슨과 드프레인 (Olson & Defrain, 2003)	• 가족은 2인 이상의 가족원들이 '서로 돕고 몰입되어 있으며, 애정과 친밀감, 가치관, 의사소통과 자원을 서로 나누는 집단'으로 정의하여 가족 간의 정서 관계적 측면을 강조했다.
터너와 웨스트 (Turner & West, 1998)	• 가족은 스스로 혹은 타인과의 관계를 통해 친밀한 집단을 형성하고 유지하는 스스로 규정한 집단이다.
유영주(2000)	• "인간의 본질적 특성인 개체성과 반개체성, 즉 개인으로서의 '나'와 관계로서의 '나'의 욕구를 충족시켜 줄 수 있는, 상호작용하는 생활 공동체적 집단"이다.

(4) 기타 정의(가족과 유사한 용어)

① 친족

가족과 관련된 용어 중에서 친족은 배우자, 혈족 및 인척을 의미한다(민법 제767조).

혈족은 자기의 직계존속과 직계비속을 직계혈족이라 하고, 자기의 형제자매와 형제자매의 직계비속, 직계존속의 형제자매 및 그 형제자매의 직계비속을 방계혈족이라 지칭한다(민법 제768조). 혈족의 배우자, 배우자의 혈족, 배우자의 혈족의 배우자를 인척으로 지칭한다(민법 제769조). 친족의 범위는 다른 법률에 특별한 규정이 없는 한 8촌 이내의 혈족, 4촌 이내의 인척, 배우자를 의미한다(민법 제777조).

② 가정, 가구, 가계

표 1-2 가족의 구조 형태

구분	내용
가정(home)	'가족이 생활하는 생활공동체'라는 공간적 의미가 있다.
가구 (household)	1인 또는 2인 이상이 모여서 취사, 취침 및 생계를 같이 하는 생활단위'를 말한다.
가계	첫째, 외형적인 면에서는 혼인과 혈연, 또는 양자 간의 관계를 통하여 결합된 집단을 말한다. 둘째, 기능적인 면에서 사회 전체의 맥락과 연결되는 여러 가지 과업을 수행하는 제도를 말한다. 셋째, 가족구성원 상호 간의 정서적인 표현을 위한 심리적 집단을 뜻한다.

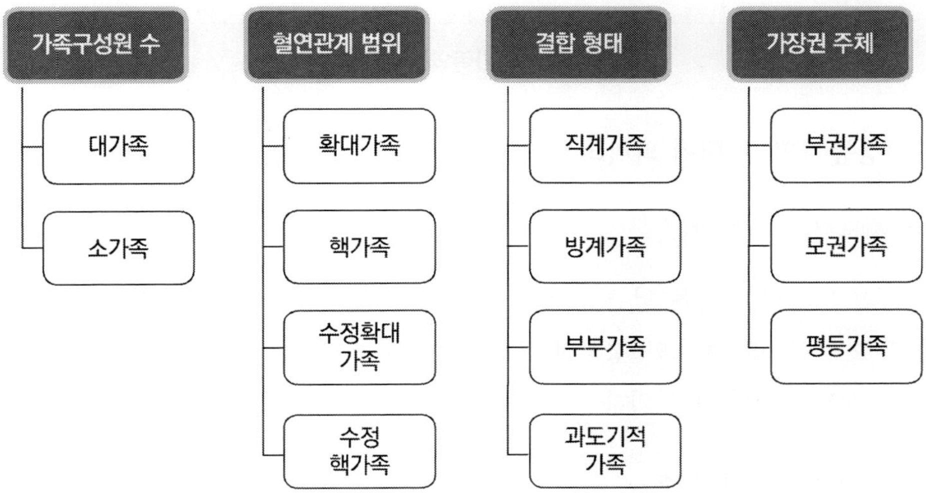

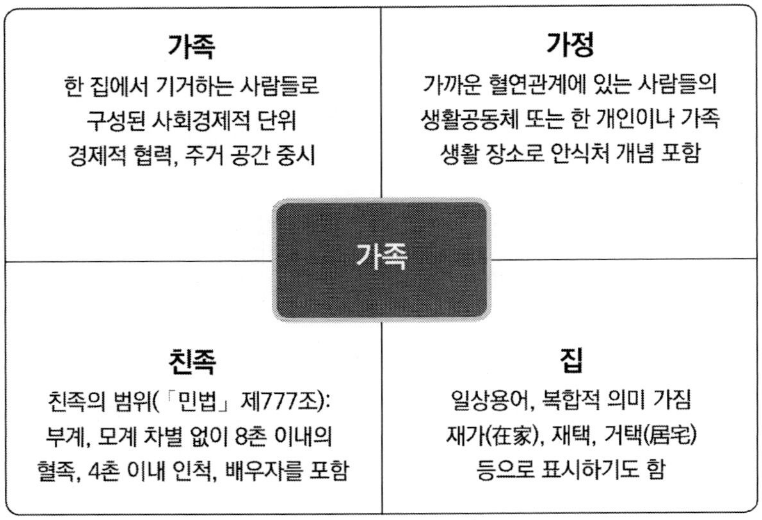

그림 1-1 **가족의 유사 용어**

(5) 전통적 및 현대적 의미의 정의

① 전통적 의미의 가족

전통적 의미의 가족은 남편과 부인, 그리고 그 자녀라는 혼인과 혈연에 기초한 집단으로서 공동의 주거와 정의적 유대, 보호와 지원의무로 통합되기를 기대하는 전통적 신념이 반영되어 있다.

② 현대적 의미의 가족

현대적 의미의 가족은 입양가족, 한부모가족, 무자녀가족, 재혼가족, 분거가족 등 다양한 가족의 등장으로 인한 사회 변화가 반영되었다. 학자들은 사회 변화에 따라 발생하는 다양한 가족을 올바르게 이해하기 위해서는 하나의 '가족(the family)'이라는 고정된 시각에서 '가족들(families)'이라는 새로운 개념으로 변화되어야 한다고 주장한다.

2) 가족의 특징과 가족을 보는 관점

(1) 가족의 특징

① 1차적 집단

쿨리(Cooley)는 인간의 접촉방식에 따라 1차적 집단(primary group)과 2차적 집단(secondary group)으로 구분한다. 이 중 가족은 1차적 집단이며 각 개인 상호 간의 친밀한 관계를 유지함으로써 일체감을 갖게 되는 집단이다. 1차적 집단에서 갖는 관계는 직접적(face- to-face)이고 친밀하며, 항구적으로 지속되고, 구성원들은 하나의 공통된 전체 속에 융합되어 '우리'라는 강한 일체감을 유지한다.

반면 2차적 집단이란 간접적 거리를 가지고 접촉하는 결합관계를 갖는 것으로 그 구조가 비교적 복잡하고 제도화된 집단을 말한다(예: 조직, 국가, 사회 등).

② 공동사회 집단

퇴니스(Tönnies)는 '가족은 구성원 상호 간의 사랑과 이해로 결합되어 분열되지 않는 본질적인 결합관계를 가지는 게마인샤프트(gemeinschaft)'라고 하였으며, 가족원 간의 상호 신뢰를 바탕으로 한 정서적이고 감정적 기초로 성립되는 관계라고 주장했다.

(2) 가족을 보는 관점

① 전통적(보수적) 관점

가족의 전통적 정의는 '결혼, 혈연, 혹은 입양에 의해 형성되는 사회적 관계'로, 이때 결혼은 법적 효력이 있다. 가족은 정서적 지지 및 유대감, 자녀 출산, 양육, 교육 및 사회화, 성적 배타성, 경제적 공동체, 집단으로서의 정체성 및 문화의 세대 간 전달 등의 기능을 영속성을 갖고 수행하는 공동체를 의미한다.

초기 구조기능주의 및 마르크스주의자들은 가족을 사회 유지를 위해 필수적인 기능을 행하는 사회제도로 전제하여 하나의 단위로 규정했다. 구조기능주의 및 마르크스주의자들은 그 안에 포함된 개인의 자율성이나 가족의 사회적 영향력은 간과하고 가족을 사회 변화에 영향을 받는 제도로 인식하였다. 또한 가족을 사회로부터 고립된 자족적이고 자립적인 사적 영역, 즉 사회와 별도로 분리된 영역으로 인식했다.

전통적 관점에서 가족은 시민사회의 가장 기본적인 단위이기 때문에 가족에 대한 사회의 개입을 강조했다. 전통적 관점에서는 한부모가족의 증가를 아동의 빈곤과 연결되므로 가장 우려되는 가족증상으로 진단하고, 결혼에 대한 개인과 문화에서의 헌신이 감소하고 이혼이나 비합법성에 대한 편견이 줄어드는 것을 문제로 지적하면서 젊은이들의 무책임한 출산을 비판했다.

② 자유주의적 관점

자유주의적 관점에서 이상적인 가족모델은 아동의 정서적·지적 능력 증진을 위해 부모가 좋은 직업과 안정된 수입이 있으며, 은퇴 후의 생활도 충분할 정도로 수입이 있는 가족이다. 시장경제체제의 경제적 구조 변화가 가족과 성역할을 변화시키면서 가족의 다양한 관계적 변화를 유도했다고 가정한다.

자유주의적 관점은 경제구조 변화로 가족이 새로운 요구에 직면하게 되는데, 이를 이겨낼 사회적 지지체제 없이 변화가 이루어지고 가족의 준비가 부족하여 문제가 발생되었다고 여긴다. 또한 여성의 사회참여가 증가하고, 가족의 경제적 기능이 약화되면서 가족의 정서적 만족이 중요해졌기 때문에 정서적 요구가 맞지 않을 때 가족이 쉽게 붕괴된다고 본다. 또한 여성의 평등권과 직업 불안정성, 자녀 교육비용의 증가로 인한 경제적 요구의 증가로 여성의 취업이 계속 증가하게 되는 제도 자체를 가족의 문제로 인식했다.

③ 여성학적 관점

여성학적 관점에서 사회적 성은 생물학적 성을 기반으로 하여 사회심리학적으로 학습된 행동과 기대를 뜻하며, 남녀별로 다른 역할을 기대하는 문화적 속성에서 이루어진다고 본다. 이상적인 가족모델은 제도로서의 가족(보수적 관점에서의 가치)과 현대성의 존중(자유주의의 가치)과 함께 여성의 종속적 지위와 관련된 문제 해결을 통해 가족을 유지하고 아동을 건강하게 키울 수 있는 환경을 만드는 것이라고 본다.

가족과 사회의 상호작용에 중점을 두고, 가족을 자연발생적이고 생물학적인 제도가 아니라 사회적이며 역사적인 현상으로 파악한다.

3) 가족의 소중함

어떤 범죄 영화에 나오는 장면이다. 주인공이 금발의 여자친구에게 "친구는 고를 수 있지만 형제는 고를 수 없다."라고 말하면서 식탁에서 단호하게 일어선다. 그는 옷장에서 권총을 꺼낸 뒤 가죽점퍼 안의 벨트 속에 감춘다. 그러고 나서 위험에 처한 동생을 찾기 위해 밖으로 나간다(정미라 역, 2008).

'피는 물보다 진하다'라는 속담이 있다. 이 말은 가족이 무엇인지 잘 드러내 준다. 영화의 주인공은 가족의 본질을 집약적으로 표현해 냈다. 물론 사람은 친한 친구가 위험에 처한다면 그를 돕기 위해 나설 수 있다. 이는 우정을 위한 자발적 행위다. 그러나 가족의 경우는 원하든 원하지 않든, 동생을 좋아하든 싫어하든 간에 도와야 한다. 그것도 친구의 경우보다 훨씬 강한 의지를 가지고 도와야 한다(정미라 역, 2008).

어느 사회에서나 가족은 소중하다. 그러나 우리 사회에서 가족은 더욱 특별한 의미를 지닌다. 사회심리학자 에리히 프롬(E. Fromm)에 따르면, 사회적 성격은 "한 집단 대부분의 구성원이 내면화하고 있는 성격 구조의 본질적 핵심체로서, 해당 집단

공동의 기본적 경험과 생활양식의 결과로 발달한 것"을 일컫는다. 한국인의 사회적 성격에 주목한 대표적 연구로는 최재석의 『한국인의 사회적 성격』(1994)을 들 수 있다. 그는 한국인의 사회적 성격을 '가족주의'라고 결론짓는다. 그에 의하면, 가족을 기준으로 한 가치관에 따라 인간 존재의 의미와 사회 질서를 이해하며, 그 이해를 바탕으로 바람직한 행동 규범 및 삶의 지향점을 모색하는 이른바 가족 중심주의 세계관을 지닌 한국 사회에서, 가족의 신성성은 그 어느 사회보다 강력하게 작동하고 있음이 분명하다.

한국인의 사회적 성격으로서의 '가족주의'는 ① 사회 구성단위는 집(家)이라고 인식하고, ② 집을 어떠한 사회집단보다 중시하며, ③ 개개인은 집으로부터 독립된 존재가 아니라 집과 긴밀히 연계되고, ④ 집안의 인간관계는 상하 신분 서열에 근거하여 이루어지며, ⑤ 가족 내 인간관계는 외부 사회로까지 확대되어 유사 가족공동체를 이룬다는 특징이 있다(Fromm, 2005; 최재석, 1994; 함인희, 2009, 40-41 재인용).

한국에서 가족주의가 그 위력을 잃지 않고 오히려 강화되고 있는 것은 한국 사회의 변화 과정과 밀접한 관계가 있다. 즉, 한국 사회는 해방과 6.25 전쟁을 비롯한 극심한 사회혼란기를 거치면서 가족 이외에는 자신을 보호해 줄 어떠한 조직도 없음을 실감하는 동시에, 생존 자체가 위협받는 한계 상황에서 직계가족 중심의 연줄망에 기초한 사회조직 원리 및 가치규범이 크게 흔들리지 않았다. 이후, 급격하고도 농축된 사회 변화 과정에 사회적 혼란과 개인적 불안이 확산되면서 집단주의적이고 배타적인 성향의 가족주의가 확대된 것으로 보인다(조혜정, 1985, 1988; 함인희, 2003: 9 재인용).

최근 우리 사회에서는 고난을 함께 돌파하기 위해 가족이 뭉치는 사회적 현상을 신가족주의[3]라고 부르고 있다. 이에 대해 '신가족주의'라는 이름으로 혈연가족 관

3) 한국 사회에서도 가족 뭉치기가 화두요, 경제 위기의 여파다. 삼성경제연구소는 한국 경제 10대 트렌드 중 하나로 신(新)가족주의 문화의 대두를 꼽았다. 생계비와 자녀양육 부담이 커진 젊은 세대들이 부모와 살림을 합치는 '불황형 대가족'이 늘어난다는 것이다. 일종의 역(逆) 분가다. 혈연 유대감에 기대는 가족형 상업 같은 비(非)시장 영역도 더 활발해질 것으로 보았다.

계와 가부장적 제도를 강화하려는 움직임이라는 비판의 목소리도 있다. 한국여성민우회는 2012년 가족토론회 '신가족주의사회, 전업주부를 말한다.'에서 1997년 이후 등장한 신가족주의가 여성의 역할을 아이 낳기와 양육에 한정해 여성에게 가족을 위해 감정치료사, 교육 매니저, 가정의 CEO가 될 것을 강요한다고 비판하였다(한국여성민우회, 2011). 신가족주의의 대두와 이에 대한 비판은 어느 입장이 옳다는 것을 떠나, 우리 사회에서 가족이 그만큼 핵심적인 위치에 있음을 입증해 준다.

경제 위기는 가족의 형태를 바꾸는 동시에 가족의 내면을 깨운다. 문득 의지할 곳이 사라졌을 때 가족이 소리 없이 다가와 그 빈자리를 채운다. 외환위기 때처럼 가족을 소재로 한 소설, 드라마, 공연, 광고들이 다시 부쩍 늘었다. 15여 년 전 위기 당시 가족의 표상은 아버지였다. 시한부 삶에 직면한 가장의 쓸쓸한 뒷모습을 그린 김정현의 소설 『아버지』는 깊은 연민을 불러일으키며 가족 간 화해의 모티브가 됐다. 지금은 어머니다. 신경숙의 소설 『엄마를 부탁해』의 출발점인 노모의 실종은 익숙한 것들과의 단절이다. 그동안 당연한 듯, 귀찮은 듯 누려 온 관심, 배려, 풍요가 갑작스러운 재난을 통해 고통스럽게 살아난다. 경제적 단절이라는 소설 밖 상황은 어머니 품의 넉넉함과 편안함을 더욱 부각시킨다. 아버지라는 말에는 가슴이, 어머니를 부르면 눈시울이 뜨거워진다. 조건 없는 베풂과 자기희생이 가족의 원천이자 힘이다. 고용대란 속에서 50대 여성의 취업률이 늘어난 것도 가족을 책임지려는 어머니 세대의 분투일 것이다. 가족 또는 가계는 경제의 최소 단위다. 위기 극복의 단초이기도 하다. 고난을 함께 돌파하려는 가족의 결집이 바로 신가족주의다(김회평, 2009).

2. 가족의 구조와 기능

1) 가족의 구조

산업화에 따라 가족구조에 많은 변화가 나타났다.

첫째, 가족원 수는 각 사회의 문화적 배경과 사회 환경 등에 의해 차이가 날 수 있으며 역사적 사건이나 산업화 정도, 가족정책 등에 따라 변화한다.

둘째, 가족은 세대별 또는 결합범위별 가족유형으로 구분된다. 세대별 가족유형은 우리나라 인구센서스 조사 지표상 1세대, 2세대, 3세대 이상 가구, 1인 가구, 비친족 가구로 구분된다.

결합범위별 가족유형은 크게 1인 가구, 과도적 가족(형제 또는 오누이가족), 부부가족(부부 또는 부부자녀, 가구주의 미혼 방계혈족이 포함된 가족), 직계가족(직계2대 이상의 부부와 미혼자녀 또는 가구주의 미혼 방계혈족이 포함된 가족), 방계가족(가계계승에 참여치 않는 가구주의 직계비속과 그 배우자 또는 가구주의 기혼방계 혈족을 포함하는 가족) 등 다섯 가지로 구분된다.

표 1-3 장래가구추계

세대	일반가구에 한하여 가구주와 그 가족의 친족관계에 따라 1세대 가구, 2세대 가구 등으로 구분한다.
1세대 가구	가구주와 동일 세대에 속하는 친족만이 같이 사는 가구를 말한다. 예: 부부, 가구주+형제자매(기타 친인척) 등
2세대 가구	가구주와 그 직계 또는 방계의 친족이 2세대에 걸쳐 같이 사는 가구를 말한다. 예: 부부+자녀, 부+자녀, 모+자녀, 부부+부모 등
3세대 가구	가구주와 그 직계 또는 방계의 친족이 3세대 이상에 걸쳐 같이 사는 가구를 말한다. 예: 부부+자녀+부모, 부부+자녀+손자녀, 부부+자녀+손자녀+부모 등

출처: 통계청(2017).

부부(또는 한 부모)인 핵가족과 부부와 양친(또는 편친) 부모로 구성된 가족, 부부와 양친(편친)부모와 미혼자녀로 구성된 직계가족으로 구분할 수도 있다(김경혜, 1994).

가족구조의 변화 연구에서 편부모가구, 가족공동체적 가족, 노인공동체, 미혼남성어른과 다자녀가족, 집합가족, 조부모가족 등 다양하고 새로운 가족 유형이 제시되었다(정광조, 1996).

2) 가족의 기능

가족의 기능이란 가족이 수행하는 역할, 행위를 뜻한다. 가족행동의 결과는 가족원의 욕구 충족과 사회의 유지 존속에 영향을 미친다. 가족의 기능은 가족의 구조와 형태와는 다르게 가족으로서 갖추어야 할 필수 기능이다.

(1) 가족의 기능

① 고유기능

- **대내적인 기능**: 애정, 성의 기능과 생식, 양육의 기능
- **대외적인 기능**: 성적인 통제와 사회구성원의 충원 기능

② 기초기능

가족이 가지는 생산과 소비의 경제적 측면을 의미한다.

- **대내적인 기능**: 생산과 소비의 기능
- **대외적인 기능**: 노동력의 제공과 생활 보장, 경제질서의 유지 기능
- **오늘날의 가족**: 생산기능 〈 소비기능

③ 부차적 기능

- **교육적 기능**: 문화전달기능에 대응한다. 양육의 기능으로서 자녀가 사회에 적응하는 데 필요한 지식, 기술, 규칙 등의 기초적인 사회화를 시켜준다. → 오늘날에는 가족 밖에서 수행하는 비율이 높아졌다.

- **보호적 기능**: 외적 위험으로부터 가족구성원과 가족의 재산을 보호한다.
- **휴식의 기능**: 가족구성원에 대해 심신의 긴장과 피로를 해소하고, 노동력을 회복시킨다.
- **오락의 기능**: 가족구성원의 오락적 욕구를 충족시키는 기능이며 교육적 의미를 수반한다. 오늘날 컴퓨터, TV, 스마트폰의 영향력이 증가함에 따라 가족의 오락 기능이 위협 받고 있다.
- **종교적 기능**: 가족의 신앙적 욕구를 충족시키는 기능이며, 오늘날 이 기능은 감퇴되었다.

표 1-4 가족의 기능

성격	대내적 기능 (가족구성원 개인에 대한 기능)	대외적 기능 (사회 전체에 대한 기능)
고유 기능	애정, 성	성적 통제
	생식, 양육	자손의 재생산(사회구성원 충족)
기초 기능	생산(고용, 수입 획득)	노동력 제공, 분업에 참여
	소비(의식주, 문화적 욕구 충족)	생활 보장, 경제 질서의 유지
부차적 기능	교육(개인의 사회화), 보호, 휴식, 오락, 종교	심리적·신체적·문화적·정신적 안정

④ 듀발(Duvall, 1985)의 가족의 기능

인간의 발달과 상호작용이 이루어지는 사회적 단위로서의 가족 기능에 중점을 두었다(현대 가족이 수행해야 하는 기능).

가. 애정 도모 기능

사회 변화에 따라 가족원 간의 사랑이 중시되며, 부부간의 사랑이 가족의 뿌리이다. 사랑에 기반을 둔 가족은 부부뿐 아니라 자녀에게 지지와 안정을 제공하여 가족 모두가 행복할 수 있다.

나. 안정감 부여 및 수

가정은 언제나 심신이 편히 쉴 수 있는 안식처로서의 안정감을 제공해 주어야 하며, 가족 모두는 가족원들의 장점뿐 아니라 단점까지도 있는 그대로 수용하려는 노력을 해야 한다. 또한 부모는 항상 자녀에게 든든한 버팀목으로서 지지와 격려, 안정감을 제공하는 역할을 해야 한다.

다. 만족감과 목적의식 부여 기능

가족은 가족구성원의 걱정을 덜어주고 갈등을 해결하는 데 도움을 줄 수 있어야 한다.

가족은 든든한 울타리로 인식되어 생활의 만족감을 느낄 수 있도록 하여야 하며, 가족구성원 각자가 자신의 삶에 확실한 목표를 갖고 주체적인 삶을 살도록 지원해야 한다.

라. 지속적인 동료감 부여 기능

영속에 대한 욕구는 가족이 해결해 주어야 한다.

부부는 친구 같은 동반자로서 서로에게 힘이 되어 주어야 하며, 부모-자녀 관계도 상하 관계가 아니라 함께 공감하는 동료로서의 모습을 보여야 한다.

마. 사회화 기능

부모는 긴밀한 정서적 유대를 가지고 장기간에 걸쳐 자녀와 상호작용하므로 사회화(사회에 적응하고 기능할 수 있는 인격을 갖춘 인간이 되는 것)의 책임을 맡게 된다.

최근 우리 사회에 문제가 되고 있는 과잉보호 등 사회화의 왜곡을 극복하기 위한 부모의 역할이 요구되며, 부부 공동의 책임으로 함께 양육하면 양성성을 발휘할 수 있게 되므로 자녀는 보다 건강하게 성장할 수 있다.

바. 통제력 및 정의감 확립 기능

가족 안에서 사회생활에 필요한 규칙, 권리, 의무, 책임감 등을 배우면서 자기 자신을 통제할 수 있는 능력을 기르게 된다. 부모와의 관계에서 경험한 칭찬과 벌은 선악에 대한 분별력을 키우고, 도덕, 정의 등의 개념을 형성하는 기초가 될 수 있다.

부모는 자녀의 인격 형성에 미치는 부모역할의 중요성을 깊이 인식하여 역할모델로서 그리고 훈육자로서 당당한 부모가 되어야 한다.

(2) 가족 기능의 변화

과거에는 가족의 외형적인 틀을 유지하는 데 중점을 두었지만, 이제는 가족 내면의 상호작용을 중시하는 것으로 가족 기능이 변화하고 있다.

① **오그번(Ogburn)**: 현대에는 단지 애정의 기능만이 남아 있고 나머지는 전문적인 제도에 흡수되어 가족의 기능이 거의 없어졌음을 주장했다(가족 기능의 축소 주장: 가족의 의미 자체를 부정).

② **아담스(Adams)**: 자녀양육, 사회화의 기능, 애정의 기능 등은 현대사회에서 더 중시되는 가족 기능이라고 주장했다.

③ **파슨스(Parsons)**: 가족은 현대사회의 가장 중요한 조직으로서 자녀의 사회화, 가족원의 심리적 안정 기능이 더욱 강화되어야 한다고 주장했다.

④ **버제스(Burgess)와 로크(Locke)**: 제도적 가족에서 우애적 가족으로 사회 변화에 발맞추어 가족기능이 변화되었다고 주장했다.

가족은 애정과 만장일치만 존재하는 관계가 아니다. 가족은 성별, 나이, 취향 등이 다양한 사람으로 이루어져 있기 때문에 가족구성원은 자신의 입장에 따라 이해관계가 충돌할 수 있다. 예를 들어, 직장에서 남들과 경쟁하면서 성취감을 느끼고 싶은 여성이 전업주부로 살아간다면 과연 행복할까? 적성에 전혀 맞지 않는 일을 하면서 가족을 벌어 먹이기 위해 새벽부터 밤까지 직장에 매여 있는 남편도 행복하다고 할 수 없을 것이다.

그러나 가족구성원이 각자 자신의 위치에 부합하는 기능 수행을 위해 조건들을 무리 없이 충족하기 위해서 누군가 가사노동과 육아 및 노인 부양 등을 감당해야 하고, 또 다른 누군가는 이러한 일에 소요되는 비용을 마련해야 한다. 그리고 이는 가족구성원이 제각기 자신의 역할을 충실히 수행할 때 비로소 가능하다. 이런 견해는 '이상(理想)적 가족이란 기본적으로 애정과 조화 및 가족구성원 간의 만장일치에 기반을 두기 때문에 가족구성원 각자의 관심과 이익보다는 가족 전체의 이익을 위해 협동한다.'는 전제에서 출발한다.

CHAPTER

02 가족복지에 대한 이해

1. 가족복지의 개념
2. 가족복지의 필요성
3. 가족생활주기의 이해
4. 복지국가 가족정책의 지위와 역할

1. 가족복지의 개념

웹스터 사전에 의하면 복지라는 용어는 웰페어(welfare)로서 행운·건강·번영·행복 등의 상태(state or condition with regard to good fortune, health, prosperity, happiness, etc. ect)로 정의되어 있다. 이처럼 복지란 웰빙(well-being) 상태로, 만족스러운 상태를 의미한다. 따라서 복지는 행복, 건강, 만족, 번영의 뜻을 모두 포함하는 아주 좋은 상태라 할 수 있다.

이처럼 복지라는 용어는 독립된 단어이기도 하지만 다른 용어와 함께 복합어로 사용되는 경우가 더 많은데, 어떠한 용어와 함께 사용하느냐에 따라 의미가 달라질 수 있다. 복지는 시민의 기본 욕구를 충족시키고 제도적으로 해결하려고 하는 것이다. 그리고 일반적으로 가족복지란 조화로운 가족관계를 활성화하고 가족생활이 지닌 적극적 가치를 강화함으로써 가족구성원 개개인의 건전한 인격 발달과 사회인으로서의 기능을 수행할 수 있도록 제도적으로 원조하는 모든 사회적 서비스를 포함하는 활동이라고 말할 수 있다.

협의적으로 해석할 때 가족복지는 가족복지사업(family social work, family social welfare, family service)이라고 할 수 있는데, 가족의 현 생활에 있어서의 곤란, 즉 빈곤, 질병, 실업, 가족관계의 붕괴, 행동상의 문제, 정신적 또는 신체적 장애 등으로 인해 가족 개개인의 존엄성이 상실되고 가족생활에 중대한 위기를 직면하면서 겪는 가족의 문제를 해결하고 가족생활을 강화하기 위하여 행하는 조직 활동을 의미한다.

반면 광의로는 가족구성원의 만족스러운 생활에 관한 이상적 상태의 달성을 위하여 가족구성원 개개인뿐만 아니라 가족 전체를 대상으로 하여, 보다 통합적이고 예방적인 서비스를 제공하는 공사(公私) 차원의 사회 공동체적인 개입 노력 또는 활동이라고 말할 수 있다. 즉, 전체로서의 가족의 욕구와 문제에 대응하는 것으로 가족문제의 해결 및 예방, 인간의 상호적 기능 수행의 활성화, 삶의 질적 향상 등에 직접적인 관심을 갖고 가족의 욕구를 자력으로 충족시킬 수 있도록 잠재력을 개발하거나 전문적인 지식과 기술을 동원한 제도적·정책적·기술적 서비스를 제공한다. 이러한 관점에서 가족복지는 요보호 가족을 우선으로 하되 결국에는 모든 가족이 국가나 사회로부터 인간의 존엄성과 인간다운 생활을 할 권리를 보장 받음으로써 가족구성원 전체가 만족스러운 삶을 살 수 있도록 하는 것이며, 가족복지서비스는 요보호 상태에 있는 가족들의 보호 및 재활, 자립 기반의 조성은 물론 이들의 지위 향상과 권익 옹호, 그리고 능력의 개발을 위해 제공되는 일련의 사회복지서비스를 총칭하는 것이라고 정의할 수 있다.

문제를 갖고 있는 개인을 대상으로 하는 일반 사회복지와는 달리 조화로운 가족 관계를 형성하고 가족생활이 갖는 긍정적인 가치를 강화하며 건전한 인격 발달과 사회인으로서의 기능을 촉진하는 것이 가족복지서비스의 목적이다. 이는 가족의 속성, 기능, 가족문제 발생 원인, 서비스의 효과성 등에 관한 가치를 전제로 만들어진 것으로 개인과 가족을 원조의 대상으로 하며, 가족 전체를 서비스의 대상으로 삼는다는 것이 차이점이다.

가족복지란 ① 목적 면에서 살펴보면 국민의 생활권의 기본 이념에 입각하여 가족의 행복을 유지시키고자 하는 것이다. ② 주제 면에서 살펴보면 가족을 포함한 가족구성원 전체가 된다. ③ 대상 면에서 살펴보면 가족구성원 개개인을 포함한 '한 단위로서의 가족 전체'가 된다. ④ 수단적인 면에서 살펴보면 제도적·정책적·기술적 서비스 등 조직적인 제반 활동이 된다. ⑤ 범위 면에서 살펴보면 사회복지의 한 분야가 되고 있음을 알 수 있다. 좀 더 구체적으로 말해서 가족복지는 행복한 가정생활을 의미하며 문제 해결, 예방, 인간의 사회적 기능 수행의 활성화, 생활의 질적 향상 등에 직접적으로 관심을 갖는 사회복지서비스나 과정을 모두 포함한다. 즉 가족복지는 가족구성원 개인이나 가족에 대한 삶의 질을 높이기 위한 서비스뿐만 아니라 가족제도의 정책 등의 강화나 수정 및 변화에 대한 노력까지 포함된다.

1) 목적에 초점을 둔 정의

가족복지를 가족구성원 전체의 기본적인 생활 유지와 관련된 사회복지정책의 하위 영역으로 보며, 구체적으로는 가족생활을 해 나가는 데 필요한 양육과 보호, 정서적 기능을 원활하게 하는 서비스 지원 방법이다.

2) 대상에 초점을 둔 정의

가족복지를 정의할 때 많은 학자들이 '한 단위로서의 가족 전체(family as a whole)'에 초점을 두어 정의하는 경향이 있다. 가족복지가 가족 전체를 대상으로 한다는 것은 가족구성원의 문제를 특정 개인의 문제로 보는 것이 아니라 그 가족구성원의 전반적인 상호작용 속에서 문제를 조사하고 사정하며 개입하는 것을 의미한다.

3) 범위에 초점을 둔 정의

가족복지는 광의와 협의의 개념으로 나누어 볼 수 있다. 광의의 관점에서 가족복지는 사회복지의 거의 모든 제도가 직·간접적으로 가족에 영향을 주기 때문에 사회보장정책, 사회복지정책, 정부의 다양한 행정활동을 가족복지의 영역으로 본다. 협의의 관점에서 가족복지는 사회복지서비스의 한 분야로 규정되는 것으로, 아동복지, 노인복지, 여성복지, 장애인복지 등과 같은 수준으로 한정된 영역의 가족문제를 해결하는 분야로서 기능한다.

2. 가족복지의 필요성

산업화 이전의 가족은 많은 기능을 수행하여 인간의 욕구와 문제가 가족을 통하여 해결될 수 있었으나, 산업화 이후의 가족은 여러 상황으로 인해 급격히 변화하였다. 이에 가족이 수행하던 많은 기능이 축소되고 변화되어 가족은 전통적인 기능에 혼란을 겪게 되었고, 이를 보완하는 측면에서 가족복지의 필요성이 더욱 강조되고 있다.

1) 가족과 사회관계에 대한 시각의 변화

가족과 사회관계의 변화는 가족과 사회관계에 대한 시각의 변화로 확대되었다. 현대사회는 개인과 사회의 존속을 위한 조건으로 가족관계가 없어서는 안 될 중요한 기능을 가지게 되었다. 따라서 가족과 사회의 관계성이 더욱 긴밀해지고 있다. 현대가족은 과거 가족이 지닌 주요 기능이 전반적으로 약화되는 경향이 있으며 스스로의 힘으로는 해결할 수 없는 당면 과제를 안고 있다. 이 당면 과제들은 취업모의 증가, 소가족화, 탈시설화 정책, 사회복지서비스에 대한 비용 절약 정책 등으로 가족구성원의 보호와 복지에 대한 가족의 책임을 예전보다 점점 더 강조하고 있다. 결과적으로, 가족 기능은 약화되면서 책임은 오히려 증가되는 경향 때문에 가족의 책임을 잘 수행할 수 있도록 다양한 가족복지서비스가 제공되어야 한다.

2) 가족 개입의 필요성 증가

가족에 대한 개입의 관점 변화로 인하여 가족복지서비스의 증대가 필요하다. 1980년대 이전까지 우리나라 가족복지정책은 가족구성원의 보호를 선 가족 후 지원으로서 먼저 가족의 책임으로 간주하였고, 후에 가족이 해결하지 못할 경우 국가가 개입하는 것을 원칙으로 하는 입장이었다. 그러나 현대의 가족문제는 선행적으로 국가가 개입하는 것이 바람직하다는 견해로, 국가책임론이 제기되면서 신자유주의자들조차도 사회복지제도의 개혁을 추진하고 가족복지제도의 확대와 활성화 방안으로 가족복지 프로그램을 집중 지원하는 정책이 제시되었다. 이에 가족에 대해 국가가 적극적으로 개입하게 되었다.

3) 가족욕구의 다양화

현대사회에서 발생하는 다양한 사회문제가 가족에게 영향을 미치고 있어 가족들의 욕구를 충족시켜 주는 가족복지서비스가 필요하게 되었다. 맞벌이가족, 재혼가족, 한부모가족과 소년소녀가장가족, 독신가족과 노인 단독가족, 동성부부가족, 공동체가족, 사이버가족 등 다양한 형태의 가족이 보편화되면서 이러한 가족을 문제가족으로 보고 접근하던 기존의 가족복지정책으로는 가족의 욕구를 충족시키기 어렵게 되었다.

4) 가족 전체의 중요성

인간과 사회문제를 해결하는 데 가족이 효율적인 단위라는 사실이 강조되고 있다. 사회의 기본 구성은 가족이기에 가족의 행복이 사회의 행복이 된다는 것이다. 가족을 떠나 행복한 인간 생활을 영위하기 어려운 인간 구조 상황이 있다. 따라서 인간의 문제를 해결하고자 하는 접근 방법으로 가족구성원을 변화 매개체로 한 개별적인 접근보다 가족을 단위로 한 가족치료(상담)가 문제 해결에 보다 효과적인 면이 많다. 때문에 통합적 치료 접근을 시도하면서 가족치료가 중요하게 되었고 따라서 가족복지의 중요성이 대두되었다.

3. 가족생활주기의 이해

가족생활주기는 가족치료를 발달이론에 접목한 것으로 사회학에서 차용한 모형이다(Nichols & Schwartz, 2001). 이는 한 개인이 시간이 지남에 따라 발달주기가 있듯이 가족도 발달주기를 가지게 된다는 것이다. 따라서 모든 가족은 이러한 가족생활주기의 단계를 반드시 거치게 되며, 각 단계에서 다음 단계로 넘어갈 때 적응상의 문제가 발생하게 된다. 이러한 적응상의 문제가 심각할 경우 가족은 엄청난 스트레스를 받게 된다. 따라서 가족생활주기상의 이러한 위기가 가족문제의 근원이 될 수도 있다. 예를 들어, 결혼을 한 젊은 남편과 부인이 이전에 각자의 부모들과의 관계로부터 정서적으로 분리되지 못하여 자신들의 독립적인 부부 단위를 수립할 수 없을 경우에, 그 부부가 자신의 가족생활주기의 다음 단계로 들어가는 것을 준비하게 될 때(즉, 자녀 출생과 출생한 자녀를 기르는 단계) 엄청난 스트레스와 갈등과 혼란을 경험할 수 있다.

〈표 2 - 1〉은 가족이 각 생활주기를 거치면서 겪는 과정과 이를 성공적으로 통과하는 데 필요한 가족 기능을 설명하고 있다.

표 2-1 가족생활주기와 관련된 과업과 가족 기능

가족생활주기 (단계)	전환기 시점의 정서적 과정 : 주요 과업들	가족에게 요구되는 기능
자녀 독립기 : 집을 떠남, 독립된 젊은 성인 단계	자신에 대한 정서적·재정적 책임감을 받아들임	• 원가족과의 관계에서 자아분화 • 친밀한 동료관계의 발달 • 재정적인 독립과 자아의 확립
결혼을 통한 가족 구성 : 새로운 부부	새로운 가족체계에 대한 적응과 헌신	• 부부체계의 형성 • 배우자와의 성숙한 관계를 유지하기 위해 친구와 확대가족과의 관계 재형성

가족생활주기 (단계)	전환기 시점의 정서적 과정 : 주요 과업들	가족에게 요구되는 기능
부모기 : 어린 자녀를 둔 단계, 아동기 가족	체계 내의 새 가족구성원을 받아들임, 체계 변화에 적응	• 자녀에게 공간을 주기 위한 부부체계의 조정 • 자녀양육·재정·가사에서 협력 • 부모·조부모 역할을 포함하기 위한 확대가족과의 관계 재조정
청소년기 가족 : 사춘기 자녀를 둔 단계	자녀의 독립과 조부모의 노쇠를 수용하기 위한 가족 경계선의 융통성 필요	• 사춘기 자녀가 가족체계의 안과 밖으로 이동하는 것을 허락하기 위한 부모-자녀관계의 변화 • 중년기 사회적 역할 추구와 부부생활의 위기에 대한 점검 • 노부모를 함께 보살피기 위한 변화 시작
자녀 진수기 : 자녀가 집을 떠나 세상이라는 바다로 나가는 단계	가족체계로부터 가족구성원들의 잦은 출입을 받아들임	• 두 사람만의 부부체계로서의 재협상 • 성장한 자녀와 부모 간에 성인 대 성인 관계로 발전 • 인척과 손자를 포함하기 위한 관계의 재조정 • 부모(조부모)의 신체적 노쇠와 죽음을 다룸
노년기 가족	세대 역할의 전환을 받아들임	• 생리적인 쇠퇴에 직면하여 자신과 또는 부부간의 기능과 관심을 유지하는 것, 새로운 가족의 사회적 역할에 대한 탐구 • 중간 세대의 더 많은 중심적인 역할에 대한 지시 • 노인들의 지혜와 경험을 위한 자리를 내드리는 것과 지나친 노인들의 역할 기능 없이 노인세대를 지지하는 것 • 배우자, 형제, 동료의 사망을 다루는 것과 자신의 죽음에 대한 준비, 삶의 회고와 통합

1) 가족생활주기별 가족건강과 관련된 가족요인과 주요 과업

가족생활주기는 모든 단계가 중요하지만 크게 3단계로 구분한다면 결혼 성립기와 육아기 그리고 노후기이다. 결혼 성립기는 부부 결혼 형태가 가족문제를 창출하므로 가족복지 대상 영역으로 설정하는 단계이며, 육아기는 가족의 건전한 육아 기능 수행에 관심을 두는 단계이고, 노후기는 노인의 생활문제를 가족문제의 주요 대상 영역으로 확대하는 단계로 자아를 실현하는 중요한 시기이다.

(1) 1단계 : 자녀 독립기(집을 떠남, 독립된 젊은 성인 단계)

① 가족건강 문제와 가족요인

가족의 생활주기에서 결혼 전기는 독립된 성인 단계로 아직 결혼하지 않은 자녀가 자신의 원가족을 떠나 결혼을 하고 자녀를 낳아 자신의 가족을 이루기 전까지의 기간을 말한다.

〈표 2 - 2〉는 이 시기에 나타날 수 있는 가족건강 문제와 이에 영향을 미치는 가족요인을 설명한 것이다.

표 2-2 자녀 독립기의 가족건강 문제와 관련된 가족요인

가족생활주기(단계)	정신건강 문제	가족과 관련된 요인
자녀 독립기 : 집을 떠날 준비와 떠남, 독립된 젊은 성인 단계	• 정서 관련 : 우울, 과대망상, 불안, 불면증 • 행동 관련 : 가출, 자살기도, 약물복용, 비행 • 사회성 관련 : 직업, 대인관계(이성, 동료) 부적응 • 자아 관련 : 부정적 자아개념, 정체성, 열등감 • 성 관련 : 성문제(동성애, 불만족) • 기타 : 결혼문제, 정신분열증 증상	• 가족요인 – 가족 간 갈등, 유대 결여, 대화 단절 – 역기능적 가족 기능(응집력, 적응력 낮음) – 경제적 문제(교육, 의료 기회 박탈) • 부모요인 – 부모의 부부간 갈등, 대화 단절, 정서적 이혼 상태 – 지나친 밀착 또는 경직된 경계 – 아버지의 가정에 대한 불성실 – 아버지와의 불화, 어머니의 지나친 간섭

② 가족이 성취할 과업

이 시기 젊은 성인들은 독립된 삶을 유지하기 위한 준비 단계로서 정서적으로 독립된 정신건강 상태를 확립하여야 하며, 새로운 방법으로 부모와의 관계를 증진시키고 나아가서는 가족 간의 갈등, 대화 단절 문제를 해결하여야 한다.

(2) 2단계 : 결혼을 통한 가족 구성(신혼부부 단계)

① 가족건강 문제와 가족요인

많은 사람들은 이 시기를 가장 쉽고 즐거운 때라고 생각하며, 부부는 물론 가족과 친구들까지 이 시기의 행복한 면만을 보려고 하는 감상적인 시각이 존재한다. 〈표 2 - 3〉은 이 시기에 나타날 수 있는 가족건강 문제와 이에 영향을 미치는 가족요인을 설명한 것이다.

표 2-3 신혼부부 단계의 가족건강 문제와 관련된 가족요인

가족생활주기(단계)	정신건강 문제	가족과 관련된 요인
결혼을 통한 가족 구성 : 새로운 부부	• 정서 관련 : 무기력, 불안, 초조 • 행동 관련 : 음주, 도박 • 사회성 관련 : 직업 및 대인관계 • 배우자 관련 : 성격과 생활방식 차이에서 비롯되는 부부갈등, 확대가족과의 갈등, 싸움, 불화, 성적 갈등, 불신, 외도, 이혼, 별거 • 기타 : 우울증	• 가족요인 - 원가족 또는 친척과의 갈등 - 가족원 간 친밀도가 낮음, 대화 단절 - 경제적 문제(사업부도, 직장 부적응 등) • 부모요인 - 원가족 부모와의 갈등 - 원가족으로부터 지나친 관여 - 원가족 부모의 낮은 결혼 만족도 • 부부요인 - 가치관의 차이(독선적, 가부장적 등) - 배우자에 대한 높은 의존 - 배우자 간 무관심, 대화 단절, 갈등 • 개인요인 : 완벽적·결벽적·편집적 성격

② 가족이 성취할 과업

이 시기는 부부의 협력기이다. 결혼을 하고 나서 배우자들의 기본적인 신체적 욕구를 제공해야 할 뿐만 아니라 개인적인 문제들에 관하여 끊임없이 함께 협상해야만 한다.

(3) 3단계 : 부모기(어린 자녀를 둔 단계, 아동기 가족)

① 가족건강 문제와 가족요인

아버지든 어머니든 부모가 된다는 것은 가장 어려운 과업 중 하나이다. 다른 동물과 달리 인간은 부모가 되는 방법을 알지 못한 채 태어나며, 대부분은 이 과업을 성취하기 위해 어려움을 경험한다.

〈표 2 - 4〉는 이 시기에 나타날 수 있는 정신건강 문제와 이에 영향을 미치는 가족요인을 설명한 것이다.

표 2-4 부모기의 가족건강 문제와 관련된 가족요인

가족생활주기(단계)	정신건강 문제	가족과 관련된 요인
부모기 : 어린 자녀를 둔 단계, 아동기 가족	• 정서 관련 : 불안, 우울, 무기력 • 사회성 관련 : 대인관계, 소외감 • 배우자 관련 : 부부의 사생활 침해에 따른 부적절한 대응에서 오는 갈등	• 부부요인 – 자녀에게 공간을 주기 위한 부부체계의 부조정 – 자녀양육·재정·가사에서 역할 지원의 결핍과 불화와 갈등 • 개인요인 : 올바른 양육에 대한 불안, 과잉부담에서 비롯되는 우울

② 가족이 성취할 과업

이 발달 단계에서 남녀 모두가 성취해야 하는 과업은 각자 자신을 더 잘 분화시키고, 친밀감과 상호 의존성이 존재하는 가운데 양육 능력을 더 잘 발달시키는 것이다. 자녀에게만 초점을 두게 되면 친밀감과 분화뿐 아니라 결혼생활을 어렵게 만드는 원인이 된다.

(4) 4단계 : 청소년기 가족(사춘기 자녀를 둔 단계)

① 가족건강 문제와 가족요인

자녀가 아동기와 성인기 사이의 사춘기가 되면 가족은 어린 자녀를 양육하고 보호하던 역할에서 벗어나 성인의 주된 역할이 되는 책임감을 가질 수 있도록 가족의 구조와 조직을 변화시켜야 한다.

〈표 2 - 5〉는 이 시기에 나타날 수 있는 가족건강 문제와 이에 영향을 미치는 가족요인을 설명한 것이다.

표 2-5 청소년기 가족 단계의 가족건강 문제와 관련된 가족요인

가족생활주기(단계)	정신건강 문제	가족과 관련된 요인
청소년기 가족 : 사춘기 자녀를 둔 단계	• 정서 관련 : 죄책감, 상호 비난, 자기 질책, 분노, 우울, 공허감, 상실감 • 사회성 관련 : 대인관계 소외감 • 배우자 관련 : 부부갈등, 불화, 불신, 외도, 이혼 • 자녀 관련 : 자녀와의 갈등	• 가족요인 - 가족 간 갈등, 불화, 대화 단절 - 낮은 유대감, 응집력 - 사춘기 자녀의 행동과 반응에 대한 부적절한 대응 - 중년기 위기, 사회적 역할 추구와 부부생활의 위기 - 노부모를 함께 보살피기 위한 변화에 부적응

② 가족이 성취할 과업

이 시기의 가장 중요한 과업은 첫째, 자녀의 의견을 존중하고 스스로 역할을 할 수 있도록 허용하는 방식으로 변하는 것이다. 둘째, 조부모의 노화로 빚어지는 문제는 조부모와의 동거나 교류가 친밀할 수 있도록 받아들이는 마음 자세를 가져야 한다. 셋째, 부모는 자신들의 세대를 거친 관계 유형을 추적한다. 넷째, 부부관계의 재정립이다. 즉, '중년기 위기'를 어떻게 극복하느냐 하는 것이다. 결혼생활 만족도가 가장 낮은 특징을 보이는 이 시기를 어떻게 하면 만족도를 높일 수 있는가에 대한 재협상이 필요하다. 이때 중요한 것은 배우자 당사자 간의 문제를 사춘기 자녀의 문제로 은폐해서는 안 된다.

(5) 5단계 : 자녀 진수기(자녀가 집을 떠나 세상이라는 바다로 나가는 단계)

① 가족건강 문제와 가족요인

이 시기에 자녀는 부모의 품에서 떠나 독립된 사람으로서 자율성을 확립한다. 자녀를 출가시키고부터 은퇴 단계에 있는 가족은 여러 가지 발달적 어려움과 전환뿐만 아니라 여러 가지 문제에 직면하게 된다.

〈표 2-6〉은 이 시기에 나타날 수 있는 가족건강 문제와 이에 영향을 미치는 가족요인을 설명한 것이다.

표 2-6 자녀 진수기의 가족건강 문제와 관련된 가족요인

가족생활주기(단계)	정신건강 문제	가족과 관련된 요인
자녀 진수기 : 자녀가 집을 떠나 세상이라는 바다로 나가는 단계	• 정서 관련 : 불안, 우울, 외로움, 공허 • 배우자 관련 : 부부갈등, 불화, 불신, 외도, 이혼 • 자녀 관련 : 가족체계로부터 자녀 독립을 수용하지 못하는 것에서 오는 과잉밀착	• 부부요인 – 부부간 불화, 갈등, 대화 단절 • 개인요인 – 새로운 부부체계 형성의 어려움 • 가족요인 – 인척과 손자를 포함하기 위한 관계의 재조정 – 부모(조부모)의 신체적 노화와 죽음을 다룸

② 가족이 성취할 과업

첫째, 의미 있는 새로운 삶의 활동을 발견해야 한다. 둘째, 부모들은 단지 다음 세대에게 자리를 양보해 주면서 자신의 신분 변화를 다루어야 한다. 셋째, 이 시기는 결혼 초창기보다는 재정적인 면에서 가족에 대한 책임이 줄고 자유로운 시간을 가질 수 있기 때문에, 새롭고 아직까지는 찾지 못한 분야(예: 여행, 취미, 새로운 경력)에 대한 잠재성을 개발할 필요가 있다. 넷째, 이 단계를 결실과 완성의 시기로 보고 이 단계가 새로운 영역이나 역할을 개척함으로써 부부관계를 강화하거나 확장해 가는 제2의 기회로 삼는다.

(6) 6단계 : 노년기 가족

① 가족건강 문제와 가족요인

인간은 오래 살지 못할까봐 염려하면서도 노인이 된다는 것에 두려움을 느낀다. 노인이 있는 가족은 하나의 체계로서 주요한 적응상의 도전에 직면하게 된다. 은퇴를 하거나 홀로 되는 것, 조부모가 되는 것, 질병 등의 변화는 가족의 지지와 상실에 대한 적응, 그리고 방향의 재설정과 재조직을 필요로 한다.

〈표 2-7〉은 이 시기에 나타날 수 있는 정신건강 문제와 이에 영향을 미치는 가족요인을 설명한 것이다.

표 2-7 노년기 가족의 가족건강 문제와 관련된 가족요인

가족생활주기(단계)	정신건강 문제	가족과 관련된 요인
노년기 가족	• 정서 관련 : 우울, 불안, 무기력, 자녀 이혼 위기로 인한 불안, 편집증 • 행동 관련 : 알코올 중독, 가출, 자살 • 자녀 관련 : 자녀와의 갈등, 관계 단절, 결혼문제로 자녀와의 불화, 자녀와의 폭언 및 폭행 • 생존 관련 : 경제적 의존, 건강 악화, 피부양 및 거취문제	• 가족요인 - 경제적인 문제로 인한 갈등 - 가족 내에서의 소외감, 대화 단절 - 원가족과의 갈등 - 결혼한 자녀와의 지나친 밀착 • 부부요인 - 부부간 갈등, 의사소통 단절, 폭력, 싸움, 이혼 - 남편의 불성실, 불신, 음주, 외도 - 경제적 무능력 • 개인요인 - 삶의 절망에서 오는 우울, 부적응

② 가족이 성취할 과업

첫째, 은퇴 이후 은퇴한 배우자의 가정 내의 합류가 주요 과업이다. 둘째, 은퇴가 가져오는 재정적인 불안감이나 재정적 의존에 대한 염려 등도 노년기 가족의 어려움으로 대처해야 할 중요한 과업이다. 셋째, 친구나 친척들에 대한 죽음의 상실감을 경험하는 단계로서, 특히 배우자의 상실을 극복해야 한다. 넷째, 노년 세대는 자신의 세력이 약화된 것과 제한된 것에 대하여 현실적으로 수용해야 하며 필요에 따라서는 다른 가족구성원에게 의존할 수 있도록 자신을 허용해야 한다. 다섯째, 자녀 세대는 자녀의 역할을 수용해서 늙어 가는 부모를 위해 자신이 적절히 할 수 있는 책임을 받아들여야 한다. 여섯째, 피할 수 없는 일들에 대한 수용, 상실을 최소화하며 수용하는 것, 부부가 상호 도움이 되는 역할을 할 수 있도록 계획을 짜는 것, 배우자가 먼저 사망한 경우 다른 가족과의 관계를 재조정하는 것 등을 들 수 있다(정분자, 김연희, 2000).

2) 가족복지서비스적 접근 방법

가족복지서비스적 접근 방법의 대상은 개인이다. 가족 개인의 문제를 인간관계의 조정 기술로 보고 문제의 원인을 심리적·사회적 원인에서 찾는다. 인간 욕구에 대한 부러움과 불만, 갈등이 문제의 초점으로, 개인의 정신병, 마약 중독, 청소년비행 등과 같은 탈선행위의 원인과 치료, 예방 등의 실천과정에 전문적 기술과 지식을 가진 사회복지사가 개입하여 사례관리 등 사회복지실천방법과 기술로 활용·접근한다(이영실 외, 2010).

가족복지서비스와 관련하여 가족에 대한 연구의 역사는 오래되었다. 리치몬드(Richmond, 1971)로 대표되는 개별 사회사업에 대한 연구가 나온 이래, 가족은 사회복지의 중요한 대상 영역으로 파악되어 왔다. 1960년대를 기점으로 가족을 하나의 유기체로 접근하는 시도가 활발해졌는데, 이로써 가족복지서비스가 윤곽을 갖추게 되었다.

미국사회복지사협회(NASW)는 가족복지서비스의 내용으로 가족상담과 가족치료에 관한 것, 자아심리학의 응용, 가족과 가족구성원의 역할에 관한 것, 다양한 가족의 문제, 그리고 위기가족의 개입 등에 관련된 서비스를 든다. 문슨(Munson, 1980)은 사회제도적 측면, 집단 상호작용적 측면, 개인심리적 측면의 세 부분이 상호 관련되어 가족행동으로 나타난다고 보았다. 가족복지서비스란 이 세 측면과 이들의 상호 연관성에 관련된 서비스를 말한다.

다양하게 가족복지서비스의 영역이 언급되고 있지만, 가족치료 및 가족상담, 가족옹호, 가족조성서비스, 가족생활교육으로 대표되는 가족에 대한 직접적 개입이 중심이다.

(1) 가족에 대한 직접적 개입

가족에 대한 직접적 개입(direct intervention)의 대표적인 것이 가족사회복지실천이다. 가족사회복지실천은 부부간의 문제, 부모-자녀 간의 문제, 세대 간의 갈등과 같은 문제와 관련하여 전문가가 개입하는 방법이다.

(2) 가족보호

가족보호(family care)는 가정에서 발생하는 각종 장애문제에 대해 보호를 제공함으로써 가족의 역할 수행과 능력을 고취시키는 것이다.

(3) 가족치료 및 가족상담

가족치료(family therapy)는 가족체계 관점에 서 있는데, 가족구성원의 역기능은 그 개인의 문제가 아니라 가족 전체의 역기능이며, 그 구성원은 단지 '가족의 문제를 지니고 있는 사람'으로 간주된다. 즉, 가족치료는 가족진단을 기초로 가족문제를 해결하여 정상적 기능을 수행할 수 있도록 원조하는 전문적 개입 활동으로, 그 개입의 초점을 문제가 있는 가족구성원에서 가족 전체로 옮겨 가족이 변화에 참여할 수 있도록 유도한다.

가족치료는 개인을 하나의 독립된 존재로 인식하기보다는 환경과 상호작용하는 연대적 맥락 안에서 이해하기 위한 방법이며, 이를 뒷받침해 주는 이론으로는 일반체계이론, 구조이론, 상호작용이론, 발달이론, 의사소통이론, 역할이론 등이 있다. 가족치료는 개인보다는 가족체계에 초점을 두는 상담 방법이므로 개인상담에 비해 인간의 문제를 좀 더 포괄적으로 이해할 수 있으며, 관계와 상황을 중시함으로써 다양한 접근 방법이 가능하다.

가족상담(family counseling)은 가족치료와 동의어 또는 같은 맥락에서 파악하고 있는 편이므로 명확히 정의하기는 어려운 점이 있으나, 문제의 심각성 내지 개입의 수준 및 방법에 따라 그 차이를 어느 정도 구분할 수 있다. 가족상담은 개인 중심의 문제 해결 과정에서 벗어나 가족을 한 단위로 보고 구분할 수 있다. 가정 내 문제가 발생하였을 경우, 가족구성원은 일반적으로 긍정적 및 부정적 적응행동을 하게 된다. 이 두 가지 행동은 모두 상담이 필요하지만 대부분의 경우 부정적 적응행동을 하는 가족구성원이 상담 대상이 된다. 이때 부모와 그 자녀가 가진 조건과 환경이 상담의 초점이 된다.

(4) 가족옹호

가족옹호(family advocacy)는 지역사회에 필요한 변화를 일으키기 위하여 사람들로 하여금 사회행동의 사명을 가지고 가족욕구에 대한 직접적이고 전문적인 지식을 이용케 함으로써 가족이 생활조건을 향상시키도록 계획된 전문적 서비스이다. 이 서비스의 목표는 현존의 공공 및 민간서비스와 그 전달체계의 향상뿐만 아니라 더 나아가 그 지역사회에 적합한 새롭고 변화된 서비스를 개발하는 데 있다. 또한 지역사회 내의 많은 가족에게 영향을 미치는 약물 중독, 알코올 중독, 지적장애 및 인권 남용과 같은 공통의 문제 해결을 위해 그 지역 가족이 협동적 사회행동을 하도록 하는 데 목표를 두고 있다.

(5) 가족조성서비스

가족조성서비스(home maker service)는 가족이 가족구성원을 양육·보호·부양하거나, 가사를 적절히 처리하는 기능을 제대로 수행할 수 없을 때, 사회복지기관에서 파견된 가족조성원을 통하여 적절한 도움을 제공하는 것을 말한다. 이 서비스는 가족생활의 강화를 위해 가족복지뿐만 아니라 아동, 노인, 장애인복지 등의 분야에서 광범위하게 활용되는데, 사회복지기관이 중심이 되어 실시된다. 그 과정을 보면 먼저 가족조성원은 주로 사회복지기관을 통하여 채용되며 기타 각종 민간단체나 직업소개소, 각종 모임 등을 통해서도 채용된다. 이때 매스미디어가 중간 역할을 담당한다. 가족조성원은 사회복지기관의 계획하에 일련의 훈련과 교육이 진행된다. 이 서비스는 주로 복지기관의 체계 내에서 조직되는데, 개별지도사업과 밀접한 관련이 있기 때문에 개별지도를 할 수 있는 기관의 단위 안에서 조직된다.

(6) 가족생활교육

가족생활교육(family life education)은 가족생활의 질적 극대화를 실현하는 데 도움을 주기 위해서 가족구성원에게 필요한 자원, 정보, 기술 등을 제공하고 지도하는 과정을 말하며, 가족생활에 관련된 개념이나 원리에 대한 지식을 습득하고 개인적 태도나 가치를 개발하며, 타인의 가치를 이해하고 수용하면서 가족복지에 기여하도록 하는 대인기술을 학습하는 과정을 말한다.

가족생활교육은 집단역학의 학습과정을 통해 가족 및 개인의 사회적 기능을 향상시키기 위한 서비스로, 가족구성원들로 하여금 집단 및 지역사회 생활의 정상적 형태 및 긴장 요소를 이해하도록 하여 대인관계를 향상시키고 상황적 위기를 예방 혹은 완화시키도록 하는 데 목적이 있다. 즉, 근본적으로 가족생활을 풍부하게 하고 강화하기 위한 것이지만 가족으로 인한 사회문제가 관심을 받게 됨으로써 교육 이상의 것으로 확대되고 있다. 가족은 가족생활교육을 통하여 가족생활을 향상시킴과 더불어 가족과 관련된 사회문제 역시 사전에 예방할 수 있다.

가족문제를 해결하고 가족위기에 능동적으로 대처하며 예방하기 위하여 가족을 위한 지속적 재사회화 교육이 실시되어야 하며, 가족생활에 대한 교육은 가족복지적 차원에서 계획되고 실천되어야 한다.

(7) 가족계획사업

가족계획사업(family planning work)은 재생산적 건강보호서비스의 일종으로 임신중절, 성병에 대한 보호, 영양, 자녀 수에 대한 계획, 임신 서비스 등을 제공함으로써 건강한 가족생활을 하도록 한다.

(8) 가족보존과 가정기반서비스

가족복지기관은 다양한 가족의 욕구충족과 가족보존을 위하여 여러 가지 가족보존과 가정기반서비스를 개발하고 있다. 가정법률상담, 학령 전 아동 및 노인을 위한 주간보호 등의 가족보존(family preservation)과 가정기반서비스(home-based service)는 다양한 접근 및 치료방법, 상호 보완적 서비스의 결합 형태로 행해지기 때문에 여러 다양한 전달체계의 의해 수행된다.

오늘날의 가족복지서비스 관련 기관은 특수집단이나 지역사회의 응급욕구를 충족시키기 위한 특수 프로그램, 가족상담 및 치료, 가족옹호, 가족조성서비스, 가족생활교육 등과 같이 다양한 서비스를 제공하고 있는데, 그 모두는 인간 사회의 기본적 제도가 되는 가족을 강화시키는 것에 의하여 체계보다는 오히려 체계 내의 사람을 돕기 위한 가족서비스라는 공통분모적 사명감에 의거하고 있다. 따라서 모든 가족서비스 기관은 인간의 존엄성과 가치에 입각해서 개인의 인권 및 가족의 권익을 보호할 수 있어야 한다.

4. 복지국가 가족정책의 지위와 역할

국가와 시장경제, 그리고 가족 간의 관계에서 몇 가지 다른 유형을 볼 수 있다. 복지국가의 형태를 탈상품화(decommodification) 정도에 따라 자유주의 복지체제(liberal welfare regime), 조합주의 복지체제(corporatist regime), 사회민주주의 복지체제(social democratic regime)로 분류하면 다음과 같다(김혜경, 2006; 이영실 외, 2010 : 57-59).

① 자유주의 복지체제

자유주의 복지체제의 급여 대상은 곧 저소득층에 집중되며, 급여 대상 자격 기준은 매우 까다롭다. 따라서 급여 대상자에게 복지서비스는 혜택이라기보다는 사회적 낙인으로 남는다. 가족의 책임 기능에 문제가 발생하였을 때 국가의 개입이 이루어지며, 그것도 최소한의 개입에 그치고자 한다. 이러한 형태는 미국, 캐나다, 호주 등에서 볼 수 있다.

② 조합주의 복지체제

조합주의 복지체제에서는 시장의 효율성이나 노동의 상품성은 큰 관심사가 아니며 사회권 여부도 논의 대상이 아니다. 가장 중요한 것은 계층 차이를 얼마나 유지하는가의 문제이며, 모든 권리가 계층과 지위에 달려 있다. 여기서는 국가가 주된 사회복지 제공자의 역할을 도맡아 하므로 민간 주도하 복지는 상대적으로 덜 강조된다.

이러한 체제는 전통적 가족주의를 고수하며 개인에 대한 복지의 일차적 책임을 가족에 두고, 국가는 이차적 책임을 담당할 뿐이다. 보육이나 기타 유사한 각종 가족복지서비스는 매우 미흡한 실정으로, 가족이 기능을 다하지 못할 때에만 국가가 개입하는 최소한의 복지가 행해진다. 이러한 형태는 독일, 프랑스, 오스트리아, 이탈리아, 네덜란드 등에서 볼 수 있는데, 가족 기능을 충분히 보완하지 못하고 있다는 점에서 자유주의 복지체제와 크게 다르지는 않다.

③ 사회민주주의 복지체제

사회민주주의 복지체제에서는 보편주의 원칙과 사회권의 탈상품화가 신중산층에게까지 확대되어 있으며, 국가가 복지의 중심 역할을 담당한다. 각종 가족 관련 복지서비스는 신중산층의 욕구를 충족시킬 수 있는 수준까지 높인다. 또한 사회의 모든 계층이 보편적이고 포괄적인 하나의 복지체계에 포함되며, 시장이나 민간 부문의 역할은 최소한으로 이루어진다. 사회구성원이 모두 함께 복지 혜택을 받는 동시에 복지 비용을 지불해야 할 책임도 지닌다.

CHAPTER

03 한국 가족의 변화

1. 한국 사회의 변화
2. 글로벌 환경 변화
3. 가족 가치관의 변화
4. 가족 유형의 변화
5. 생애주기별 가족관계

1. 한국 사회의 변화

1) 경제적 변화

대한민국 건국 후 국가로서의 기반이 미처 갖추어지기도 전에 6.25 전쟁을 겪어야 했던 우리나라는 1950년대 및 1960년대 초반까지 세계에서 가장 빈곤한 나라 중 하나였다. 1960년 우리나라의 GNP는 100달러였다. 그러나 놀라울 정도로 발전하여 2023년 기준 국내총생산(GDP)은 1,734,207(약 1조 7천억 달러), 이는 세계 13위에 해당한다(자료: 2023. 세계 국가별 명목 GDP 순위, 국제통화기금 IMF 기준, 단위 백만 달러).

2) 사회적 변화

경제적 발전과 더불어 여러 측면에서 사회적 변화가 일어났다. 대표적인 것을 몇 가지 살펴보고자 한다.

(1) 가족계획 운동

〈표 3-1〉에서 보는 바와 같이 가족계획 운동을 통해 산아제한을 적극 강조하던 정책이 정반대로 출산장려 정책으로 변화하였다.

표 3-1 가족계획 운동의 변천

'3.3.35 운동에 참여합시다'는 1966년 공공기관에 일제히 내걸린 표어다. 암호 같은 이 숫자는 3년 터울로, 3명만, 35세 이전에 낳자는 의미다. 정부가 나서서 적정 자녀가 3명이라고 콕 집어준 것이다. 노래도 있었다. 시인 박목월이 가사를 붙인 가족계획 노래 '사랑의 열매'에는 '하늘의 삼태성(북두칠성의 일부)은 3남매지만…이라는 내용이 들어 있었다.

숫자 '3'으로 대표되던 가속계획 운동은 1970년대 들어 '2'로 바뀌었다. '딸, 아들 구별 말고 둘만 낳아 잘 기르자'는 유명한 표어도 이때 나왔다. 1980년대에는 아예 하나만 낳자는 운동이

벌어졌다. 1981년 발표된 '인구증가 억제대책'은 가속계획 운동의 결정판이었다. 가족계획에 참여하는 집에는 혜택을 주고, 아이가 많은 집에는 불이익을 줬다. 전방위적 가족계획 운동의 결과는 세계를 놀라게 했다. 1960년 합계 출산율은 6명이었다. 그러나 1980년 283명으로 확 줄었고, 1990년 1.59명으로 줄었다.

그러나 한 번 꺾인 출산율은 브레이크가 걸리지 않았다. 2005년엔 이른바 '1.08 쇼크'가 찾아왔다. 출산율이 세계 최저 수준으로 떨어진 것이다. 이대로 두면 국가경쟁력을 위협하는 수준이 될 것이란 걱정이 커지면서 가족정책은 180도 바뀌기 시작했다. 출산한 신혼부부에게 주택을 우선 공급하거나 다자녀 기구에 아파트 분양 우선권을 주기까지 했다. 불임수술은 건강보험 대상에서 제외되고, 대신 정관복원수술은 보험 대상이 됐다.

출처: 통계청(2008).

(2) IT 기술의 발전

오늘날 우리나라가 IT 강국이라는 것은 자타가 공인하는 사실이다. 이동전화 가입자 수는 1984년 3,000명에서 2007년 4,350만 명으로 1만 4,499배 증가하였으며, 2020년 1월에는 68,951,692명이 되었다. 휴대전화 보유자가 국내 총인구수를 초과하는 셈이다. 초고속 인터넷은 1998년 처음으로 서비스를 시작한 지 불과 4년 만인 2002년에 가입자 수가 1,000만 명을 넘어섰고, 2007년에는 1,471만 명으로 증가하였고, 2020년 1월에는 21,909,834명, 2023년 말에는 24,098,000여 명, 2023년 말 휴대폰 사용자는 76,215,044명으로 증가하였다.

(3) 직업의 변화

경제가 발전하면서 직업 풍속도 달라져 왔다. 지금은 사라진 직업이지만 현재 중년 이상의 사람들은 만원버스를 당당 두드리면서 출발을 외치던 여자 안내원의 '오라잇' 소리를 기억할 것이다. 반면 오늘날에는 컴퓨터 프로그래머나 반려동물 미용사처럼 과거에는 상상하지도 못한 새로운 직업들이 속속 생겨나고 있다(〈표 3-2〉).

표 3-2 전화의 변신: 전화, 공중전화, 카폰, 삐삐, 휴대전화까지

전화 한 대 값이 아파트 한 채 값이라면? 초등학생도 휴대전화를 가지고 다니는 세상에 무슨 뚱딴지같은 소리냐고? 하지만 사실이다. 1980년대 전자식 교환기 도입으로 아무 때나 전화 가입이 가능해지기 전까지 전화는 당당히 '재산목록 1호'였다. 전화 한 대가 260만 원 하던 1978년 무렵 서울 시내 50평짜리 집값이 230만 원 안팎이던 것을 감안하면 상상을 초월한 가격이었다. 1955년 전화가입자는 3만 9,000명에 불과했다. 인구 1,000명당 2대 꼴이었다. 장, 차관이나 검찰간부, 국회의원 정도가 아니면 언감생심이었다. 1986년 한국이 세계에서 열 번째로 디지털식 전자교환기(TD자를 독자기술로 개발하면서 전화는 특권층의 전유물에서 서민의 통신수단으로 거듭났다. 1988년 가입자 1,000만 명, 1997년 2000만 명을 넘어 2007년 말 2,313만 명에 이르렀다. 국민 두 명 중 한 명 꼴로 보급된 셈이다. 1982년 한국이동통신서비스(현 SKT)가 무선호출서비스를 개시했다. 일명 '삐삐'라고 불리는 무선호출기의 등장은 통신시장에 지각 변동을 일으켰다 1982년 235명에 불과하던 삐삐 가입자는 10년 만에 6178배인 145만 2,000명으로 늘었다. '8282(빨리빨리)'. '1004(천사)'와 같은 숫자의 의미를 모르면 신세대 축에 끼지 못할 정도였다. 하지만 삐삐의 시대는 채 20년을 못 갔다. 1988년 서울올림픽 이후 수도권과 부산에서 휴대전화 서비스가 시작되었고, 1995년 코드분할 다중접속(CDMA) 방식의 이동통신기술을 세계 최초로 상용화하면서 개인휴대전화(PCS)가 나타났다. 1996년 318만 989명이던 휴대전화 가입자는 1년에 두 배씩 늘어나 1998년 1,000만 명, 1999년 2000만 명, 2002년 3,000만 명에 이어 2008년 4.374만 5,450명에 달했다.

출처: 통계청(2008).

표 3-3 달라진 직업풍속도

사회적 흐름에 따라 생성, 소멸되는 직업은 시대상을 반영하는 거울과도 같다. 대부분의 인구가 농업, 임업, 수산업 등 1차 산업에 종사하던 광복 직후에는 직업이라는 개념이 생소한 시대였다. 미군정(軍數)이 실시되던 시절에는 미군 부대에서 일하는 타이피스트가 최고의 인기를 누린 직업이었다. 또 자원과 물자가 부족해 이곳저곳을 누비며 고물을 사들이는 고물상이나 어수선한 정국을 틈타 일확천금을 노리는 광산개발업자도 주목을 받았다.

직업의 세계에도 부침이 있었다. 1970년대 말까지 출퇴근 시민들의 길동무가 된 버스안내원은 다른 직업을 찾아야 했고, 몇 집 건너 하나 꼴로 있던 전당포도 자취를 감추기 시작했다. 서울에만 7,000여 개에 이르던 주산학원은 문을 닫거나 속셈, 보습학원 등으로 속속 간판을 바꿨다. 2000년대는 그야말로 직업 혁명의 시대다. 과거에는 볼 수 없던 이색 직업들이 나타났다 금방 사라지곤 한다. 손님처럼 매상을 방문해 직원들의 서비스 수준을 평가하는 '미스터리 쇼퍼'나 인터넷 학습사이트 교사인 '사이처(Cyber와 Teacher의 합성어)' 등이 그 대표적인 예다. 또한 오락실에서 게임으로 소일해 부모 속을 썩이던 소년은 '프로게이머'가 되고, 유난히 강아지를 좋아하던 소녀는 반려동물 미용사가 되어 돈을 벌고 있다.

출처: 통계청(2015).

이상에서 몇 가지 대표적인 변화를 소개하였지만, 〈표 2-3〉과 같이 우리 사회는 지난 60여 년간 많은 변화가 있어 왔다. 몇 가지 예를 들자면, 외국의 원조를 받던 가난한 국가가 이제는 어려운 국가들을 원조하는 국가로 변모하였고, 이는 전 세계에서도 드문 경우에 해당한다. 팝송과 외국 영화를 듣고 보면서 자란 부모 세대와는 달리, 오늘날에는 한류와 K-pop이 전 세계를 무대로 활약하고 있다.

각종 세계대회 전문문화예술분야에서 대상 수상 등을 보여주고 있으며 대중문화예술분야에서도 봉준호 감독이 아카데미 감독상을 비롯한 많은 국제영화제에서 최고의 상을 수상하였고, 박찬욱 감독의 칸영화제 감독상, 윤여정, 송강호의 주연배우상 수상, BTS(방탄소년단)의 K-pop이 세계 1위의 인기도를 유지하는 등 여러 분야 한류문화 열풍이 전 세계를 더욱 강타하고 있다. K-food, K-한복, k-드라마, K-관광 등은 한류의 세계화를 만들고 Korea의 열풍이 세계를 강타하고 있는 것이다. 특히 2024년 한강 작가의 노벨문학상 수상을 계기로 한류의 물결은 더욱 강해질 것이다.

또한 UNESCO의 세계10대 언어로 지정되어 문자가 없는 민족에게 언어 표기 1순위로 교육되는 한글은 세계에서 우수성을 인정받고 있다. 심지어는 한국어를 배우는 외국인들이 늘어나면서 일부 국가에서는 한국어 능력시험의 인기가 높다.

이와 같은 맥락에서 최근 CNN은 세계에서 109번째의 면적을 가진 한국에는 북한 문제나 한류뿐 아니라 주목할 것이 많다면서 한국이 세계에서 가장 잘하는 10가지를 산정하였다. 여기에는 82.7%로 세계에서 가상 높은 인터넷 사용과 80% 가까운 스마트폰 사용, 카카오톡 등 메신저 애플리케이션을 통한 채팅, 지하철에서 DMB로 TV를 시청하는 것, 전체 인구의 98%가 중등교육 그리고 63%가 대학교육을 경험하는 등 OECD 회원국 중 최고의 교육열, 밤늦은 시간까지 불이 켜져 있는 사무실이 즐비할 정도의 일 중독, 남성 사이에서도 열풍인 화장품 문화(innovative cosmetics), 의료여행으로까지 확산된 성형수술 등이 포함된다(이순흥, 2013).

그러나 그동안 놀라운 성장을 보여 온 한국 사회가 직면한 도전도 적지 않다. 장강명의 소설 『한국이 싫어서』에서 2030세대가 혈혈단신 한국을 떠나 호주로 이민한 여주인공 '계나'에게서 대리만족을 느끼는 것은 지옥같이 힘들다는 '헬조선 신드롬'의 단면이라는 것이다. 그만큼 2030세대의 현실 인식은 매우 어둡다. 그들은 오늘날 한국의 가장 심각한 문제로 소득격차와 일자리를 꼽았다. 그리고 한국을 부정적으로 생각하는 이유로는 공평하지 않고 빈부격차가 심하고, 경쟁이 심한 것도 있지만 무엇보다도 앞으로 나아질 것이라는 희망이 없는 것이다. 이뿐만 아니라 세대 간 갈등도 상당히 우려된다. 기성세대는 기러기아빠가 외로움을 참아 가며 자식세대를 엄마와 함께 외국에 보낸 덕에 자식세대가 혀에 '버터'를 바른 듯 영어 발음을 한다고 보는 반면, 자식세대는 자신이 경쟁력 있는 세대라고 자신하지도 않고 기성세대보다 행복한 젊은 시절을 보낸다고 생각하지도 않는다(강지남, 2015).

세대갈등은 온라인에서 더욱 적나라하게 드러난다. '세금 내는 젊은 사람들 지하철 요금은 오르고, 공짜 전철 타는 노인들은 자리 양보하라 소리 지른다', '취업난, 주거, 출산, 양육에 짓눌린 2030세대가 부모세대 부양책임까지 짊어지다니'라고 불만을 터트린다(디지털 오피니언, 2015). 장하성의 『왜 분노해야 하는가』에서는 한국 사회가 소득불평등이 극심한 사회라는 경제학적 분석을 바탕으로 현재의 청년세대가 분노하고 일어나 현실을 바꿀 필요가 있다고 역설했다(김태훈, 2015). 이런 갈등이 심각하게 분출되기 이전에 급격한 사회 변화 속에서 악화되고 있는 불평등을 극복하고 사회통합을 이루기 위한 모두의 진정성 있는 노력이 절실히 요구된다.

2. 글로벌 환경 변화

한국 사회가 지난 60여 년간 놀라운 변화를 해 왔지만, 글로벌 환경도 사회, 경제, 정치, 과학기술 등 여러 측면에서 급속하게 변화하고 있다. 오늘날 글로벌 환경이 국내 환경에 직접적으로 영향을 준다는 점에서 관심을 가지지 않을 수 없다. 여기에서는 최근에 일어나고 있는 대표적인 글로벌 환경 변화에 대해 간략하게 살펴보고자 한다(서용석, 최호진, 정다해, 2011; 김정애 외, 2012 재인용).

글로벌 차원에서 인구 구조 변화의 특징은 전 지구적 인구 증감의 불균형과 고령화 추세다. 첫 번째 특징을 살펴보면, 일본과 서구 유럽 등은 저출산으로 인구가 감소되는 추세이나, 동남아시아, 서남아시아, 아프리카, 중동 등 저개발 지역의 인구는 지속적으로 증가하고 있다. 이런 인구증감의 불균형으로 인하여 지역 간 인구 이동이 활발히 일어날 것으로 전망된다. 지난 20년간 자신이 태어난 나라가 아닌 다른 나라에 가서 거주하는 이주자 수는 1990년 1억 5,551만 명에서 2010년 2억 1,384만 명으로 38%나 증가하였다(조선일보, 2011. 10. 28.; 서용석, 최호진, 정다해, 2011: 29-30 재인용).

특히 선진국은 평균수명의 증가와 출산율 감소로 고령화 추세가 이어지는 반면, 개도국은 출산율이 유지되면서 영아 사망률이 감소하여 청년 인구가 증가하는 양상을 보이고 있다. 이로 인해 우수 인력의 국가 간 이동이나 개도국 유수 인재의 확보 경쟁 등이 심화될 것으로 예상된다. 한편, 의료기술의 발전과 생활 및 보건 수준의 향상은 평균수명을 급격히 증가시켰으며, 이는 선진국, 개도국을 막론하고 인구 구조의 고령화를 가져오고 있다. 2011년 유엔인구기금(UNFPA)이 발행한 『세계인구백서』에 따르면, 2050년 세계의 인구는 현재의 약 1.3배 증가하는 데 반해, 65세 이상의 고령인구는 약 3배 증가할 것이다(배수경, 2011).

미국 발 금융 위기는 전 세계가 얼마나 긴밀하게 연계되어 있는지 실감케 한다. 1997년 아시아 금융 위기 이후 전 지구적 차원에서 금융 위기가 빈번하게 발생하고 있다. 미국의 금융 위기가 진정되는 듯하였으나, 2011년 여름부터 미국의 재정 적자와 남유럽 국가들의 재정 위기가 맞물리며 글로벌 금융 위기가 다시 세계 경제를 위협하였다. 글로벌 금융 위기는 소득 불평등과 경제적 양극화를 심화시켜 결과적으로 심각한 사회 갈등을 초래하고 있다. 최근 미국의 경제는 회복되어 가고 있으나 유럽의 경제 위기는 현재진행형이다. 이질적이고 각기 상황이 다른 유로 존 국가는 경제 위기를 극복하기 위한 해법에 대해 견해 차이를 보인다. 즉 긴축과 구조조정을 강조하는 국가가 있는가 하면, 일자리를 늘리기 위한 재정지출 확대를 희망하는 국가도 있다(정유진, 2015).

두 번째 특징으로 경제적인 문제 이외에도 지구가 봉착한 보다 근본적 문제들이 있다. 지구 온난화 현상으로 기후 변화가 급격하게 일어나고 있다. 인류가 기후 변화 문제 해결에 나서지 않는다면 2100년까지 세계 GDP의 5~20%에 이르는 경제적 피해가 예상되고 있어서(stern, 2006; 서용석, 최호진, 정다해, 2011: 46 재인용), 앞으로 기후 문제는 전 세계가 풀어 나가야 할 시급한 문제로 대두될 것이다. 자원 고갈 문제도 간단치 않다. 석유 등 화석 자원의 고갈과 더불어 물과 식량자원도 급격히 고갈되고 있기 때문이다. 이로 인해 원자재 가격 상승과 공급 불안 가능성이 커지면서 각국의 자원 확보 경쟁이 심화될 것이다. 구미 선진국이 주도하던 자원 확보 경쟁에 최근 중국과 일본이 가세하면서 자원전쟁이라 불릴 정도다.

한편, 미국의 사회학자 잉글하트(R. Inglehart)는 제2차 세계대전 이후 선진국에서의 경제적 풍요는 대중의 삶의 목표에 변화를 가져왔고, 이런 과정에서 경제적·물질적 안전을 강조하는 물질주의적 가치관이 점차 사라진다고 지적한다. 대신 개인의 행복, 자기표현 그리고 삶의 질을 강조하는 가치관이 지배적으로 등장하였고, 이는 '탈물질주의 가치관(post-material value)'이라고 지칭되고 있다.

이와 유사하게 미니멀 라이프를 실천하는 움직임도 일어나고 있다. 특히 2011년 일본 동북부에서 발생한 대지진과 후쿠시마 원전 사고 이후 일본인들 사이에서 소유의 의미를 되새김질하는 분위기가 형성됐다. 일본 미니멀리스트 사사기 후미오는 인터뷰에서 애플 창업자인 스티브 잡스가 젊은 시절 살던 방을 보고 경쾌한 충격을 받았다고 한다. 1982년 무렵 찍은 사진 속 스티브 잡스는 변변한 가구가 없는 넓은 방의 바닥에 앉아 책을 읽고 있었다(노진섭, 2016).

이런 탈물질주의적 가치관과 미니멀 라이프의 실천은 기후 변화와 자원 고갈 문제 등과 결부되어 환경에 대한 관심으로 나타나고 있다. 최근 서유럽과 북미에서 나타나고 있는 새로운 소비 가치관과 소비 행태를 반영하는 '윤리적 소비' 현상이 대표적 예다. 즉, 소비자들은 가격과 성능이 물품 구매의 주요 기준이던 과거와는 달리 상품이 얼마나 친환경적인지, 아동이나 장애인 등의 노동력을 착취하는 비윤리적인 행위는 없었는지, 공정한 무역 절차에 따른 제품인지를 면밀히 따져서 구매하는 것이다. 환경에 대한 관심은 소비 패턴에만 국한되는 것이 아니라 친환경 산업 구조로의 전환과 대체 에너지 개발에까지 확장되고 있다(Inglehaft, 1977; 김정애 외, 2012 재인용).

한편, 미래 사회에서 인공지능이 인간의 삶에 미칠 파장에 대한 논란이 활발하게 일어나고 있다. 2016년 3월 9일부터 열린 '구글 딥 마인드 챌린지 매치'에서 한국의 이세돌 9단과 인공지능 '알파고'의 대국은 단순한 바둑 경기가 아니었다. 인공지능 '알파고'는 한국 사회뿐 아니라 전 세계에 커다란 파장을 일으켰다. 국내외 인공지능 전문가는 인공지능 기술 발전이 전문가의 생각보다 빠르다고 지적한다. 이들은 이번 대국을 계기로 인공지능에 관한 윤리적 이슈를 정리하고 지혜로운 인공지능 활용 방안을 고민해야 한다고 지적한다(윤민화, 2016; 김정애 외, 2021 재인용).

3. 가족 가치관의 변화

1) 결혼에 대한 가치관 변화

결혼 가치관은 결혼과 관련된 개인적 인식과 가치 기준을 의미한다. 이와 관련하여 남성보다 여성이, 높은 연령보다는 낮은 연령일수록, 결혼을 일정 연령이 되면 '반드시 해야 하는 것'이 아니라 '개인이 선택할 수 있는 생활의 여러 조건 중 하나'로 인식하고 있는 것으로 확인된다. 즉 젊은 층에서는 독신(비혼)이 하나의 생활양식으로 받아들여지고 있음을 알 수 있다.

2) 자녀에 대한 가치관 변화

과거에는 가계계승자, 노동력 제공자(수입 원천), 노후부양자 등의 역할을 수행할 자녀가 가족생활에 반드시 있어야만 하는 존재로 여겨졌다. 반면, 현재는 자녀가 부부의 부양부담(짐)을 증가시키는 요인으로 작용하고 있다. 현대사회에서는 자녀가 지출의 근원으로 막대한 재정적 지원을 해야 하는 대상이 되어 '짐'이 되다 보니 무자녀를 선택하는 부부가 증가하고 있다.

이는 우리의 가족이 과거 자녀 중심에서 벗어나 부부 중심으로 변화하고 부부관계의 질이 가족 유지의 핵심요소가 되고 있음을 의미한다. 그러다 보니 평균 수명 증가 및 세계 최저 수준 출산 등으로 인해 세계적으로 유례없이 빠른 속도로 고령화가 진행되고 있다.

3) 가족 내 성역할에 대한 가치관 변화

여성의 학력이 높아지고 경제활동 참여 증가에 따라 부부간의 평등한 성역할 수행에 대한 인식이 확대되고 있다. 즉 가계부양, 자녀양육, 가사분담 등을 부부가 공유함으로써 여성의 의사결정이 증가하고 있다. 또한 부부간의 전통적 성별 분업에서 상황에 따라 역할을 조절할 수 있는 융통성 있는 사고가 확산되고 있다.

집안일에 전념하는 '남성 전업주부(house-husband)'가 최근 급증하고 있다. 육아휴직 남편은 매년 급증하고 있다. 통계청에 따르면, 2022년에 육아휴직에 들어간 남편 직장인은 5만 4,240명으로, 2021년(4만 2,197명)에 비해 1만 명 넘게 늘어났다. 관련 통계가 처음 집계된 2010년(1,967명)의 27.6배에 달한다. 같은 기간 아내 육아휴직자가 7만 1,000명에서 14만 5,736명으로 2배가 된 것에 비하면 엄청나게 빠른 속도다.

반면 육아와 가사에 전념하는 여성의 수는 2013년 729만 8,000명을 정점으로 줄기 시작해, 2014년 714만 3,000명, 2015년 708만 5,000명, 2016년 704만 3,000명, 2017년 694만 5,000명으로 집계돼 5년 연속 감소하며 8년 만에 6백만 명대로 주저앉았다.

경영자총연합의 자료에 따르면 2023년 취업자 수는 32만 7천 명 증가했는데, 이 중 92.7%(30만 3천 명)가 여성이었다. 2021~2023년까지 최근 3년간 취업자 증가분의 절반 이상이 여성이었다.

2023년 여성 취업자 증가는 고학력, 기혼 여성이 주도했다. 대졸 이상 고학력 여성 취업자는 30만 4천 명 늘었지만, 고졸 이하 저학력 여성 취업자는 오히려 1천 명 감소했다. 증가한 여성 취업자의 69.9%는 기혼이었다.

여성 취업자가 늘면서 육아와 가사를 전담하는 남성 전업주부도 늘었다. 2019년 15만 5천 명에서 2023년 21만 8천 명으로 5년 새 40% 증가했고, 사상 처음 20만 명을 넘어섰다.

육아와 가사에 전념하는 남성의 수가 늘어난 것은 최근 남성에 비해 고수익을 올리는 전문직 여성이 많아졌고, 전통적인 남녀의 역할 관계에도 변화가 있기 때문으로 풀이된다. 또한 여성 연상 커플의 증가도 육아·가사활동을 하는 남성 증가에 영향을 미쳤다고 볼 수 있다.

4) 가족 부양에 대한 가치관 변화

노부모 부양에 대한 의식에 있어서 장남이나 아들이 모셔야 한다는 의식이 점차 감소하는 반면, 가족과 정부, 사회의 공동책임과 스스로 노후를 책임져야 한다는 의식이 증가하고 있다. 이러한 의식의 변화는 노인부부 가족과 독거노인 등의 증가로 이어지고 있다.

15년 전엔 절반 이상의 국민이 부모는 자식이 모셔야 한다고 생각했지만, 지금은 5명 중 1명만 그렇게 생각하는 것으로 나타났다.

2023년 한국보건사회연구원의 '2022년 한국복지패널 조사·분석 보고서'에 따르면, 2022년 3~7월 총 7,865가구를 대상으로 한 제17차 한국복지패널 조사에서 '부모 부양의 책임은 자식에게 있다'는 의견에 응답자의 3.12%가 '매우 동의한다', 18.27%가 '동의한다'고 응답했다. 두 응답을 합쳐 21.39%만이 부모 부양의 자녀 책임에 대해 동의한 것이다. '동의도 반대도 하지 않는다'는 응답은 29.47%였고, 41.86%가 '반대한다', 7.28%가 '매우 반대한다'고 답했다. 반대 의견을 합치면 절반 가까이(49.14%)에 달한다. 찬반 비율은 저소득 가구원(동의 20.6%, 반대 50.74%)과 일반 가구원(동의 21.53%, 반대 48.87%)에서 비슷하게 나타났다.

표 3-4 부모 부양에 대한 견해

(단위: %)

구분	전체	저소득	일반
매우 동의한다	3.12	3.42	3.07
동의한다	18.27	17.18	18.46
동의도 반대도 하지 않는다	29.47	28.66	29.61
반대한다	41.86	46.41	41.09
매우 반대한다	7.28	4.33	7.78
모름/무응답	0.00	4.33	7.78
계	100.00	100.00	100.00

출처: 한국복지패널(2022).

4. 가족 유형의 변화

1) 전통적 가족

(1) 핵가족

머독(Murdock, 1949)에 의하면 핵가족은 가족의 가장 간단한 형태로, 부부와 그들의 미혼직계자녀들로 구성되며 기본적으로 2세대로 한정된다. 그는 250개 사회의 가족 형태를 고찰한 결과, 결혼한 부부와 그들의 자녀들로 구성된 집단, 즉 핵가족이 가장 흔하며, 핵가족은 역사와 지역을 초월하여 보편적으로 존재한다고 주장했다. 사회에 따라 핵가족의 범위를 초월하여 근친자들이 한 집에서 공동생활 단위를 이루고 있는 복합가족 또는 확대가족의 형태로 존재하지만, 핵가족은 그 가족을 구성하는 기본이며 원초적 단위가 된다는 것이다.

핵가족은 요소가족, 단순가족, 부부가족 또는 개별가족이라고 지칭하기도 한다.

(2) 확대가족

핵가족이 종적(직계가족)[1] 또는 횡적(방계가족)[2]으로 연결되어 형성된 것으로, 자녀가 결혼 후에도 그들의 부모와 동거하는 가족 형태를 지칭한다. 결혼한 아들 한 사람만이 그의 생식 가족과 더불어 부모와 동거하는 가족을 직계가족이라 하고, 결혼한 아들 모두가 부모와 동거하는 경우 방계가족이라고 한다. 직계가족과 방계가족을 통합하여 확대가족이라고 한다.

1) 직계가족은 전통적인 한국 가족이나 일본 가족과 같이 원칙적으로 장남, 장손 등이 본가에 남아 부모와 동거하며 가계를 계승하고, 그 외의 아들은 분가하는 형태를 말한다.
2) 방계가족은 결혼한 아들 모두가 부모와 동거하는 가족으로 중국이나 인도의 가족 형태이다. 한 가구 속에 여러 세대의 가족이 부모자식 간의 관계, 형제관계로 연결되어 있는 형태를 보이고 집안의 어른이 되는 가부장을 우두머리로 그의 부인, 혼인한 아들 및 손자녀, 때로는 증손자녀들까지도 포함된다.

2) 다양한 가족

(1) 자발적 무자녀 가족

무자녀 부부는 자녀 양육에 대한 책임으로부터의 자유와 자아성취 기회의 확대, 친밀하고 만족스러운 부부관계 및 경제적인 여유 등으로 인해 무자녀를 선택한 가족을 말한다.

이러한 무자녀 가족의 특징으로는 높은 교육 수준과 소득, 높은 초혼 연령, 전문직 부부, 맞벌이 부부, 평등한 성역할 태도를 가진 부부들이 많으며 응집성이 더 강한 편이다. 무자녀 가족은 부부간 친밀감을 계속 유지하여 결속력을 강화하는 노력을 보인다. 또한 각자의 삶에 대한 선택을 존중하는 사회분위기 조성을 요구한다. 그러나 사회적 측면에서 사회구성원을 충족하지 못한다는 문제를 야기하기도 한다. 따라서 사회구조적인 조건들을 개선하기 위한 노력이 요구된다.

(2) 한부모가족

부모 중 한쪽의 사망, 이혼, 유기, 별거 및 미혼모(부)로 인하여 한쪽 부모가 없거나 법적 또는 현실적으로 한쪽 부모역할을 할 수 없는 편부 혹은 편모와 그 자녀로 이루어진 가족을 말한다.

(3) 재혼(새혼) 가족

한 명 이상이 초혼이 아닌 성인 남녀의 재결합을 의미한다.

표 3-5 재혼(새혼) 가족의 특성

구조적 특성	• 재혼가족의 구조는 복잡하고 그 경계가 모호하다. 경계 모호성은 누가 가족 안에 또는 밖에 있는지, 가족 안에서 누가 어떤 역할을 할 것인지에 대한 가족들의 지각이 불확실한 것을 말한다. • 전 배우자와 관련된 가족과 현재의 재혼가족 간에 경계를 명료화하는 것이 가장 필요하다. • 경계의 모호함과 혼란은 자녀와 재혼부부에게 스트레스를 가중시키고 나아가 가족의 건강한 기능 수행을 저해할 수 있다. • 재혼가족의 가족원들은 충성심 갈등을 경험하게 되는데, 이는 한 사람에 대해 애정을 갖고 있으면서 또 다른 사람에게도 애정을 갖게 될 때 겪게 되는 심리적 갈등을 말한다.
역동적 특성	• 재혼가족은 개인과 결혼, 가족생활주기가 서로 일치하지 않는 가족원이 동시에 발달단계에 직면할 수 있으며 두 가족의 문화를 합쳐야 하는 특성을 지닌다. • 새로 결합한 부부관계보다 더 강력하고 친밀한 부모-자녀 관계가 선행되기 때문에 부모-자녀 관계로 인해 부부관계가 부정적인 영향을 받을 수도 있다.

(4) 분거가족

배우자나 미혼자녀가 타 지역(국외 포함)에 살고 있는 가족을 말한다.

세계화, 교통통신의 발달, 개인주의 확산, 높은 직업성취, 자아실현의 추구, 자녀의 학업 등으로 한 지붕 아래서 거주하지 않는 비동거 가족인 분거가족이 증가하고 있다. 통계청(2016)에 의하면, 직장 학업 등의 이유로 배우자나, 미혼자녀와 떨어져 살고 있는 가구는 19.4%이며, 따로 살고 있는 주된 이유는 직장(63.1%), 학업(28.9%) 순으로 나타났다.

(5) 다문화가족

국제결혼 등으로 다문화가족이 형성된다. 다문화가족은 2000년 이후 지속적인 증가를 보이고 있다. 세계화로 인한 국제인구이동의 증가, 한국의 국제적 지위 향상, 인터넷 통신의 발달, 외국과의 다양한 교류의 활성화, 농촌 총각의 결혼문제 등과 관련하여 국제결혼에 대한 부정적인 정서가 감소하고 있는 추세이다.

가족구성원 간에 여러 문화가 존재하기 때문에 결혼이민자들에게 일방적으로 우리 문화에 동화하기를 강요하기보다는 서로의 문화를 수용하고 인정하는 사회적 분위기가 형성되어야 한다.

(6) 조손가족

우리나라 조손가구는 계속 증가 추세를 보이고 있다. 여성가족부에 따르면 조손가족의 절반 이상(53.2%)이 손자녀 친부모의 '이혼 및 재혼'에 의해 조부모가 손자녀를 양육하게 됨으로써 형성되었고, '부모의 가출이나 실종' 등에 의한 경우가 14.7%, '부모의 실직과 파산'(7.6%) 혹은 '부모의 취업' (6.7%) 등의 경제적 이유로 인해 손자녀를 양육하게 된 경우는 14.3%였으며, '부모의 질병과 사망' 등의 이유는 11.4%였다. 이런 현상은 우리나라의 이혼율이 해마다 증가하는 추세라는 점을 고려할 때, 향후 조손가족의 증가 가능성이 상대적으로 높을 수 있다는 점을 시사하고 있다.

조손가족의 조부모들은 가족주의라는 전통적 가치관을 바탕으로 자신의 혈연에 대해 책임을 다할 수 있다는 점을 다행으로 여기고 손자녀와의 관계에 비교적 적극적이고 긍정적으로 접근하고 있다.

조손가족을 가족해체 과정에서 야기된 병리적인 현상이라기보다는 가족해체의 대안으로 대두된 차선책이라는 입장에서 접근할 수도 있다. 따라서 정부 차원에서 조손가족이 병리적 가족이 아니라 가족의 기능을 수행하고 있는 다양한 가족의 한 유형임을 일반인에게 적극적으로 홍보하여 조손가족의 손자녀들이 건강하게 성장할 수 있는 사회적 환경을 조성해야 한다.

그러나 노령화로 인한 노인 인구의 증가, 노동시장 유연성으로 인한 안정적 가계 유지의 어려움, 이혼율 증가와 같은 우리 사회의 현상들이 의도하지 않은 결과로서 조손가족의 증가를 가져오고 있다. 보다 구체적으로, 경제적으로 여유가 없는 저소득층은 노후 준비를 충분히 하지 못한 노인 가족을 낳고, 세습된 빈곤에 의해 안정적인 가정을 형성하지 못하는 성인자녀들 역시 빈곤으로 인한 이혼에 이르게 되며,

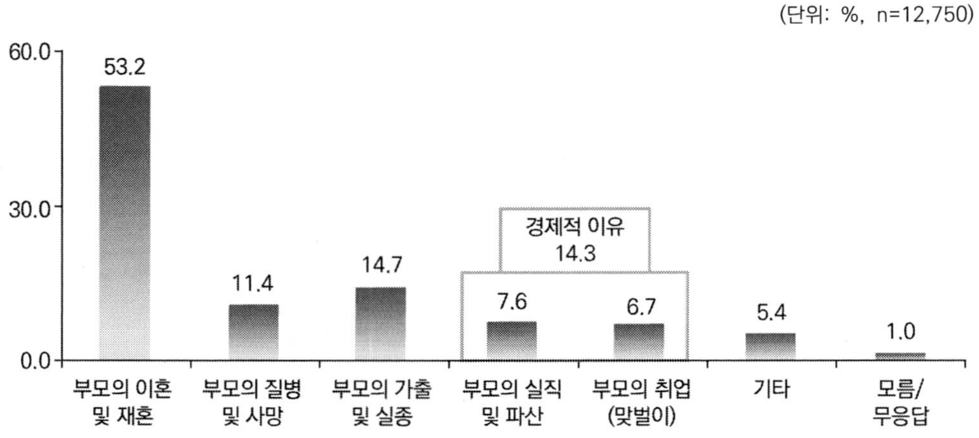

그림 3-1 손자녀 양육 이유

이들의 이혼은 결국 자신들의 노년조차 준비하지 못한 상태에서 손자녀의 양육까지 떠맡아야 하는 조손가족을 만들게 된 것이다.

조손가족의 조부모가 경험하는 대표적인 어려움에는 경제적 부담, 신체·심리적 돌봄 부담, 사회적 고립이나 배제, 돌봄에 대한 복합적 감정 등이 있다. 손자녀를 외면할 수 없지만 준비 없이 손자녀를 책임지게 된 조부모에게 빈곤은 현실적으로 가장 큰 어려움이다. 조손가족은 양부모가족, 모자가족, 부자가족과 비교해 볼 때 가장 열악하였다. 주관적 빈곤감 역시 가장 큰 것으로 나타났다. 조부모의 연령이 높아지면서 근로 능력은 떨어지게 되고, 사회적 자원의 결핍과 성인자녀의 지원 부족이 빈곤 탈출을 더욱 힘들게 한다.

5. 생애주기별 가족관계

1) 부부 관계

가족의 생애주기에서 부부 관계의 변화를 살펴보면, 대부분의 부부는 결혼 시점에서 둘의 관계에 매우 만족하지만, 신혼기 이후부터 자녀 양육기 내내 감소하다가 자녀의 청소년기 및 진수기 이후부터 회복을 보이는 것이 일반적이다. 또한 전통적으로 여성은 자녀 양육에 대한 책임이 남성보다 크기 때문에, 생애주기에 따른 결혼 만족도의 낙폭이나 변화의 폭도 상대적으로 크다. 그러나 우리가 가족생활 주기의 각 단계를 이해한다고 해도, 이것만으로 결혼생활 만족도를 정확히 예측할 수는 없다.

행복한 결혼생활을 하고 있는 사람은, 불행한 결혼생활을 하고 있는 사람에 비하여 자신감, 사회적 성숙, 타인을 돌보는 능력 등 긍정적인 성격을 가지고 있는 경향이 있으며, 부부 간의 성격도 유사한 경향을 보였다. 반면, 불행한 결혼생활을 하는 사람들은 결혼 전 자신과 반대되는 상대방의 특징을 매력으로 느꼈지만, 결혼 후 부부 문제를 겪으면서 예전의 매력이 성격 차이임을 발견하게 된다.

행복한 결혼생활을 하는 부부들은 서로를 성심껏 좋아하며, 배우자의 친지나 동료와도 즐거운 시간을 가진다. 즉 그들은 편해서 함께 사는 것이 아니라, 자신들이 결혼생활에 평생 헌신해야 하며, 그렇게 하는 것이 자녀에게 최상이라는 신념을 가지고 있다.

이러한 부부 관계가 성인의 생애주기에서 핵심적이면서 중요한 부분임은 의심의 여지가 없다. 만족스러운 결혼생활을 영위하는 성인은 자신의 삶에 대해서도 긍정적으로 평가한다. 즉 친밀하고 헌신적인 관계를 유지하는 건강한 부부 관계는 생애주기 전반에 걸쳐 부모 자신뿐만 아니라 자녀에게도 긍정적인 영향을 주며, 부부의 이혼은 부모와 자녀 모두에게 어려움을 줄 수 있다.

2) 형제 관계

성인기의 형제자매는 만나는 횟수가 줄어들게 되는데, 이는 사회적 관계가 넓어지고 결혼을 하게 되면서 다른 지역으로 옮겨 가기 때문이다. 이와 관련하여 시시렐리(Cicirelli, 1982)에 따르면, 성인기의 형제자매들은 1년에 가끔씩 만나거나 전화 혹은 편지로 서로의 안부를 묻는다고 하였는데, 이들 중 대부분은 서로의 속 깊은 이야기는 하지 않고, 정말 힘든 일이 아닌 이상 서로를 직접 돕는 경향은 덜하다. 즉 성인기의 형제자매 관계는 아동기나 청소년기에 한 집에서 살면서 친밀하게 지내던 시기에 비해 친밀도가 상대적으로 낮은 경향이 있다. 흥미로운 것은 아동기의 형제자매 관계에서 종종 나타나는 양가감정이 성인기까지 지속된다는 것이다. 이는 성인이 된 형제자매가 자주 만나지 않더라도 서로에 대한 돌봄과 친밀감이 여전히 존재하기 때문이다.

또한 성인기 형제자매의 경우, 나이가 들수록 가까워지는 경향이 있다. 시시렐리(Cicirelli, 1982)의 연구 결과에 따르면, 중년기 성인의 68%, 노년기 성인의 83%가 자신의 형제자매와의 관계를 '가깝다' 혹은 '매우 가깝다'고 응답한 것으로 나타났다. 그러나 이러한 친밀함 외에, 성인기의 형제자매 간 갈등이 비록 아동기만큼 빈번하지 않더라도 경쟁의식 또한 여전히 존재한다.

로스와 밀그램(Ross & Milgram, 1982)이 22~93세 성인을 대상으로 인터뷰를 실시한 결과에 따르면, 성인기의 형제자매 관계는 생애주기에서 특정 사건에 따라 변화한다. 사별로 배우자를 잃었을 때 형제자매 관계는 가까워진다. 반면 이사를 가게 되어 거리상으로 멀어지거나 결혼할 때, 교육적·직업적 위치나 가치가 다를 때에는 형제자매 관계가 소원해지기도 한다. 노부모가 아프거나 사망하였을 때 형제자매 관계가 더욱 친밀해지기도 하고, 한편으로는 적대적인 관계가 되기도 한다.

아동기에 친밀한 관계를 유지했던 형제자매는 시간이 지나고 성인이 되어 여러 가지 사건이 생기더라도 대체로 우호적인 관계를 유지한다. 그러나 아동기에 소원한 관계를 가졌던 형제자매는 성인이 되어서도 특정 사건에 대해서는 더욱 경쟁적인 관계가 될 수 있다. 결국 형제자매 관계는 생애주기 전반에 걸쳐서 매우 오랫동안 지속되는 관계인데, 이러한 관계는 친밀할 수도, 적대적일 수도 혹은 둘 모두를 경험할 수도 있다. 형제자매 관계가 친밀한 사람은 노년기에 들어 자신의 삶이나 스스로에 대해서 더욱 긍정적으로 평가하는 경향이 있다(Cicirelli, 1982).

3) 세대 관계

가족 내의 다양한 세대 관계는 친밀하고 애정적인 관계로 구성된다. 자녀가 성인이 되어 집을 떠나게 되는 것이 부모와의 관계가 단절되었다는 의미는 아니다. 오히려 성인기의 부모와 자녀는 이전의 '부모', '자녀' 역할에서 벗어나 새로운 관계를 형성하면서, 더욱 친밀해지는 경우도 있다. 키네스와 설리반(Kenneth & Sullivan, 1980)이 대학 입학 후 집에서 통학하는 자녀와 집을 떠나 생활하는 자녀를 비교한 결과, 집을 떠나 객지에서 생활하는 자녀는 집에서 통학하는 자녀보다 부모와 더 친밀한 경향을 보였다. 특히, 어머니의 경우는 자녀에 보다 많은 애정과 관심을 보였다. 화이트와 스페이스만, 코스토스(White, Speisman, Costos, 1983)의 연구에서도 이와 유사한 결과가 나타났는데, 성인이 된 자녀 중 일부는 자신이 성장하면서 가졌던 부모의 이미지보다, 자신과 동등한 한 개인으로서 부모를 바라보는 경향이 나타났다. 특히 결혼한 딸은 아들에 비하여 어머니와의 관계를 새롭게 조정하는 경향을 보였다. 이와 같이 성인기의 부모와 자녀가 서로를 새로운 방식으로 이해하게 된다면, 자녀를 진수한 빈 둥지 시기 이후에라도 부모-자녀 관계는 보다 친밀해질 수 있다.

한편, 대다수 노인들이 노년기에 사회적으로 고립되고 외로울 것이라는 통념과는 달리, 상당수의 노인들은 자녀를 포함한 그들의 가족과 친밀한 관계를 유지하고 있기 때문에 외롭지 않다. 미국의 노인들은 자녀와 함께 살거나(18%) 10분 거리 내에서 따로 사는 노인들이(34%) 절반 정도였으며, 3/4은 자녀가 1주일에 최소 한 번 이상 부모를 방문하는 것으로 나타났다. 중년기의 자녀들 역시 자신의 노부모와 매우 가깝다고 느꼈다. 현대의 가족 형태는 고립된 핵가족도 전통적인 확대가족도 아니며, 대신 핵가족 형태로 각기 거주하면서 친족들과 빈번한 의사소통과 상호작용을 유지하는 수정 확대가족의 형태를 취하고 있다. 대다수의 노인들이 이러한 가족 형태를 선호하며 가능하다면 자녀와 한집에서 동거하는 것을 원하지 않았다.

한편 성인기의 세대 관계는 친밀하고 애정적일 뿐만 아니라 공평하다. 즉 성인기의 세대관계는 상호 호혜적 관계가 일반적이라 할 수 있다. 노년기의 부모는 중년기의 자녀로부터 개인적 문제에서 집안 수리까지 도움을 받고 중년기의 자녀는 노년기의 부모로부터 삶의 지혜나 조언을 얻는다.

이와 마찬가지로 가족 내의 다양한 세대 관계는 상호 도움을 주고받는다. 즉 부모 세대는 자녀 세대에게 가치나 태도를 전수해 주며 자녀 세대 또한 부모 세대의 가치와 태도를 본받게 된다. 그러므로 가족 내 세대 관계는 전 생애를 통해 지속적으로 상호 영향을 주고받는다.

중년기의 자녀 세대는 위로 노년기의 부모 세대와 아래로는 자녀 세대에게 그들로부터 받는 것보다 더 많은 사회적 지지와 실제적 도움 등을 제공한다. 브로디(Brody, 1981, 1985)는 이들 세대를 샌드위치 세대 혹은 낀 세대라고 표현했다. 즉 중년기 세대가 '윗대와 아랫대' 사이에서 너무 많은 부담을 지고 있다는 뜻이다. 예를 들면, 직장 생활을 하고 있는 47세의 기혼 여성은 자녀의 대학 입학으로 인한 재정 문제, 가족 부양, 폐경기 등 다양한 사건들을 동시에 처리해야 한다.

CHAPTER 04

가족복지에 대한 이론적 접근

1. 가족체계이론
2. 상징적 상호작용이론
3. 가족발달이론
4, 페미니스트(여성주의) 이론
5. 교환이론
6. 갈등이론
7. 생태이론

그동안 원조 전문직에서 활용할 수 있는 실천 이론들이 수없이 많이 개발되어 왔다. 개인이 이 모든 실천 이론을 익히는 것은 불가능하다는 점에서 어떤 실천 이론을 익히고 활용할 것인가는 현실적인 과제다. 이런 상황에서 최적의 방법은 가족의 건강성을 증진시키는 데 필요한 실천 이론들을 선별하여 활용하는 것이다. 이 장에서는 이런 기준에 적합하다고 판단되는 실천 이론들을 선정하였다.

1. 가족체계이론

가족에 대해 체계론적 관점을 적용한 이론을 가족체계이론이라고 지칭한다. 이러한 가족체계이론은 가족에 대해 가족구성원 개개인의 모든 것, 어떤 것도 가족 모두에게 영향을 미친다고 보는 관점이다. 즉 한 개인은 그들의 가족이 변하면 가장 효율적으로 변화할 수 있다고 보는 관점이다.

가족체계이론은 복잡한 내·외적 환경 속에서 가족이 어떻게 적응하고 성장해 가는지를 중요하게 다룬다. 가족을 하나의 체계로 바라보며, 가족 안에서 가족구성원들이 어떻게 관계를 맺으며, 외부체계와는 어떻게 교류하는지를 밝히고자 하는 이론이다.

1) 주요 개념

(1) 기능적 가족체계와 역기능적 가족체계

기능적 가족체계(functional family system)는 가족원들에게 지속적인 성장과 발달의 기회를 제공한다. 반면 역기능적 가족체계(dysfunctional family system)는 가족원의 잠재능력을 저해할 수 있다.

가족 전체가 어느 한 가족구성원의 희생을 묵과하는 경우, 아이들이 부모의 갈등 표출의 대상이 되는 경우, 자신의 역할을 회피하기 위해 다른 가족구성원을 끌어들이는 경우, 자신의 욕구 충족을 위해 다른 가족구성원을 이용하는 경우 등은 가족에서 발생하는 역기능적 가족체계의 모습이다.

(2) 가족의 항상성 및 변화 가능성

항상성이란 생체가 여러 가지 환경 변화에 대응하여 내부 상태를 일정하게 유지하는 현상이다. 즉 체계가 갖는 안정과 변화라는 두 가지 속성 중에서 항상성은 체계의 안정을 유지하려는 기능을 뜻한다. 이러한 항상성의 기능은 체계에 일관성을 유지하고 외부의 정보를 적절히 통제함으로써 체계를 혼란과 무질서로부터 보호한다. 이와 관련하여 가족 또한 어떤 식으로든 체계 내의 균형을 유지하려는 항상성 기제를 가진다.

그러나 항상성의 정도가 지나쳐 가족원들이 성장하고 변화하려는 속성을 방해한다면 체계의 긍정적인 기능은 감소하고 역기능이 증가하게 된다. 항상성은 가족구성원들에게 변화 가능성을 허용하는 형태발생성의 정도와 적절한 조화를 이루어야 개방체계로서 긍정적 기능이 유지될 수 있다.

(3) 가족규칙

모든 가족은 일정한 규칙을 갖고 있으며, 일련의 명시적이고 암시적인 규칙을 만들어 간다. 이러한 가족규칙은 가족구성원의 행동에 영향을 미친다.

(4) 가족의 경계

체계들은 경계를 통해서 다른 시스템으로부터 분리되고 연결되기도 한다. 경계는 상호 연결된 시스템의 위계이고, 각 시스템은 눈에 보이지 않은 경계가 있어 작고 큰 시스템으로부터 분리되고 있다.

(5) 전체성

전체의 개념은 부분의 합보다 더 크다고 할 수 있다. 이와 관련하여 전체 가족은 개인 구성원의 합보다 크다는 의미이다. 예를 들면, 어떤 사람이 직장에서는 직장인으로서의 정체성을 가졌지만, 집에 돌아오면 가족과 함께 하는 다른 정체성을 가지는 것으로 말할 수 있다.

(6) 부분의 상호 의존

시스템의 각 요소들의 부분은 한 부분이 변하면 다른 부분도 변하게 되어 각 부분들은 상호 연결되어 있다고 볼 수 있다. 가족 개개인들은 그들의 유일한 방법으로 전체를 꿰어 맞추어 전체의 아름다움을 더하게 되며, 한 개인 구성원이 좋게 또는 나쁘게 변화하게 되면 가족 전체에 영향을 미칠 수 있다.

(7) 복합체계의 수준

한 체계 내에서는 다른 체계들이 함께 존재한다는 것을 뜻한다. 만약 부부라는 체계를 볼 때, 가족이 상위체계가 되고 하위체계는 두 개인이 된다.

(8) 가족 하위체계

가족 하위체계에는 부부 하위체계, 부모 하위체계, 형제자매 하위체계, 부모-자녀 하위체계 등이 있다. 부부 하위체계는 가족의 중심 체계로서 사랑과 친밀성을 전제로 상호 지지와 협동이 있어야 하고, 동시에 서로 독립적으로 행동할 수 있는 능력이 있어야 한다.

부모 하위체계는 자녀에 초점을 두고 전체 가족을 이끌어가는 책임과 리더십을 가져야 한다. 형제자매 하위체계는 대부분 같은 세대로 이루어지므로 동년배 정신과 우정을 발달시킨다. 부모-자녀 하위체계는 세대가 다른 가족원들로 구성되므로 다른 어떤 하위체계보다 더 역기능적이 되기 쉽다. 따라서 부모는 자녀에게 엄격함과 허용의 수준을 적절히 조화시켜야 한다. 하위체계의 체계 간 경계가 명확하고, 서로 개방적인 의사소통의 교류가 많을수록 건강한 가족이라고 할 수 있다.

(9) 스트레스에 대한 대처와 유능성

스트레스는 개인과 환경 사이의 교류에서 지각된 요구와 이를 충족시키는 자원이 불균형을 이룰 때 발생한다. 그러나 가족 안에서 스트레스가 있다고 해서 항상 문제가 되지는 않는다.

가족구성원들이 긍정적인 자존감을 가지고 자신을 유능하다고 지각하는 경우에는 스트레스에 잘 대처할 수 있다. 이와 관련하여 유능성이란 개인이 환경과 효과적으로 상호작용하는 능력을 말한다. 유능성이 높은 가족구성원은 다양한 스트레스에 직면하여 건강한 자아개념 및 효능감을 최대한 발휘할 뿐 아니라 필요한 외부자원을 동원하여 문제에 적극적으로 대처하는 경향이 있다.

(10) 환경체계

브론펜브레너(Bronfenbrenner, 1979)는 생태학적 환경에 대해 개인을 둘러싸고 있는 네 가지 수준의 체계와 그 체계들 사이의 위계질서이며, 〈표 4-1〉과 같이 미시체계, 중간체계, 외체계, 거시체계로 나누어진다고 주장했다.

표 4-1 브론펜브레너의 4체계

미시체계 (micro system)	가족과 놀이터, 학교, 동아리, 또래친구, 교회친구, 형제자매, 학교 선생님 등과 같이 일상적으로 겪게 되는 상황이면서 동시에 개인이 직접 접촉하는 물리적 환경을 뜻한다. 이러한 미시체계는 가족원의 성장과 발달에 기본이 되는 체계로서, 이것이 효과적으로 기능하면 보다 넓은 수준의 체계에서도 성공할 가능성이 높아진다.

중간체계 (mezzo system)	상호작용하고 있는 여러 개의 미시체계를 의미한다. 예를 들어 가정과 학교와의 관계, 학교와 직장과의 관계 등이 이에 포함된다.
외체계 (exo system)	개인이 직접 참여하고 있지는 않지만 그 개인의 발달에 일정한 영향을 주는 환경체계를 뜻한다. 예를 들어 자녀에게 있어 부모가 일하는 직장환경은 간접적으로 자녀양육에 영향을 미치게 된다.
거시체계 (macro system)	일반적으로 문화, 정치, 사회, 종교, 경제정책과 같이 광범위한 사회적 맥락을 포함하는 것을 뜻한다. 이러한 거시체계는 가족원들의 생활에 간접적인 영향을 미친다.

2) 건강가정에의 적용

(1) 가족 및 가족문제를 바라보는 개념적 틀로서의 유용성

가족체계이론은 가족원을 개별적으로 접근하기보다는 한 단위로서 전체적으로 바라본다. 이 특성은 건강가정 현장의 실천가들에게 가족을 하나의 체계로서 총체성을 가지고 접근하는 개념적 틀을 제공한다.

가족은 하나의 대상체계로서 보다 넓은 사회체계의 하위체계인 동시에 가족 내부 하위체계에 대해서는 상위체계로서 기능한다. 가족문제란 가족체계 내부 및 외부와의 상호작용에서 발생하는 역기능 혹은 적응상의 불균형을 의미한다. 이러한 가족문제를 사정할 때도 문제와 관련한 다양한 체계(미시, 중간, 외, 거시체계 등)를 고려하여 정보를 얻고, 가족의 역기능을 변화시키는 개입에서도 다양한 실천모델을 절충적으로 활용할 수 있다.

가족체계이론은 가족문제를 직접 해결하는 특정 방법이나 기술보다는 가족과 가족문제를 폭넓게 이해하고 사정하는 개념적 틀로서의 유용성이 강조된다.

(2) 가족문제 사정과 개입의 방법론적 유용성

가족체계이론을 활용하는 실천가들은 가족원들이 환경과 상호작용하면서 어떤 문제가 어디에서 발생하는지를 정확하게 파악하려고 한다. 이때 가족체계이론은 문제가 가족원 개인이나 환경 그 어느 한쪽에서만 발생한 것으로 보지 않고 양자 간의 상호작용에서 발생한 것으로 본다. 개입의 목적은 가족원들로 하여금 생활과업을 효과적으로 수행하고 스트레스를 완화시켜 잘 적응하도록 돕는 데 있다. 가족원을 상담할 때 생태도(ecomap)와 가계도(genogram), 그리고 사회적 지지체계(socialsupport system)는 가족문제를 파악하고 해결하는 데 많은 도움을 줄 수 있다. 여기서 생태도란 가족과 외부환경과의 관계 및 교류 상태를 수평적인 시각에서 파악하려는 도구를 말한다. 또한 가계도는 2~3세대 이상에 걸쳐 내려오는 가족원에 관한 정보와 그들 간의 관계에 대해 수직적인 시각에서 깊이 있게 분석하려는 도구를 말한다. 더불어 사회적 지지체계는 현재 가족원을 둘러싼 인적·물적 지지체계가 어떻게 구성되어 있고, 또한 그것들이 실질적으로 가족원들에게 어떤 도움을 주고 있는지를 파악하려는 것이다.

2. 상징적 상호작용이론

상징적 상호작용이론은 다양한 상호작용이론 가운데 가장 핵심이 되는 이론이라 할 수 있다. 널리 알려진 상호작용이론에는 제임스(James)의 '자아(self)' 개념, 쿨리(Cooley)의 '영상자아(looking glass self)' 개념, 듀이(Dewey)의 '실용주의' 개념, 미드(Mead)의 '정신·자아·사회' 개념, 린톤(Linton)의 '역할이론' 등이 있다.

상징적이라는 말을 쓰는 이유는 인간이 상호작용의 도구로 언어나 몸짓 등의 상징을 사용하고, 그 상징의 주관적 의미를 중시하기 때문이다. 상징적 상호작용이론은 초기에 미드(Mead)가 기본적인 토대를 만든 후 블루머(Blumer)와 쿤(Kuhn)과 같은 그의 제자들이 확고한 이론적 체계를 구축하였다.

1) 주요 개념

(1) 이론의 기본 전제

상징적 상호작용이론에서는 현재 개인이 처한 상황과 거기서 이루어지는 행동에 대해 그 개인이 주관적으로 어떻게 정의하고 해석하는지를 중요하게 다룬다.

이론의 기본적인 7가지 전제

① 비환원주의적 인간관으로서, 인간은 그들이 부여하는 사물의 의미에 근거하여 행동한다. 환원주의(還元主義): 다양한 현상을 기본적인 하나의 원리나 요인으로 설명하려는 경향을 뜻한다.
② 의미는 사람들이 상호작용하는 과정에서 형성되는 것이며 인간행동의 이해는 그 행위의 동기 및 의미를 통해 파악된다.
③ 개인이 사물을 다루면서 사용하는 해석적 과정을 통해 조직되고 수정된다.
④ 개인들은 자아개념을 갖고 태어나는 것이 아니라 사회적 상호작용을 통해 발달시킨다.
⑤ 일단 발달된 자아개념은 행동에 중요한 동기를 부여한다.
⑥ 개인과 소집단은 문화적이고 사회적인 과정의 영향을 받는다.
⑦ 개인들은 일상에서의 사회적 상호작용을 통해 사회구조의 미세한 부분들을 이루어간다.

(2) 의미

사람들 간의 상호작용의 과정에서 일어나며, 함께 나눈 의미는 사람들이 서로를 이해하는 데 도움을 주고 다양한 역할을 하는 방법을 배우는 데 도움을 준다.

(3) 상황에 대한 정의

주어진 상황을 주관적으로 해석하게 되며, 서로 다른 사람들은 서로 다른 방법으로 상호작용이나 상황을 해석하게 된다.

(4) 자아개념

① 자아

자아(self)는 어떤 개인이 자기 것이라고 말할 수 있는 모든 것을 뜻한다.

② 자아개념

자아개념(self concept)은 사람이 성장함에 따라 외부세계와 관계를 맺으면서 자신에 대한 이해와 평가를 통해 갖게 되는 자신에 대한 이미지이다. 미드에 의하면 자아가 있다는 것은 개인은 그 자체가 사회의 하나의 축소판이며, 정신적인 생활이 가능하다는 것을 말한다. 이러한 자아개념은 인간이 자기의 행동을 스스로 규제할 수 있는 능력을 소유한다는 의미이기도 하다. 자아는 'I'와 'Me'라는 두 측면 사이의 내면적인 사회과정으로 이해된다. 자아 속 'I'의 측면은 개인의 충동적이고 즉각적이며 비조직적인 생활경험으로 표현되는 것인 반면, 'Me'는 개인 속의 내면화된 타자로서 자신이 소속되어 있는 일반화된 타자에 의해 만들어진 것이다. 인간은 'I'가 있어 창조적인 동물인 동시에 'Me'가 있어 사회적인 동물로 볼 수 있는데, 각 개인의 창조적인 요소와 사회의 규제적 요소 사이의 복잡한 상호작용이 바로 사회과정이라고 할 수 있다.

③ 자아형성의 단계

가. 1단계: 준비단계

준비단계(preparatpry stage)에서 아이들은 아무런 의미를 모르고 무조건 모방을 한다. 이 무조건적인 모방을 통해서 타인의 역할을 담당해 보려는 성향이 자라게 된다.

나. 2단계: 놀이단계

놀이단계(play stage)에서 비로소 실질적인 역할담당(role-taking)이 일어난다. 아이는 주위에 있는 구체적인 사람의 역할을 막연히 흉내만 내는 것이 아니라 자기가 누구의 흉내를 내는지를 알면서 행동을 모방한다. 타인의 입장에서 자신을 객관화하는 능력이 생기기 때문에 비로소 자아가 형성된다고 볼 수 있다. 그러나 '나'라고 하는 존재의 구심점은 아직 불분명한 상태이다.

다. 3단계: 게임단계

게임단계(game stage)에서 아이의 자아는 제대로 형성된다. 자기 나름대로의 입장에서 주위에 있는 여러 역할들을 동시에 담당해 볼 수 있다.

(5) 거울에 비추어지는 자기

찰스 쿨리(Charles Cooley, 1864~1929)는 거울에 비추어지는 자기(Looking glass self)에 대한 개념을 전개시켰다. 즉 타인과 상호작용하는 것이 근간이 되어 개인의 자아개념이 발달해 자신들에 대해서 배우게 된다. 결국 거울에 비추어지는 자기란 아이디어는 나의 행동에 반응을 나타내는 타인으로부터 받는 피드백에 의거해서 자신에 대하여 배운다는 개념이라 할 수 있다. 예를 들어, 소꿉놀이의 하나로서의 역할 놀이에서는 아이들이 역할을 부여받고 놀이를 하는 과정에서 일반화된 타인의 역할을 취득하는 것을 배우고 심지어 타인의 감정을 예측하는 것을 배우게 된다.

(6) 지위와 역할

역할이론에 의하면, 인간은 공통의 상징, 모범적인 행동양식, 규정된 지위를 타자를 통해 단계적으로 배우게 된다.

가. 지위

지위(status)는 구조 내에서 개인이 차지하는 위치를 말하는데, 한 개인은 연령, 성, 종교, 국적 등에 따른 다양한 지위를 갖게 된다. 이러한 지위에 따라 기대되는 행위 양식으로서 다양한 역할이 존재한다.

나. 역할

역할(role)은 주어진 사회적 범주 내에서의 집단이나 개인에게 기대되는 행동을 말한다. 예를 들어 남편, 부인, 선생, 슈퍼바이저 등으로 가족은 누구나 때에 따라 다양한 역할을 한다. 역할은 기대된 행위에 대한 지식뿐 아니라 문화적으로 적절한 가치관과 감정을 포함한다. 역할이론에서 사회화는 일련의 연속적인(socialization) 단계를 거쳐 이루어지는데, 중요한 것은 의미 있는 타자들과의 상호작용이다. 사회화 과정이란 자기가 태어난 사회가 공유하고 있는 의미 체계를 습득하는 것이며, 이 의미체계의 습득은 곧 일반화된 타자(generalized other)의 관점을 내면화하는 과정, 즉 자아 속의 Me를 형성해 가는 과정으로 이루어진다고 할 수 있다(이동원, 박옥희, 2000: 104-106).

2) 건강가정에의 적용

상징적 상호작용이론은 다소 미시적인 관점에서 가족원 간의 상호작용을 분석하고 그러한 상호작용의 결과로 나타나는 가족의 문제를 이해하려는 개념적 틀이다. 즉 가족원의 지위와 역할, 상호작용을 통한 의사소통의 형태 및 의사결정 유형, 가족원 간의 관계의 질과 스트레스, 그리고 부모가 수행하는 아동에 대한 사회화 과정, 성역할 학습 등을 연구하고 현장에 적용한다.

상징적 상호작용 이론이 강조하고 있는 자아개념, 지위와 역할, 사회화의 과정은 건강가정과 결합하면 다음과 같이 적용될 수 있다.

① 가족 내에서 이루어지는 상징적 상호작용이 무엇인지를 이해하는 데 도움을 줄 수 있다. 일반적으로 개인은 사회적 상호작용을 통해서 널리 공유되는 상징을 적용하고 자신과 타인 및 상황이 지니는 특별한 의미를 능동적으로 만들어 간다.

상호작용을 통해서 개인은 자신의 정체성에 기초한 권리와 의무를 따르도록 기대되며, 타인들도 그러한 정체성을 존중해 줄 의무가 있다. 상호작용의 기본 원리는 가족 안에도 그대로 나타나도 있다.

가족구성원은 각자 자신의 정체성에 기초하여 서로 간에 의미 있는 상호작용을 만들고, 가족 내 건강한 의사소통은 가족원이 성장하고 발달하는 데 중요한 영향을 미친다.

가족 내 의사소통이 제대로 이루어지지 않을 경우에는 부모-자식 간 혹은 부부간에 원치 않는 갈등과 폭력이 나타나고, 가족구성원 간의 관계의 질과 안정성, 스트레스에 대한 대처능력도 취약해질 수 있다.

② 가족 안에서 이루어지는 사회화의 기능을 체계적으로 이해하도록 해 준다. 우리 사회에서 가족이 전통적으로 수행하던 많은 기능이 사회로 이전되고 있지만, 아동양육에 따른 사회화 기능은 여전히 가족의 중요한 기능으로 인식되고 있다. 아이는 가족을 통해 그가 태어난 사회에서 공유되는 언어와 문화, 사회적 역할과 성역할, 가치관과 태도 등을 배우고 익히며 한 개인으로서 자신의 존재를 인식하는 자아개념과 내적 정체성을 형성해 간다. 내적 정체성을 형성해 가는 과정은 아이가 자라면서 접하게 되는 다양한 사회적 관계에서 건강한 상호작용을 만들어 내고 가치 있는 삶을 살기 위한 중요한 토대가 된다. 아동기 부모 혹은 양육자들이 수행하는 사회화의 기능은 건강가정에 대한 연구에서 중요한 주제가 될 수 있다.

사회화 과정의 실패 혹은 부적절한 사회화로 인해 나타나는 자녀의 일탈 및 부적응 문제, 청소년기의 불안과 가치관의 혼란, 그리고 가족 내 역할갈등 문제는 건강가정 현장에서 실천가들이 일차적으로 관심을 갖는 가족문제이다.

3. 가족발달이론

가족발달이론은 미국의 대공황 시기인 1930년대 농촌사회학자들에 의해 처음 사용되기 시작하였으며, 본격적으로 체계화된 시기는 1950년대부터라고 할 수 있다.

가족발달이론은 가족이란 살아 있는 유기체처럼 태어나서 성장·발달하고 소멸하는 존재라는 관점에서 출발했다. 분석의 기본단위는 개인이 아닌 가족이며, 그렇기 때문에 가족 단위로서의 변화에 주목할 필요가 있다. 생애주기적 관점을 요람에서 무덤까지의 시기로 본다면, 이 이론은 결혼으로 새로운 가족을 형성하는 시점에서 시작되어 본인과 배우자가 죽음으로 가족이 소멸되는 기간 동안 부부의 관점에서 조망된다(도미향, 2009: 103-105).

1) 개념적 틀로서의 가족발달

시간이 경과함에 따라 부부와 가족이 어떻게 변화하는지에 관심을 두고 있어 이들의 변화의 과정을 설명하고 기술하도록 설계되어 있다. 생활주기의 다양한 단계를 진행함에 따라 결혼과 가족 내에서의 스트레스적이고 도전적인 발달과업과 다양한 역할을 부모와 가족구성원들이 어떻게 관계하는지에 주로 관심을 가진다.

시간경과에 따라 가족생활주기와 가족구성원의 역할 변화와 과제에 초점을 두는 것으로, 가족에 대한 단계 또는 주기의 관점에서 가족발달과업의 과제를 연구한다(도미향, 2009: 104).

2) 가족의 발달을 설명하는 이론

생애주기적 관점	• 가족이란 보다 거시적인 차원에서 가족이 처한 시간과 공간의 차원, 그리고 사회적·역사적인 맥락의 차원에서 존재한다는 것을 강조한다. • 이 관점은 최근 장애인 분야나 보건의료 분야에서 영유아기를 비롯한 아동기, 청소년기, 성인기, 노년기 등의 생애주기를 고려한 관련 정책을 제시하듯이, 가족에 대해서도 이러한 생애주기를 고려하는 것이다. • 또한 현재의 가족은 과거와 다르며, 현재 아동기를 경험하는 자녀의 특징은 과거뿐 아니라 같은 시대를 사는 청년기의 특징과도 다르다는 것이다. • 이런 측면에서 생애주기를 고려한 가족연구는 가족원이 처한 생애주기상의 특징과 과업에 대해 개인, 집단, 세대, 사회문화적 맥락에서 접근하고자 한다.
가족발달 이론	• 보다 미시적인 차원에서 가족을 중심으로 한 발달단계와 그에 따른 과업과 역할을 연구한다. 가족에 영향을 미치는 문화적 특성이나 사회구조적·역사적 특성과 같은 거시적 맥락은 중요하게 다루지 않는다. • 가족발달이론(family development theory)은 한 인간의 발달과 마찬가지로 같은 시대의 대부분의 가족들은 일정한 단계를 거치면서 발달해 간다는 점을 전제로 하고 있다. • 가족발달이론은 가족의 생애과정의 단계가 이동할 때 경험하는 체계적이고 유형화된 변동과정에 초점을 둔다. • 내부적으로는 가족원의 요구, 외부적으로는 사회의 요구에 의해서 정해진 일련의 단계로 가족의 변화과정을 설명한다. • 개인이 한 평생을 살아가는 것처럼 가족이라는 사회제도 또한 일생을 살아가면서 개인의 생애에서 경험하는 개인시간(individual time)과 마찬가지의 가족시간(family time)을 경험한다고 가정한다(김승권 외, 2004: 94). • 가족발달이론은 가족생활주기와 가족구성원의 역할 변화와 과제에 비중을 많이 두기 때문에 가족단계의 개념분석틀로 유용하나 가족구성원의 역할 변화라는 미시적인 시각에만 머물 수밖에 없다. 따라서 정작 역사적이고 인구사회적 가치의 변화라는 거시적인 시각을 다양하게 수용하지 못하는 단점이 있다(도미향, 2009: 104-105).

3) 주요 개념

가족발달이론의 주요 개념에는 가족생활주기, 단계, 전이, 규범, 역할, 사회적 지위, 발달과정 등이 있으며, 건강가족 분야에서는 가족생활주기에 따른 결혼만족도, 부부의 의사소통, 역할, 권력, 취업, 의사결정, 갈등 등을 연구한다.

(1) 핵가족의 가족생활주기

가족의 생활주기가 어떻게 구성되고 각 단계별 과업이 무엇인지에 대한 논의는 학자마다 다르다. 이 분야의 대표적인 학자로 알려져 있는 듀발(Duvall, 1977)은 2세대 핵가족을 중심으로 8단계의 가족생활주기를 제시했다(조흥식 외, 2010: 127-128).

〈표 4-2〉에서 보듯이, 핵가족의 생활주기는 두 사람이 결혼하여 가정을 이루고, 자녀를 낳아 키워 독립시킨 후 남은 삶에 적응해 가는 과정으로서, 부부와 자녀 중심의 단계별 특징과 과업을 보여주고 있다.

표 4-2 듀발이 제시한 핵가족의 가족생활주기

가족생활주기 단계	가족 내 지위	가족발달 단계에 따른 과업
1. 결혼전기	아내 남편	• 서로 만족하는 결혼을 한다. • 임신에 대해 적응하며 부모가 되는 것에 대한 희망을 가진다.
2. 신혼기	아내 – 母 남편 – 父 유아(딸, 아들)	• 아이를 낳고 아이에 적응하고 아이를 발달시킨다. • 부모와 아이 모두에게 만족스러운 가족을 꾸민다.
3. 자녀아동기	남편 – 父 딸 – 자매 아들 – 형제 아내 – 母	• 학령 전 아동의 욕구와 관심을 성장 지향적으로 적응하도록 한다. • 부모역할로 인한 에너지 소모와 프라이버시가 없어지는 문제에 대해 대처한다.
4. 자녀학동기	남편 – 父 딸 – 자매 아들 – 형제	• 건설적 방법으로 학령기 아동을 가진 가족 집단에 적응한다. • 아동의 교육적 성취를 고무시킨다.
5. 자녀청소년기	아내 – 母 남편 – 父 딸 – 자매 아들 – 형제	• 10대 자녀의 성숙을 위해 책임과 자유의 균형을 이루도록 하고 스스로를 해방시킨다. • 나이 들어가는 부모로서의 관심과 경력을 설정한다.

가족생활주기 단계	가족 내 지위	가족발달 단계에 따른 과업
6. 자녀독립기	아내 – 母 – 祖母 남편 – 父 – 祖父 딸 – 자매 – 이모 아들 – 형제 – 삼촌	• 성인이 된 자녀들을 직장, 군대, 대학, 결혼 등으로 내보내되 적절한 격식과 도움을 준다. • 지지적인 가정을 유지한다.
7. 중년기	아내 – 母 – 祖母 남편 – 父 – 祖父	• 결혼관계를 재정립한다. • 젊은 세대와의 유대를 유지한다.
8. 노년기	과부/홀아비 아내 – 母 – 祖母 남편 – 父 – 祖父	• 유족 및 홀로되는 것에 대해 대처한다. • 가정을 마감하고 노화에 적응한다. • 은퇴에 대해 적응한다.

(2) 대가족의 가족생활주기

대가족이 경험하는 가족생활주기는 핵가족과는 다르다. 카터와 맥골드릭(Carter & McGoldrick, 1988)은 3세대 이상의 대가족 체계를 중심으로 다음과 같은 6단계의 가족생활주기를 제시하였다.

카터와 맥골드릭은 듀발과는 달리, 결혼 전 원가족으로부터의 분화를 시작으로 자신 및 배우자의 확대가족과 좋은 관계를 형성하고 유지하는 등 보다 넓은 범위의 가족관계와 과업을 고려하고 있다. 이러한 대가족의 생활주기는 가족주의 가치관이 강한 우리의 가족을 이해하는 데 유용한 도움을 줄 수 있다.

표 4-3 카터와 맥골드릭이 제시한 대가족의 가족생활주기

가족생활주기 단계	가족 내 지위	가족발달 단계에 따른 과업
1. 결혼전기	부모 – 자녀 간 분리를 받아들인다.	• 원가족과 관련된 자아가 분화한다. • 친밀한 동년배 관계가 확대된다. • 직업에서의 자아 설정이 이루어진다.
2. 신혼기	새로운 체계에 관여하고 헌신한다.	• 결혼체계를 형성한다. • 배우자의 확대가족 및 친구와의 관계를 정립한다.

가족생활주기 단계	가족 내 지위	가족발달 단계에 따른 과업
3. 자녀아동기	가족경계의 융통성을 증가시킨다.	• 자녀를 위한 공간을 만들 수 있게 결혼체계에 적응한다. • 부모역할을 수행한다. • 부모역할 및 조부모 역할을 포함한 확대가족과의 관계를 정립한다.
4. 자녀청소년기	새로운 구성원을 가족체계로 받아들인다.	• 청소년이 가족체계의 안팎을 넘나들 수 있도록 부모와 자녀 관계를 변화시킨다. • 중년의 결혼이슈에 초점을 둔다. • 노년기에 대해 관심을 갖기 시작한다.
5. 자녀독립기	가족체계에서 나가고 들어오는 것을 수용한다.	• 2인 결혼체계에 대해 재협상한다. • 부모-자녀 관계를 성인관계로 발전시킨다. • 시부모와 손자녀와의 관계를 설정한다. • 부모(조부모)의 장애와 죽음에 대해 대처한다.
6. 노년기	세대 간 역할 변화를 받아들인다.	• 신체적 노쇠 앞에서 자신과 배우자의 기능 및 관심을 유지한다. 즉 새로운 친밀관계 및 사회적 역할을 탐구한다. • 중년세대가 중심 역할을 하도록 지원한다. • 노년기의 지혜와 경험으로 가족체계 내에 여유를 만든다. 즉 노년기에 대한 과잉기능 없이 노년 세대를 지지한다. • 배우자, 형제, 친구의 상실에 대한 대처 및 죽음에 대한 준비한다. 즉 생에 대해 재검토 및 통합을 한다.

(3) 이혼 및 재혼가족의 가족생활주기

최근 들어 출산율이 지속적으로 감소하고 이혼 및 재혼율이 증가하면서 시대 변화에 맞는 다양한 가족생활주기에 대한 관심이 높아지고 있다. 특히 이혼과 재혼가족의 경우에는 전통적인 일반 가족과는 달리 나름의 독특한 발달단계를 경험할 뿐 아니라 그에 따른 내·외적 과업이 존재한다. 이와 관련하여 카터와 맥골드릭(Carter & McGoldrick, 1988)은 이혼과 재혼가족의 생활주기를 제시하였다(박태영, 2003: 47-51).

이혼가족의 경우에는 ① 이혼에 대한 결정 ② 가족체계의 해체 계획 ③ 별거 ④ 이혼 ⑤ 이혼 후 한부모의 단계를 경험한다. 이혼과정은 부부 두 사람만 아니라 자녀가 있을 경우 가족구성원 모두가 아픔을 경험하는 중대한 생활사건이므로 이혼으로 인한 과업을 원만히 처리하지 못할 경우 그 피해는 자녀들의 삶에 부정적으로 나타나게 된다.

재혼가정의 경우에는 ① 새로운 관계의 시작 ② 새로운 결혼생활과 가족에 대한 개념화와 계획 ③ 재혼과 가족의 재구성이라는 단계를 경험한다. 재혼가족은 이전의 가족관계에서 이미 갈등과 위기를 겪은 경우가 많기 때문에 새로운 가족을 형성할 때는 유사한 문제가 다시 발생하지 않도록 신중할 필요가 있다. 관계 상실로 인한 상처를 다루는 것과 두 개의 가족체계 내에서 겪는 두려움, 충성심에 대한 갈등, 소속감 등의 문제도 중요하게 다루어야 한다.

(4) 우리나라의 가족생활주기

우리나라는 그동안 산업화와 도시화, 최근의 심각한 경제난을 겪으면서 가족구조와 기능, 가족관계, 가족에 대한 가치관 등에서 많은 변화가 있었다. 가족생활주기는 주로 서구의 핵가족과 대가족을 기준으로 했기 때문에 우리의 가족생활과는 다소 거리가 있는 것이 사실이다. 우리 가족이 갖고 있는 독특성을 담고 있는 가족생활주기에 대한 연구는 매우 중요한 과제라고 할 수 있으며, 유영주(1984)는 다음과 같은 가족생활주기를 제시하였다.

① **형성기**: 결혼부터 첫 자녀의 출산 전까지의 시기를 말한다.
② **자녀출산 및 양육기**: 첫 자녀의 출산부터 첫 자녀의 초등학교 입학 전까지의 시기를 말한다.
③ **자녀 교육기**: 첫 자녀의 초등, 중, 고등학교 교육시기를 말한다.
④ **자녀 성인기**: 첫 자녀가 대학에 다니거나 취업, 군복무를 하는 시기를 말한다.
⑤ **자녀 결혼기**: 첫 자녀의 결혼부터 막내 자녀의 결혼까지를 말한다.
⑥ **노년기**: 막내 자녀의 결혼부터 양쪽 배우자의 사망까지를 말한다.

공세권(1987)은 우리나라 핵가족의 가족생활주기를 다음과 같이 제시하였으나 이것은 가족의 구조 변화에 초점을 두고 있어서 가족의 형성 및 자녀 성장에 따른 가족발달의 특징과 과업을 제대로 보여주지는 못하고 있다.

① **형성기**: 결혼에서 첫 자녀의 출생까지를 말한다.
② **확대기**: 첫 자녀의 출생부터 막내 출생까지를 말한다.
③ **확대완료기**: 막내 출생부터 자녀 결혼 시작까지를 말한다.
④ **축소기**: 자녀 결혼 시작부터 자녀 결혼 완료까지를 말한다.
⑤ **축소완료기**: 자녀 결혼 완료부터 배우자 사망까지를 말한다.
⑥ **해체기**: 배우자 사망부터 본인 사망까지를 말한다.

(5) 가족발달이론의 기본가정

① 발달과정은 가족을 이해하는 데 필수요소이다. 즉 가족구성원들의 성장과 노화에 따라 가족 간의 상호작용과 가족의 구조가 변화하고 가족 안에서의 역할에 대한 규범도 변화하기 때문에, 가족주기에 대한 발달적 이해가 중요하다.
② 가족은 다양한 차원에서 분석될 수 있다. 구체적으로 개인적·심리적·관계적 상호작용적 측면, 사회적·제도적 측면의 수준에서 규명할 수 있다.
③ 가족집단은 개인, 관계, 사회제도의 다양한 수준에서의 요인들에 의해 영향을 서로 주고받는다.
④ 가족이 외부와 구별되는 경계는 반투과적이므로, 가족은 사회의 문화나 규범으로부터 영향을 받는 동시에 영향을 준다. 즉 개별 가정에게 일어나는 변화나 취향은 사회적인 추세를 형성하여 사회 변화를 주도하기도 한다.
⑤ 물리적 시간은 물론 사회적 과정의 시간도 중요하므로 이런 측면에서 발달과정의 시간은 다차원적이다. 여기서 사회적 과정의 시간이란 가족 사건들을 둘러싼 사회적 규범이나 의미를 뜻한다.

4) 건강가정에의 적용

시간에 따른 가족의 변화과정을 설명하고 기술하는 데 있어서 선구적인 역할을 했던 가족발달이론은 건강가정을 이해하는 데 적합한 이론 중 하나이다. 왜냐하면 가족의 역할 변화를 살펴보는 동시에 각 변화과정을 통해 가족의 긴장 상태를 미리 예측해 볼 수 있기 때문이다. 이런 예측으로 가족문제를 미리 예방할 수 있는 대비력과 가족에 대한 통찰력을 가짐으로써 건강가정을 유지할 수 있다(도미향, 2009: 105).

가족발달이론은 시간의 경과에 따라 가족이 어떻게 발달해 가는지를 잘 보여주고 있다. 학자마다 상이한 발달단계를 제시하기는 하지만, 한 집단으로서 가족은 분명 시간의 흐름에 따라 성장하고 변화하며, 가족구성원들은 각 단계마다 고유한 발달과업과 역할을 수행한다.

5) 가족발달이론의 한계

서구에서 만들어진 가족생활주기들은 주로 부모와 자녀로 구성된 핵가족을 대상으로 하여 자녀 나이를 기준으로 단계를 구분함으로써 최근 증가하는 다양한 형태의 가족에는 적용할 수 없다. 또한 핵가족이라고 하더라도 가족이 처한 다양한 경험과 생활사건 등을 충분히 고려하지 못했다.

6) 가족발달이론의 실천적 유용성

가족발달이론은 현장에서 가족을 도와주는 실천가들에게 가족문제를 파악하고 해결하는 데 유용한 지침을 제공한다. 현재 가족이 당면한 문제가 가족주기상의 발달과업과 어떤 연관성이 있는지를 살펴보는 것은 가족상담에서 필수적인 부분이다.

실천가들은 각 가족이 경험하는 독특한 경험과 욕구, 그리고 다양한 가족 형태를 고려하면서 동시에 보편적이고 규범적인 가족생활주기의 장점을 함께 활용한다면 보다 균형 잡힌 상담을 할 수 있을 것이다.

4. 페미니스트(여성주의) 이론

1) 여성주의적 접근의 다양한 관점

우리 사회에서 문제가 되고 있는 남성 중심적인 제도, 문화 가치관에 대해 성에 따른 차별과 불평등을 제기하는 것이 여성주의적 관점이다.

(1) 자유주의 여권론

- 자유주의 사상의 영향을 받아서 여성운동으로 표출 여성들의 교육기회를 확대시키고 참정권을 획득하는 데 기여하였다.
- 여성들에게 차별적이 관행이나 제도가 불합리하므로 바꾸어야 한다고 주장했으나 차별의 원인이 되는 사회구조를 바꾸어야 한다는 근본적인 문제는 도외시하였다.

(2) 마르크스주의 여권론

- 19세기 이후 노동계급 여성들이 사회운동에 진출하면서 등장하였다. 경제적 억압구조와 연결 사회의 모순이 계급의 모순에서 온다는 마르크스주의의 전제를 인정하면서 여성 억압도 그 궁극적인 원인이 사유재산제도 혹은 자본주의 체제 자체에 있다고 보았다.

- 취업주부의 이중노동 수행이나 여성을 저임금의 산업예비군으로 활용하는 것이 자본주의체제에 이익이 된다고 주장하였다.

(3) 급진주의 여권론

- 여성 억압을 계급억압의 부산물로 보는 마르크스주의 여권론과 달리 여성 억압의 근원적인 문제를 제기하였다.
- 계급 모순을 해결했다고 보는 사회주의 국가에서도 여전히 남아 있는 여성 억압을 예로 들면서, 여성집단을 지배하고 여성을 종속시킴으로써 이득을 보는 집단은 자본이나 사회구조가 아니라 남성집단이라고 하였다.
- 여성 억압의 근원은 남성이 여성을 지배하게 하는 가부장제도에 있다고 주장하며, 여성 억압이 나타나는 영역으로 사회구조나 법 제도보다는 출산, 성애, 문화 등을 강조하였다.
- 결혼이나 출산을 통해 여성이 남성에게 종속된다고 보기 때문에 이성애보다는 여성들 사이의 자매애를 강조하였다.

(4) 사회주의 여권론

- 마르크스주의 여권론과 급진주의 여권론이 제기하는 자본주의 체제와 가부장제에 대한 접근을 비판적이고 발전적으로 통합하여 여성문제를 설명하였다.
- 여성 억압의 근원이 자본주의적 구조와 가부장적 구조 모두에 있다고 보았다. 성별 분업은 생산소유 관계 문제뿐만 아니라 여성 차별적인 문제이며, 따라서 성별 분업이 가부장제를 낳고 유지하는 주요 기제라고 주장하였다.
- 하트만은 가부장제를 여성노동력에 대한 남성의 통제로 정의하면서, 여성노동력에 대한 통제는 여성이 경제적인 자원에 접근하는 것을 막고 여성의 성을 제한함으로써 유지된다고 하였다.

표 4-4 4대 페미니즘의 이념적 흐름

페미니즘 이론	자유주의 (Liberal f.)	마르크스주의 (Marxism f.)	급진주의 (Radical f.)	사회주의 (Socialist f.)
사상적 배경	자유주의 사상을 모태로 구성	마르크스주의를 모태로 구성	신좌파의 영향	신좌파에 사상적 기반
시기	18~19c	18~19c	1960년 이후	1960년 이후
여성문제 발생원인	• 교육기회의 불공평 • 여성에게 불리한 보수적 관습 제도의 불평등	자본주의 제도	• 생물학적 가족 • 성적으로 계급화된 억압구조(지배/피지배 권력관계인 가부장제)	가부장제와 자본주의적 계급관계의 결합 (가부장적 자본주의)
해결책	제도적으로 동등한 권리주장과 획득	사적 소유와 계급에 기반한 자본주의의 철폐	• 가부장제 타파 • 성적 자율성	• 자본주의 체제/가부장제 동시 타파 • 성별노동 분업체계
한계점	공적 영역만 인식하여 총체적 사회구조 자체로 인식하지 못함	여성산업노동자의 문제만 언급, 전체 여성문제 못 봄	생물학적 환원주의에 대한 비판	성과 계급체계의 구체적 결합과정에 대한 설명 미비
의의	여성문제를 최초로 이론화·표면화	사회구조적인 관계에서 발생하는 문제로 인식	• 가부장제가 다양한 모습으로 여성 삶을 통제지배 한다는 사실 • 터부시한 성문제 부각	자본주의하의 성별분업체계를 명확히 분석

표 4-5 페미니즘의 이념적 물결

제1의 물결	제2의 물결	제3의 물결
자유주의 페미니즘 마르크스 페미니즘	급진주의 페미니즘 사회주의 페미니즘	포스트모던 페미니즘

- **제1물결**: 18~19세기 인간해방을 선언한 계몽주의 사상에 입각한 인간해방이론과 실천에 자극을 받은 선각여성들에 의해 여성인권선언이 주장되었던 근대 여성운동

- **제2물결**: 1930~1960 반동기를 거쳐 후반기에 이데올로기적 측면에서 여성문제를 해결하려는 현대여성운동
- **제3물결**: 1980년대부터 자아로부터 탈피, 기본관념으로부터 탈피, 이항대립으로부터 탈피를 주요 내용으로 하는 근대적 주체에 대한 비판, 타자로서의 여성성을 적극적으로 인정하고 부각시키는 이념

2) 여성주의 시각에서 본 가족

(1) 가정을 안식처로 보는 입장(파슨스를 대표로 하는 구조기능론자)

구조기능론에서는 핵가족을 경쟁적 원리가 지배하는 산업사회의 유일한 안식처로 본다. 가정은 노동력을 재충전하는 아늑한 공간이 된다. 여성(어머니)은 휴식처로서의 가정을 만드는 데 정서적 역할을 하며 바람직하다고 본다.

(2) 가정을 불평등과 투쟁이 존재하는 장소로 보는 입장(여권론자)

가정은 가족원 모두에게 안식처인가? 취업여성에게 가정은 직장에서 돌아와 가사노동을 해야 하는 노동의 장소이지 휴식처가 될 수 없다. 그 이유는 ① 안식처로서의 가정이 남성은 임금노동, 여성은 가사노동이라는 성에 따른 노동분업을 전제로 한다는 점, ② 안식을 주는 사적 공간으로서만 가정을 바라보는 것이 가족구성원들(여성과 남성)의 경험이 다르다는 사실을 깨닫지 못하게 하기 때문이다.

(3) 여권론적 시각과 무보수 가사노동의 가치평가

가사노동이 생산노동으로서 경제적인 가치를 가지는가에 대해 전통적인 경제학은 가사노동의 가치를 무시해 왔다. 이는 여성(성차의 문제)의 가정(경제의 문제)에서 관찰되지 않는(측정의 문제) 활동이 표준적인 경제적 정의에 따라 기술적으로 측정되지 않

기 때문이라는 이유에서이다. 또 여성의 경제적 기여를 왜곡하는 도구로서 이용되었으며 그로 인해 여성들은 남성들만큼 노동 대가를 인정받지 못했다.

여권론적 관점은 여성의 가사노동 가치를 가시화하는 데 기여했다. 그리고 가사노동의 가치를 평가하는 방법에 대한 개발과 함께 국민총생산에서 차지하는 가사노동의 가치를 산정한다.

3) 건강가정에의 적용

여성의 경제활동 참가율이 높아지고 맞벌이 가정이 보편화되면서 가족구성원이 일과 가정을 양립할 수 있도록 가족 내 돌봄노동을 지원하는 일 역시 요구된다. 양성평등을 강조하는 건강가정기본법에서는 가족구성원이 부양, 자녀양육, 가사노동 등 가정생활 운영에 참여할 것을 가족 가치로 제시하고 있다.

5. 교환이론

교환이론은 사회적 행동을 두 사람 간에 교환자원을 주고받는 반복적인 행위가 이루어지는 것으로 간주한다. 또한 교환이론은 실용주의 경제학, 문화인류학, 사회학 및 사회심리학 등 다양한 이론의 영향을 받았는데, 이는 두 가지로 다시 나누어진다. 하나는 레비스트로스(Levi-Strauss)를 중심으로 한 문화인류학 영역의 집단주의적 교환이론이며, 다른 하나는 호만즈(Homans)를 중심으로 한 개인주의적 교환이론이다.

집단주의적 교환이론은 사회규범이 사회적 관계에서 관철되는 행동들을 조절한다고 보는 것이며, 개인주의적 교환이론은 모든 행동은 욕구 차원에서 설명되며 사회적 규범을 바탕으로 개인의 욕구 충족은 최대가 될 수 있다고 보는 것이다.

가족학 영역에서 이 이론은 주로 배우자 선택, 의사결정과정, 결혼의 질과 안정성, 임신 결정, 성역할, 이혼, 여성의 직업 만족도 연구 등에 적용될 수 있다.

예를 들면, 배우자 선택과정에서는 각자 가지고 있는 자원에 비해 더 나은 보상을 평가하여 선택 행위가 일어나는데, 이때 각자 가지고 있는 자원은 심리적·사회적·문화적 맥락에서 평가된다(김승권 외, 2004: 89-91).

1) 주요 개념

(1) 이론의 기본 전제

개인주의적 교환이론에서는 인간의 본성을 이기적이고 합리적인 존재이며, 환경의 변화에 적응하는 존재로 보고 있다. 즉 인간은 누구나 개인과 개인, 개인과 집단, 집단과 집단의 상호작용에서 보상을 극대화하고 대가를 극소화하여 가능한 한 가장 많은 이익을 얻을 수 있는 상황을 선택하려고 하며, 반드시 즉각적이거나 같은 종류일 필요는 없으나 다른 사람에게 제공하는 보상이 호혜적이기를 기대한다(김승권 외, 2004: 90).

- 인간은 보상을 추구하고 처벌은 회피한다.
- 타인과의 상호작용에서 인간은 이익의 극대화, 비용의 최소화를 추구한다.
- 인간은 합리적 행위자로서 행동하기 전에 그들이 소유한 제한된 정보의 범위 내에서 보상과 비용을 계산하고 대안을 고려한다.
- 인간이 보상과 비용을 평가하는 기준은 사람마다, 또한 시간의 흐름에 따라 변화한다.
- 보상의 가치는 개인의 기대가 클수록 크고, 그 이후에 보상의 가치는 낮아진다.

(2) 문제 발생 및 해결에 대한 시각

개인주의적 교환이론에서는 모든 대인관계의 행동 또는 사회적 관계를 당사자들 사이의 비용과 보상을 주고받는 관계로 보고 있다. 즉 개인들은 이러한 교환관계를 통해 친구, 동료, 나아가 가족이라는 소집단을 형성하기도 한다. 일반적으로 보상은 상호작용하는 개인에게 주는 만족감, 기쁨 등 가치가 있다고 생각되는 모든 것을 말하는데, 여기에는 심리적·신체적·사회적인 것을 포함하고 있다.

교환자원에는 물질적인 것과 비물질적인 것이 포함된다. 예를 들면 금전, 물품, 칭찬, 복종, 존경 등이 있다. 상대에게 주는 교환자원은 비용이 되고, 상대편으로부터 받는 교환자원은 보상이 되는데, 인간은 가능한 비용에 비해 보상이 큰 행동을 하려는 경향이 있다.

교환과정에는 기본적으로 개인과 집단의 합리적 요소가 주로 작용하지만 때로 갈등적인 요소도 작용한다. 예를 들어, 어떤 집단에서 문제가 발생하는 경우는 교환관계가 단절되거나 불균형을 이루고 있는 상태이며 문제 발생의 원인은 교환 자원의 부족, 고갈 또는 가치의 저하 등이라고 말할 수 있다.

결국 문제에 대한 해결방안은 한마디로 말하면 교환관계에 균형을 추구하는 것이다.

예를 들면 동등한 가치의 다른 자원으로 보상, 다른 보상 원천의 개발, 새로운 자격이나 지위의 획득, 강제력의 사용, 취약한 교환당사자들의 연합활동, 소유한 교환자원의 질을 높이는 것 등을 포함하고 있다(최일섭, 최성재, 1998: 68-70).

2) 건강가정에의 적용

교환이론은 다른 어느 이론보다도 건강가정 분야에서 널리 적용되고 있다. 즉 교환이론은 배우자 선택을 비롯하여 가정 내 의사결정, 임신, 구직 및 경제활동, 결혼 유지 및 이혼 결정 등 가족원들의 다양한 사회적 행동을 설명하는 데 유용한 도움을 주는 개념적 틀이다.

예를 들어, 어떤 여성이 결혼시기와 출산시기를 어떻게 결정하는지 그 조건을 생각해 보자. 만약 결혼과 출산으로 인한 보상이 없거나 오히려 더 큰 손실이 발생한다면, 이러한 행위는 즉각 이루어지지 않고 지연될 것이다. 그러나 결혼이나 출산으로 인한 이익 혹은 보상이 그 대가에 비해 크다면 동거나 독신 등의 대안적 관계보다는 사회적으로 승인된 결혼과 출산을 선택하게 될 것이다. 또한 어떤 여성이 출산으로 자녀를 얻는 것보다는 이를 지연시켜 충분한 교육을 받고 직장생활을 하는 것이 사회적으로 승인된 행동이고 보상이라고 판단한다면, 무자녀 가족이나 혹은 한자녀 가족을 선택할 것이다. 결혼관계가 단절되는 경우에는 남편과 부인의 관계가 불공평하거나 불균형을 이룰 때 발생할 가능성이 높다(김승권 외, 2004: 91; 김경신, 1993: 141-142).

건강가정과 관련한 현장에서는 교환이론에서 강조하는 호혜성의 개념을 적극 활용할 필요가 있다. 최근 우리 가족들이 경험하는 가족갈등과 관계불만족은 이러한 호혜성의 원칙이 결핍되어 나타나는 경우가 많다. 예를 들면 남편이 아내에게 일방적으로 대접을 받기 바란다든지, 아내가 남편에게 일방적으로 의존하려 한다든지, 혹은 시부모가 며느리에게 일방적으로 대접받기를 원하는 경우를 들 수 있다.

이러한 행동은 보상과 손실의 관계가 지나치게 불균형을 이루고 있고 호혜성의 원칙에서도 벗어난 행동이기 때문에 가족의 건강성을 유지하기 위해서는 가족원 서로가 보상을 받는 쌍방적이고 협력적인 관계가 되어야 한다. 그러나 현실적으로 볼 때 우리의 가족관계는 다른 여타의 관계와는 달리 그 속성이 매우 복잡하고 가족원이 어떤 선택을 할 때 단지 개인의 이익만을 추구하기에 앞서 사회적인 규범과 도의적 책임 등을 고려한다는 점에서 교환이론의 원칙은 다소 융통성을 갖고 적용될 필요가 있다.

6. 갈등이론

갈등이론의 핵심적인 문제는 사회철학자인 토마스 홉스(Thoms Hobbes)가 문제를 제기한 것과 같이 "어떻게 사회질서가 가능한가?"에서 시작된다. 즉 인간은 생존하고 자기를 주장할 수 있는 천부적인 권리를 가지게 되어 각자의 이익과 충돌되는 자연 질서를 만나게 되며, 자연의 기본적인 상태는 이에 대한 모든 갈등인 것이다.

이러한 갈등이론의 핵심에는 자원의 희소성에 대한 기본적 가정이 있다. 만약에 자원이 남아돈다면 아무리 인간이 자기 이익을 위해 행동하더라도 갈등을 일으킬 이유가 없다는 것이다.

그 후에 가족갈등 이론가들은 이러한 가정이 갈등개념의 바탕을 이루는 기본적 요인이라는 것을 더욱 인식하게 되어 자유권과 권력의 개념은 많은 사람들이 가족갈등의 핵심적인 본질로 생각하게 되었다. 여기서 갈등이론의 초점은 가족 내의 갈등과 가족집단 사이의 갈등이다. 어떤 가족갈등 이론가는 가족 내 갈등을 보다 더 큰 사회과정의 일부로 보기도 한다. 즉 어떤 학자는 개인 간의 미시적인 상호작용보다 거시적인 사회와 가족구조에 분석의 초점을 맞추고 있는 반면, 또 다른 학자는 자원의 정서적 성격 때문에 가족 내 갈등을 특이한 것으로 보았다. 최근에 우리의 경우에도 가족의 고유한 권위와 권력이 변하면서 많은 갈등이 나타나고 있다.

1) 주요 개념

(1) 갈등

갈등은 갈등이론에서 가장 기본적인 개념으로 이익이나 견해의 불일치, 충돌, 부조화로 다양하게 정의된다. 예를 들어, 부모는 주말에 당신이 방문하기를 원하지만 당신의 낚시여행과 충돌할 때, 목표에 대한 부모-자녀 간의 갈등의 구체적인 예는 외부 관찰자에게는 쉽게 관찰되지 않고 숨은 갈등으로 나타난다.

(2) 구조

구조는 갈등이론에서 두 가지 의미를 가지고 있는데, 경쟁적이거나 협동적인 상황의 구조와 집단의 구조 또는 사회구조를 뜻한다. 이때 경쟁은 과정보다는 관찰할 수 있는 희소자원의 조직 또는 구조에 관계한다. 경쟁과 협동은 행위 또는 사회제도를 조직하는 사회규칙 또는 규범에 의해 결정되며, 집단구조는 양적 차원에서 접근하여 구성원의 숫자, 연령 구조, 성 구조에 따라 집단구조를 분석한다.

(3) 자원

자원의 개념은 갈등이론의 중추적 개념이다. 마르크스와 엥겔스는 기본적 자원을 생산수단의 통제로 보았다. 유물경제에 대한 그들의 강조는 현재 대부분의 갈등이론가들에게는 너무 좁은 것으로 보이게 되었다. 즉 자원의 개념은 보다 넓은 개념이며, 권력의 개념과 밀접하게 결합되어 있다.

(4) 교섭

교섭은 가족 내에서 갈등을 다루는 데 사용되는 기술 중 하나이다. 이러한 교섭은 각 개인이나 집단이 다른 개인의 도움 없이 얻을 수 없는 목표를 바라는 상황에 한정되어 있다. 또한 교섭은 양쪽이 나름대로 목표가 있고, 이는 다른 한쪽을 목표에 다가가도록 권유하거나 강요하는 데 그들의 자원을 사용할 때 발생한다. 더불어 논쟁, 뇌물, 사기 모두 교섭과 관련되어 있다.

(5) 합의

합의는 동의를 의미하며, 교섭의 결과이다. 즉 합의는 당사자들이 교섭에 동의를 했을 때 얻어지는 결과를 뜻한다. 예를 들어, 많은 가족구성원들이 목표를 달성하기 위하여 형제자매나 부모와 일시적으로 연합하는데, 이 연합은 동의와 합의를 전제로 한다.

(6) 가족갈등

인간은 우선적으로 자기 이익에 따라 행동하고 갈등은 가족을 포함한 사회집단에 고유하게 나타나고 불가피한 것이다. 이렇게 갈등은 고유하고 불가피한 것이기 때문에 사회집단의 연구에 있어 우선적인 관심은 어떻게 갈등을 관리하는가 하는 문제라 할 수 있다(이만수, 김익균, 2008).

2) 건강가정에의 적용

갈등주의적 관점에서는 가족구성원 간의 관계적 문제가 상대적으로 간과되는 반면, 내부문제와 어떻게 상호작용하는가를 이해하는 데 유용하다.

현실적으로 가정은 기능적인 측면과 갈등적인 측면이 공존하고 있다. 즉 각 가정은 거시적이고 미시적인 경제적·이데올로기적·문화적·사회적·정치적 조건들에 따라 또는 역사적 상황에 따라 가족구성원들 간, 그리고 다른 가족 간에 협동과 조화를 이루기도 하고 갈등과 투쟁을 일으키기도 한다. 결국 가족들 사이의 상호작용이 화해적·동화적·협동적·경쟁적·갈등적인 여러 형태로 이루어지고 있음을 의미한다(도미향 외, 2009).

7. 생태이론

생태이론은 생물학 연구에서 비롯된 생태계의 개념을 인간과 환경과의 관계에 응용하는 이론적 관점이다. 이러한 생태이론을 인간발달과 가족에 적용하는 데 중요한 역할을 한 학자는 브론펜브레너(Urie Bronfenbrenner, 1979)로, 그가 말한 '맥락 속의 발달'이라는 표현처럼 이 이론은 생물학적 특성과 사회적 존재로서 인간과 환경의 상호작용에 초점을 두고 있다. 브론펜브레너는 개인이 성장하고 발전해 나가는 생활의 장을 네 가지 수준의 환경체계(미시, 중간, 외, 거시체계)로 구분하는 체계이론을 인간발달의 주요 과제로 삼고 있다. 생태체계학적 관점은 생태이론과 체계이론의 주요 개념과 논리를 포괄하고 있다(도미향 외, 2009).

가족을 연구하는 데 생태학적 이론이 접목된 시기는 사회개혁과 도시화 및 산업화의 진행, 공교육의 확대와 가족보건 및 복지에 대한 관심이 팽창하던 19세기 후반이다. 이후 1960년대를 거치면서 본격적인 논의가 이루어졌는데, 그 이유는 이 당시 인간행동과 사회환경과의 상호의존성에 대한 논의가 활발해진 배경과 무관하지 않다. 결국 이러한 현상을 체계론적 입장에서 접근하면서 가족생태학적 접근에 관심이 집중되기 시작한 것이다.

친화론과 유전학으로부터 인간은 유전적 소질에 의해 제한된 능력을 가진 생물학적 유기체로 발전한다는 관점이 나오고 인구유전학으로부터 인구집단이 주로 자연선택에 의해 변화된다는 관점이 나오게 되었으며, 개인의 차원에서 개개인은 변화하는 환경에 적응함으로써 자신의 적합성을 증명한다는 가족적 응집력이 나타나게 되었다.

인간생태학으로부터 인간은 교육을 통하여 환경과의 상호작용을 이해할 수 있고, 소비와 생산을 환경 전체의 이익을 위해 조정할 수 있다는 주장이 나오게 되었다. 그러나 인간이 자연 선택에 따라서 친화를 통제할 수 있다는 이러한 견해의 밑바탕에는 자칫 잘못하면 성 차별주의와 인종주의로 빠질 가능성이 있는 우생학을 추구하는 주장들이 숨어 있을 수 있다.

1) 주요 개념

(1) 생태

생태란 개인이나 유기체가 경험하고 있는 환경적 상황 혹은 개인과 직·간접으로 연결되어 있는 환경적 상황을 의미한다.

(2) 생태계

생태계는 생태학의 핵심으로, 생태계를 전체가 하나의 통일적 단위로 작용함으로써 존속 가능한 환경적 관계를 유지하게 만드는 한 인구집단 내 상호관계의 배열로서 정의된다. 이를 바탕으로 가족생태계는 그 환경과 상호작용하고 있는 가족체계로 이루어져 있다고 볼 수 있다.

(3) 공간

모든 생태계는 공간을 포함하고 있다. 즉 생태계 내의 상호 의존은 특정 개개인들 사이에서 이루어지는 것이 아니라 개인이 차지하고 있는 특정 공간 사이에서 이루어지며, 유형화되어 있고 상대적으로 안정된 일련의 행위들이 각 공간과 연합되어 있다.

(4) 적응범위

생태계에서 하나의 위치를 차지하는 유기체는 적응범위를 가진 것으로서 특징지을 수 있다. 유기체의 존재의 유전적 발달은 유기체에 행동범위를 주지만 유기체는 이 범위 밖에서 적응할 수 없다. 예를 들어, 2살짜리 아이는 발달단계가 다르기 때문에 사물 보존의 원리를 이해하지 못한다. 인간은 인간이 유기적으로 적응하는 데 어려운 문제에 대해 기술을 적용하기 때문에 넓은 적응범위를 나타낸다.

(5) 단위들

친화이론에서 흔히 사용되는 분석단계 중 하나가 인구라고 할 수 있다. 인구집단이 단순히 공통의 특징을 가진 모든 사람들 또는 단위들의 집합이 아니라고 확실히 주장한다.

(6) 개체 발생론적 발달

생태계 내의 모든 단위는 자체의 내적 구조에서 생기는 변화를 발달이라고 부른다. 인간에게 있어서 그러한 발달 변화의 가장 주요한 생물학적 부분은 늙는 것과 개체 발생론적 발달이다. 더불어 내적 발달의 가장 중요한 사회적 부분은 경험 또는 성숙이다.

(7) 자연적인 선택과 적응

생태이론에서 자연적인 선택은 인구집단 차원의 과정으로 다루어지고, 적응은 개인 차원의 과정으로 간주되었다. 그러나 자연적인 선택과 적응, 인구집단과 개인 모두 각각 친화론과 존재 유전적 발달의 성분으로 간주될 수 있다.

2) 건강가정에의 적용

가족생태계는 인간은 생명을 유지하기 위해 환경에 의존하고, 사회적이고 상호의존적인 전제하에서 출발한다. 여기서 가족생태계의 변화는 새로운 정보가 새로운 기능으로 바뀌거나 과거 기능이 좀 더 전문화됨에 따라 발생하게 된다. 즉, 가족생태체계학적 접근은 가족을 환경과 상호작용하는 하나의 생태체계로 파악함으로써 다양한 환경과의 상호 관련성 속에서 가족생활의 질을 파악해 볼 수 있는 관점을 제공해 준다.

이것은 유전적 요소, 가정의 역사, 가정생활의 질, 사회경제적 수준, 문화적인 배경과 같은 요인들이 인간발달과 가족에 관련된다고 보고 있으며, 실제 삶의 맥락 내에서 연구하고자 하는 실천적인 접근을 취하고 있다. 가정을 정확하게 이해하기 위해서는 가족구성원의 정상적인 삶에 지속적으로 작용하는 생리적·심리적·사회적 체계의 영향력을 이해해야 하며 동시에 사회환경 내의 다중적인 상호작용을 볼 수 있어야 한다. 이런 측면에서 이 이론은 건강가정을 이해하는 데 적합하다고 할 수 있다. 이 관점에서 가족구성원은 자신의 환경과 상호작용하는 유기체이며, 가족은 인구집단을 구성하는 기본적인 분석단위이다.

종합적 의미의 가족은 혈연, 결혼, 입양 등으로 관계를 맺은 개인들로 구성되고 장시간에 걸쳐 공동의 목표, 자원, 서로에 대한 헌신을 공유하는 상호 의존적이며 독립적인 개인들로 구성되어 있다. 이렇게 형성된 가족구성원의 일부 또는 가족 전체가 어떠한 영향을 주는가를 파악해 볼 수 있다.

따라서 이 관점을 통해서 건강한 가정을 어떻게 유지·존속시키는지에 대한 방향을 잡을 수 있다.

CHAPTER 05 가족복지실천 원리와 원칙

1. 가족복지실천의 원리
2. 가족복지실천의 원칙

1. 가족복지실천의 원리

가족복지실천은 가족과 함께 행복한 삶을 영위하고 아름다운 생애가 되도록 효과적으로 일상생활을 영위하는 데 관심을 두고 있다. 이러한 관심은 가족이 위기에 직면하였을 때 돕고 문제 상황에 적절하게 개입하여 효과성과 유용성에 대한 인식 연결과 가정 중심의 실천 의지에 높은 가치를 부여하고자 한다. 이에 가족관계를 관리하는 보다 효과적인 방법을 창출하는 기술을 가르치는 것을 가족복지실천의 원칙으로 삼고자 한다. 이러한 인식은 가족과 개인에게 새로운 행동을 하도록 도우며 가족관계를 관리하는 방법론적 입장에서 생태학적 접근에 바탕을 두고 가족복지실천의 원칙으로 정하고자 한다.

1) 가족체계 기반의 이념 원리

가정은 우리에게 어떤 삶의 기반을 제공하고 있는가? 가족복지실천의 관심은 과거 20년간 아동복지 분야에서 부각하고 있다가 고령화사회에 접어들면서 약 5년 전부터 노인의료복지사업에 매진하고 국가가 효도에 나섰다는 장기요양보험제도가 생활 패턴을 바꾸어 놓고 있다.

사회복지사는 가정에서 가족 기능 수행에 대한 직접적인 정보를 편안하게 대할 수 있으며 가족구성원들이 친근한 환경에서 상호작용을 하고 있기 때문에 가족구성원 간의 관계를 환경생태도로 그려볼 수 있다. 특히 사회적으로 소외된 가족이나 인간관계에서 어려움을 겪고 있는 가족과 어린 자녀의 문제를 가지고 있는 가정을 치유하기 위한 개입을 보다 선명하게 정책적 제안을 하고 지지하며 적극적으로 도와야 한다.

가족복지서비스는 가정에서 서비스를 제공하고 있기에 단지 사정, 개입하는 것만으로 끝나지 않는다. 만약 병원 치료를 한다면 이뿐만 아니라 병원 상담 동안에도 발생되는 클라이언트의 변화를 병원 밖의 장소와 상황에까지 가정이 관여하게 된다. 이를테면 가정에서의 문제가 지역사회까지 전환될 수 있다는 이론이다. 그러나 병원 섹션에서 가정에 이르기까지 포괄적인 변화가 일어난다는 것은 그리 쉽지 않다. 예를 들면, 부모교육 프로그램에서 익힌 지식과 기술들이 지속적으로 가정에서 자녀를 대상으로 부모역할에 실제 영향을 미치는 경향은 아주 미약하다. 그래서 가족문제가 발생되는 동시에 가족치료적 개입을 하는 것이 보다 효과적임을 입증하는 결과라고 강조해 본다. 가정을 중심으로 한 실천 기반의 가족복지서비스는 가정에서 서비스를 제공하는 것 이외에도 다음과 같은 시너지 효과가 기대된다.

① 가정은 쉽게 개입할 수 있는 세팅된 장소라는 점이다.
② 모든 가족구성원의 참여를 자연스럽게 유도할 수 있다.
③ 가족복지서비스를 보다 폭넓은 범주에서 접근할 수 있다.
④ 중도 탈락자와 약속한 후에 개입할 수 없는 사례를 줄일 수 있다.

이와 같이 융통성 있는 실천 기법을 가지고 가정을 중심으로 한 서비스를 제공하는 것은 사회복지사들에게 해결의 어려운 쟁점인 침묵하는 가족구성원들을 보다 쉽게 가족문제에 관여할 수 있도록 동기를 부여하고 관계를 증진시키게 만든다. 따라서 가정 기반의 서비스에 대한 클라이언트의 변화를 촉구하는 프로그램에서 부모들은 다른 서비스와 비교해 볼 때 가정으로 찾아오는 서비스에 대하여 보다 성의 있는 접근을 하는 경향이 있다. 이때 중요한 것은 관계 형성이다.

2) 가족 중심 사상의 원리

가족복지실천의 중심 사상은, 가족은 변화의 가능성이 있고 가족복지실천은 보호적인 환경에서 양육·성장하는 것이 모든 인간의 권리라는 원칙에 기초를 두고 있다.

변화의 중심으로 가족을 고려하는 것은 여러 가지 측면에서 좋은 발상이다. 일단 가족 기반의 개입은 변화 목표를 가진 측면에서 문제를 해결할 수 있는 기술을 습득케 한다. 따라서 전체 가족과 생활과업을 통하여 부모는 표적이 된 자녀의 개입 과정에서 알게 된 사실을 해결하고자 할 때 다른 자녀에게는 같은 잘못을 저지르지 않도록 배려할 수 있다. 변화 목표가 된 가족이 변화되는 것은 참으로 효과적인 방법인데 가족복지실천에서 중요한 측면이다.

이에 가족복지실천의 핵심 요소가 부모에게 아동양육 방법을 배우고 익히게 하는 일이라면 다른 형제들에게 미치는 영향까지 배려하는 것이 보편적인 실천 원칙이다.

따라서 논리적으로 부모가 배운 기술은 모든 가족들에게 활용될 수 있다는 이론도 있다. 표적 가족구성원이 변화되는 것 이외에 문제 있는 다른 가족구성원의 행동 역시 가족 중심 가족복지실천의 중요한 기법 중 하나이다.

3) 가정 위기개입의 원리

가족복지실천에서 위기관리는 가정의 파탄 지경에서 긴급한 지원을 하는 서비스이다. 위기는 지속적인 상태 속에서의 급격한 변화를 의미하는데, 개인은 적응기제나 균형기제를 가지고 있다. 이에 위기 상태에서의 개입은 개인의 습관적 문제를 해결하고자 하는 활동만을 가지고서는 재빨리 균형 상태를 회복하지 못한다. 특히 어떤 위험스런 사건은 현재의 본능적 욕구에 위협을 줄 수 있기에 과거의 위협과도 쉽게 연결될 수 있어 과거에 해결되지 못한 미해결 과제의 갈등이나 부분적으로만 해결된 무의식적 갈등을 내포하고 있다. 위기는 발달적 위기와 상황적 위기로 구별하고 있다

그러나 가족복지실천은 스트레스와 다양한 가족문제가 가지고 있는 동안 위기개입을 하게 된다. 위기개입은 학대 또는 자살 위협과 같은 긴급한 상황도 있는데,

가족구성원이 위험 상황에 놓였을 때 개입하게 되므로 이 과정은 매우 중요하다. 이와 같이 위기개입은 무엇보다 시간 제한적인 한계를 가지고 있다. 따라서 가족구성원이 위급할 때 모든 가족은 즉석에서 지원을 하게 된다. 따라서 위기 기간 동안 사회복지사는 가족들이 위기를 해결하고 이 상황을 극복하고 적응할 수 있도록 대처기술을 원조하는 데 주력을 해야 한다.

이때 문제 해결과 의사결정에 집중하면서 가족복지실천적 개입을 하여야 한다. 위기개입을 통하여 가족복지실천은 가족구성원이 자신의 고통을 견디고 새로운 성장과 더 나은 가정생활을 통하여 사회통합을 이룩하고 극복의 시점까지 도달하도록 원조하여야 한다. 이러한 결과를 기대하기 위하여 위기개입은 가족이 경험한 구체적이고 실질적인 문제를 중심으로 해야 한다. 이와 같이 위기개입은 여러 가지 복합된 문제를 가지고 있는 가족구성원에게 접근할 때 효과적으로 관계 형성을 하고 개입하면서 직면한 문제를 즉각적으로 해결하고 예상치 못한 생활상의 사건들에 적응할 수 있도록 단기 가족치료 기법을 적용시켜 나가야 한다.

4) 가족생활교육의 접근 원리

가족생활교육은 개인이 가족생활을 영위하는 과정에서 발생할 수 있는 예측할 수 있는 문제들에 대하여 교육을 통하여 문제의 발생을 예방하고, 직면한 문제를 슬기롭게 해결해 나갈 수 있도록 교육하는 것이다. 개인은 가족생활교육 전문가가 개발한 교육 프로그램을 통한 교육을 이수함으로써 소기의 목적을 달성할 수 있게 된다. 한국가족관계학회에서는 가족생활교육 프로그램을 개발, 교육하고 있으며 가족생활교육 프로그램을 활성화하기 위한 방안으로 가족생활교육 전문가를 양성하고 있다.

따라서 사회복지사는 가족생활 전문가의 역할을 훈련 받아야 한다. 이에 가족구성원 스스로 가족구성원 간의 관계와 조화를 증진시킬 수 있는 기술이 향상되도록 사회복지사가 도울 수 있어야 한다. 가족의 역할과 가족관리 기술의 특화는 사회복지사가 가족을 돕고자 할 때 상당히 필요한 기술이다. 이러한 기술은 다양한 방법으로 접근할 수 있다.

① 자기조절 기법
② 효과적인 행동의 강화
③ 분노를 다룰 수 있는 기술
④ 가족의 행동을 추적하는 방법
⑤ 부모역할하기와 가족관리기술 개발
⑥ 가족갈등으로 인한 스트레스 조절 방법
⑦ 역할극 같은 기법을 이용하여 긍정적인 행동실행 방법

오늘날 우리나라 가족은 급변하는 사회 속에서 많은 가족문제를 경험하고 있다. 따라서 가족문제를 예방하는 차원에서 가족생활교육에 대한 사회 전반에 관한 인식이 높아지고 있다. 특히, 가족생활교육은 가족상담 및 치료에 비해 일반인이 쉽게 접근할 수 있도록 특화되고 있기 때문에 전망이 아주 밝다고 할 수 있다. 앞으로, 우리가 살아가고 있는 21세기는 사회 전반에서 변화가 가속화되고 다양화·다원화·개성화가 추구되고 있고 가족도 다양한 형태를 보이고 있다. 그러므로 가족생활교육은 사회 변화 및 가족 내 욕구의 다양화로 인해 다양한 프로그램의 개발이 필요하다. 이러한 프로그램을 개발할 때 가장 중요한 것은 건강한 가족을 구현할 수 있는 가족향상(family enrichment) 또는 가족의 잠재력(family potential)을 최대화하는 것이다(유영주, 정민자, 1993: 369-372).

5) 생태학적 접근 원리

가족생태학 이론은 헤켈이 주장한 생태학에서 파생된 학문으로, 리차드에 의해 가정학으로 발전하였다. 이것은 전체주의적·체계론적 관점이 등장하는 데 도움을

주었고 이 과정에서 가족생태학적 이론의 논의가 본격화되었다. 체계는 목적을 달성하기 위해 전체를 구성하는 각 부분이 전체와 부분 간에 상호작용으로 체계론적 과정을 형성하고, 투입, 과정, 산출, 피드백 과정을 거친다. 따라서 체계이론을 가족생태계에 적용하면 가족을 둘러싼 모든 환경은 투입 요소가 되며, 가족체계가 환경에 적응하거나 환경을 변화시키는 것은 변환과정이 된다.

가족생태학적 접근에서 가족은 외부환경과 그 안에 있는 인간과의 끊임없는 상호작용과 교류를 통해 의사결정을 하고 체계를 발전시켜 나간다. 궁극적으로 가족 구성원의 욕구 충족과 삶의 질 향상은 외부환경의 행동을 제약할 수 있으며 가능성과 기회를 창출하게 만든다. 한편 가족은 외부환경과의 상호작용에 대한 조정과 자율 권한을 가지고 있다.

가족복지를 실천하는 사회복지사는 인간의 행동을 사회적 맥락에서 이해하여야 한다. 생태학적 접근은 사회와 가족과의 관계를 파악할 때 특히 중요하다. 사회적 맥락에서 볼 때 가족은 위험과 기회라는 양면성을 가지고 있기 때문이다. 예를 들면, 가족이 친한 이웃 없이 범죄 가능성이 높은 지역에 사는 것은 생태학적으로 위험하다. 이웃 사람들이 서로 돌보아 줄 수 없고 스트레스를 많이 받고, 이웃에게 필요한 지원을 제공할 수 없다면 이것은 큰 문제이다.

그래서 효과적인 가족복지실천은 가족과 사회환경, 양 측면에서 도움을 줄 수 있는 강점과 자원을 검토하여야 한다. 가족복지실천은 가족의 경계선을 넘어 존재하는 요소에 대하여 심도 깊게 민감성을 가지고 공감적 이해를 통하여 관계와 의사소통, 그 이상의 다양한 가족 기능 수행에 역할을 감당해야 한다. 예를 들면, 부모역할하기는 부모가 아동을 양육하는 문제와 사회환경 등이 학습된다.

가족복지실천의 개입은 가정, 학교, 지역사회를 연계하고 체계 간의 상호 지원과 협조체제를 가질 수 있도록 하기 위하여 필요하다. 가족과 환경과의 적절한 지원체계의 기반은 가족복지실천에서 필요 불가결한 요소이다.

가족이 스스로 새로운 지원망을 가질 수 있도록 돕는 것은 가족이 사회복지사에게 전적으로 의존하는 것을 예방할 수 있다. 사회복지사가 어떠한 문제를 가지고 있는 가족들과 종결할 때까지는 가족구성원이 종결 이후에 지원받을 수 있는 자원을 확보할 수 있도록 해야 한다.

따라서 사회복지사는 폭넓게 개입하기보다는 하나의 특정한 문제에만 도움을 줄 수 있는 가족도 있다는 것도 알고 있어야 한다. 특히 가족의 고유한 욕구와 기대에 맞지 않는 폭넓은 지원은 결코 좋은 관계 형성이라고 할 수 없다.

가족복지실천에서 또 다른 변화는 결핍과 문제에만 대응하는 것보다 가족의 강점을 구축해야 한다는 것이다. 사회복지사는 초점을 확대해 나가면서 서비스의 우선순위를 정해야 하거나 가족 내에서 갈등하는 문제를 다루는 데 더 실제적이고 구체적인 선택을 하여야 한다. 따라서 서비스를 제공할 때 모든 가족구성원의 욕구를 고려하는 것이 필요하며 문제가 있는 특정한 가족구성원에게만 집중하여서는 아니 된다.

이러한 생각을 바탕으로 사회복지사는 가족구성원의 욕구에 개입하여 명료화하게 규명하여야 하고, 특정 문제를 어떻게 해결할 것인지 활용할 수 있는 가족 내외의 자원을 연결하여 집중시켜 나가야 한다. 그러나 이러한 모든 것은 가족들과 함께 성취해야 한다.

2. 가족복지실천의 원칙

다음은 실천 원칙을 가족치료 현장에 적용하면서 강점과 적극적인 선택의 자유를 추구할 수 있는 원리 원칙이다. 이러한 기본 원칙은 사회복지 윤리와 철학을 토대로 하여 긍정적 존중과 변화를 유도할 수 있는 가족의 능력에 대한 믿음을 전달할 수 있음을 확실히 인식하게 해 줄 것이다.

첫째, 가족을 돕는 가장 좋은 장소는 가정이다.

가정은 가족들에게 가장 자연스러운 친화적 환경이다. 가정에서 가족이 상호작용하는 것을 살펴보는 일로부터 가정생활을 조망하고 관찰함으로써 사회복지사는 가족에게 보다 친밀감을 가지고 쉽게 접근할 수 있다.

둘째, 가족복지실천은 가족이 스스로 문제를 해결하도록 가족의 능력을 최대로 활용한다.

가족복지실천의 중요한 목적은 가족이 보다 더 기능적이 될 수 있도록 돕는 것이다. 즉각적인 해결책을 제공하는 것은 현재의 스트레스를 감소시키고 순간적 해결책이 마련되기도 하지만, 가족이 앞으로 경험하게 될 예측할 수 없는 갈등을 해소하고 조절할 수 있도록 준비시키는 것이 더 중요한 실천과정이다.

가족은 새로운 기술을 배우고 실천함으로써 꾸준히 발전하며 변화한다. 이에 변화에 적극적으로 참여할 수 있도록 돕는 일이 중요하다. 모든 가족들은 나름대로 특성화된 강점과 약점을 동시에 가지고 있는 경우도 있다.

셋째, 특히 가족의 사회, 심리, 문화, 신체적 특성 등에 대한 사정으로 개별화된 개입이 필요하다.

가족복지의 실천은 도움을 필요로 하는 특정 가족이 있는 곳에서부터 출발한다. 이 원칙은 사회복지사가 몇 회를 가정방문하든지 간에 동일하게 적용된다. 한 가족에게 효과적인 것이 비슷한 문제를 가진 다른 가족에게도 동일한 효과가 있을 것이라고 기대할 수는 없다. 미리 예정된 기준에 맞추어 개입하게 되면 특정 가족의 특별한 욕구에 적합하도록 수정할 수 없다. 가족복지실천의 장점 중 하나는 가족의 독특성을 반영하는 개입을 계획할 수 있다는 점이다.

넷째, 사회복지사는 우선 가족의 긴박한 욕구에 우선하여 반응하고 난 후 장기적인 목표를 추구하여야 한다.

굶주린 사람들은 우선 음식을 요구하며 배고픔을 달래고자 한다. 사회복지사는 이 사실을 기억하고 즉각적인 반응을 하고 사정해야 하며 이러한 욕구가 충족될 수 있는 도움을 줄 수 있어야 한다. 그리고 사회복지사는 가족구성원의 기본적인 신체적 요구와 안전의 욕구가 보장될 수 있도록 하고 다음 욕구를 위하여 가족과 함께 노력해야 한다. 그러나 가족의 욕구는 변화한다. 사회복지사는 가족의 변화하는 욕구에 대한 우선순위와 그때마다 무엇을 도와줄 것인지에 대하여 유연하게 대처할 수 있는 능력이 필요하다.

다섯째, 가족은 하나의 사회체계로 가족구성원의 행동은 전체 가족에게 영향을 줄 수 있다.

한 가족구성원의 행동은 다른 가족구성원에게 영향을 준다. 그러나 관심을 두어야 할 것은 특정 변화로 인하여 누가 이익을 얻고 누가 피해를 받는가에 대한 관찰이다. 이익은 가능한 한 개별 가족구성원의 이익이 전체 가족이 치르는 대가보다 적은 결과를 예측하는 것이 가족들에게 도움이 된다.

여섯째, 사회복지사와 가족 간에 상호 협력적인 관계가 형성되어야 한다.

사회복지사가 가족과 협력적인 관계를 형성하는 것은 무엇보다 중요하다. 사회복지사는 가족문제를 해결하기 위하여 계획 단계에서는 전문적 지식과 방법을 제공하지만 문제를 정의하고 해결하는 과정에서는 가족과 협력하여야 한다.

이런 협력적 동반관계는 공통의 문제를 확인하여야 한다. 그리고 목표를 설정하고 해결책을 강구할 수 있는 힘을 부여하는 것이 매우 중요한 조건으로 작용한다.

일곱째, 가족복지실천의 목표는 인종, 지역, 신념 등에 관계없이 사회정의를 실현한다.

인종, 지역, 신념 등에 상관없이 모든 집단에 유익을 주며 사회정의를 실현해 준다. 전통적으로 소외된 가족에 대한 문제는 편견, 선입견, 특수한 환경에 대한 적응 부족 등으로 무시되기도 하였다. 그러나 가족복지실천의 목표는 무엇보다 가족에게 효과적인 서비스를 제공하는 것이다. 따라서 사회복지사는 도움을 필요로 하는 가족에 대하여 옹호자, 교육자, 중계자의 역할을 할 수 있어야 한다.

여덟째, 가족친화적·여성친화적·양성평등적 가족정책 및 행정체계의 확립이 필요하다.

가족복지실천은 가족 모두가 행복하고 편안한 생활이 되어 아름다운 생애가 되도록 서로 협력하여 선을 이룩하여야 한다.

이에 따라 다음과 같은 과제를 수행할 수 있어야 한다.

① 가족복지실천에 대한 사회적 연대정책이 확보되어야 한다.

② 가족보호 기능에 대한 사회적 지원(보육, 노인부양)이 필요하다.

③ 체계적 가족정책의 수립과 진행을 위한 행정체계의 구축이 필요하다.

④ 가족복지서비스 전달체계의 구축이 필요하다.

CHAPTER

06 가족치료의 이해

1. 일반체계이론의 개념
2. 가족체계의 주요 개념
3. 가족복지와 가족치료의 개념
4. 가족치료의 사정 방법

가족상담 및 치료이론에서는 가족을 하나의 단위체와 체계로 받아들이면서 전체성으로 받아들인다. 가족은 일련의 상호작용 패턴을 형성하고 가족의 규칙을 갖는다. 가족체계와 하위체계 간의 의사소통이 잘 이루어지고 정보와 에너지 교환이 활발히 이루어질 때 가족은 목표를 달성하기가 쉽다.

1. 일반체계이론의 개념

1940년대에 생물학자인 버탈란피(Bertalanffy)가 생물학적 유기체에 적용되는 법칙을 우리 인간의 마음으로부터 전 지구의 생태계에 적용할 수 있다는 전제하에서 처음 제안한 이론이다. 이 일반체계이론(General System Theory: GST)이 사회과학에 도입되면서 인간 행동을 관찰하여 체계이론으로 정리되어 발전하였다.

1) 전체성

체계이론에 의하면, 체계란 하나의 통일된 전체를 구성하는 상호 관련된 부분들의 집합체이며, 체계의 속성상 체계의 한 부분이 변하면 다른 부분들도 그에 따라 변화된다. 이 변화가 다시 처음의 변화된 부분에 영향을 주게 된다. 따라서 체계이론에서는 전체는 부분들의 합보다 크다는 가정을 하게 되는데 즉, 체계의 전체성은 부분들과 제3의 요인(부분들 간의 상호작용)을 합한 것이 된다(Becvar & Becvar, 1993).

2) 경계

살아 있는 체계는 정보를 교환하여 조직체를 형성하고 기능하면서 물질과 에너지로 구성되어 경계(boundary)를 갖는다.

경계의 투과성 정도에 따라 개방체계(opened system)와 폐쇄체계(closed system) 두 가지로 구분한다. 모든 생물적·사회적 체계들은 개방체계이며, 주위 환경이나 다른 체계와 서로 상호작용이 이루어지고 있는 체계이다. 폐쇄체계는 환경과의 교환이 없고 자신의 경계 안에서만 작용하는 체계이다.

체계가 서서히 무질서와 혼란 상태로 향해 가는 것을 엔트로피(entropy)라고 하는데, 엔트로피의 개념은 분해되고 해체되면서 무너지거나 사멸되는 체계들의 경향을 일컫는다. 이는 완전히 폐쇄체계에서만 가능하다. 반면 개방체계에서는 환경이나 주위 다른 체계와 정보나 에너지를 교환하면서 환경으로부터 투입(input)을 받아들이며, 산출(output)을 생산하여 환경으로 보낸다. 이것은 엔트로피를 억제하는데, 이런 경향을 네겐트로피(negentropy=negative entropy) 즉 역엔트로피라고 한다. 인간 체계가 성장하고 발전하는 것은 이러한 개방성 때문인데, 네겐트로피가 증대되면 가족체계 속에 질서와 법칙성이 유지된다. 이는 체계의 계속성과 변화의 본질적인 요인이 환경과의 상호 교환 속에 관여되고 있음을 의미한다.

3) 피드백과 항상성

체계는 계속 변화하고 때로는 보이는 것 이상으로 혼란스럽고 예측하기 어렵다. 그러나 체계는 역동적 평행 또는 안정 상태를 유지하고자 하는 방향으로 기능한다.

2. 가족체계의 주요 개념

1) 가족의 하위체계 및 경계선

가족체계이론에 의하면 개인은 독립된 개인인 동시에 부부체계, 부모 - 자녀체계,

가족체계의 각 구성원 사이의 관계와 속성 및 환경 등으로 구성된다. 모든 체계는 부부, 부모, 자녀, 형제자매, 여성, 남성, 모자, 부녀 등 여러 하위체계로 구성되고 동시에 사회나 문화와 같은 더 큰 체계의 부분으로 구성된다. 가족치료에서 일반적으로 관심을 갖고 주목하는 것은 가족 내 부부 관계, 부모-자녀 관계, 형제자매 관계 등과 같은 가족의 하위체계이다.

가족체계에 있어서 경계는 관계의 성격을 규정하는 행동 유형과 가족의 관습 및 가치를 바탕으로 형성된다. 따라서 가족 개개인 간의 정보 의사소통을 기초로 하여 다른 가족과 구별되는 경계를 만들어간다.

경계선은 모호한 경계선, 분명한 경계선, 경직된 경계선 등으로 구분하기도 한다. 모호한 경계에서는 가족원 사이에 모든 정보를 공유하지만 모든 문제에 지나치게 얽혀 있어 필요 이상의 밀착된 관계를 하게 된다. 반면 경직된 경계는 가족구성원 사이에 생각이나 감정 정보 등을 공유하지 못한다는 단점도 있다.

분명한 경계는 경계가 적절히 투과적이어서 지나침과 전혀 관계가 없는 등 문제가 없는 유연한 관계를 의미한다. 대부분의 가족문제는 하위체계 간의 경계가 극도로 모호하거나 경직되어 있을 때 발생한다. 경계가 모호한 경우는 밀착된 관계로서 지나치게 친밀하고 깊이 관여하며 각자의 개인적 정체감이 덜 발달되어 있다. 반면 경계가 경직되어 있는 경우는 유리된 관계로서 고립되어 있고 친밀감이 부족하며 부모와 연합하거나 부모를 존중하는 정도도 매우 낮고 가족 외의 다른 집단에서 강력한 연합을 추구할 수도 있다. 또 폐쇄적이고 경직된 경계를 지닌 가족체계는 지역사회, 이웃, 직장, 친척, 친구 등과의 관계에서 정보 교환과 상호작용이 매우 제한적이다.

2) 가족 항상성(恒常性, Homeostasis)

항상성은 건강의 개념이다. 가족의 항상성은 가족 내에서 가족 스스로 안정을 도모하기 위한 제반 가족활동으로 가족 내부에서 일어나는 계속적인 관계를 유지해 주는 상호작용적 과정을 뜻한다. 이것은 가족의 내적 균형을 유지·개선하며 안정을 추구해 나간다.

미뉴친(Minuchin)과 그의 동료가 지적한 바에 따르면, 체계는 커다란 변혁을 원하지 않고 서서히 안정된 범위에서 변화하고 성장하기를 원하고 있어 스스로 유지하고자 하는 항상성이 작용한다.

따라서 모든 체계는 일정한 상태나 바람직한 균형을 유지하고자 하는 성향이 있다.

가족 항상성은 한 가족구성원의 문제가 개선됨에 따라 다른 가족구성원이 문제를 드러내는 상황에서도 작용한다. 그리고 가족의 기본 구조의 틀을 골격으로 유지한 채 한 사람의 문제가 개선된다면 현재의 상태를 유지하고자 하는 성향 때문에 이러한 균형을 깨뜨리지 않기 위한 반응으로 다른 구성원에게 결과적인 문제가 생긴다. 그러므로 가족치료자는 가족문제에 개입하고자 할 때 이 부분에 유념하여야 한다. 만약 가족 내에 역기능적인 상호작용 체계를 그대로 유지하면서 치료의 초점을 환자 가족에게 돌린다면 환자의 증상 행동은 오히려 더 심화되거나 악화될 수 있다.

3) 가족규칙

모든 가족은 가족 특유의 규칙을 가지고 있다. 이 규칙은 그 가정 내에서의 가르침, 가치관과 밀접한 관련이 있으며 가문의 전통과도 연관되어 있다.

이처럼 가족은 규칙에 의하여 지배되는 체계로서 가족구성원은 조직화되고 반복적인 상호작용 패턴으로 행동한다. 가족 내에는 힘의 논리에 의한 분배 역할 등에 관한 규칙이 존재하며, 이는 오랜 기간 동안 전통을 이어오면서 자연스런 맥락으로 반복되는 가운데 은연중에 정해진 불문율적 성격이 지배한다. 그러므로 가족관계 속에서 반복적으로 보이는 패턴은 개인의 기능에 따라 가족구성원의 행동양식을 결정하고, 이로써 가족생활의 원칙이 생길 수 있다. 그러므로 좋은 규칙을 가진 부부는 상호 보완적이며 서로 돕는 관계를 유지하고 힘을 얻는 규칙을 자연스럽게 실천하면서 행복한 가정의 위력을 가진 자발적인 규칙이 만들어진다.

4) 가족 삼각관계

삼각관계는 보웬(Bowen)이 처음 제안하였다. 세 사람의 인간관계를 기술하는 개념으로, 어떤 두 사람이 또는 그중 한 사람이 자신들이 안고 있는 문제를 해결하지 않은 채 제삼자를 끌어들여 두 사람 간의 긴장을 완화하고자 노력하는 것이다. 이와 같이 두 사람이 이인관계를 맺으면 불안이나 긴장이 유발되어 긴장을 최소화하기 위하여 제삼자나 문제를 끌어들여 삼각관계를 형성하고자 하는 심리이다.

가장 흔한 예는 아버지와 어머니, 자녀로 구성된 삼각관계 또는 시어머니와 남편, 며느리로 구성된 삼각관계이다. 이 외에도 갈등을 겪는 부부가 외도와 일중독 및 알코올중독 그리고 친구 및 친척 등과 삼각관계를 맺을 수 있다. 또는 상담자가 삼각관계의 대상이 될 수도 있다. 때로는 세 사람 이상의 사람이나 문제의 연합도 삼각관계를 형성하기도 한다.

병리적이고 역기능적인 삼각관계는 대부분 세대가 다른 사람들 간에 맺어지며 자신의 연합 사실을 인정하고 싶지 않아 부정하고 관계 유형이 정형화되어 있다. 그러나 모든 삼각관계가 가족병리의 지표가 된다고 할 수는 없다. 삼각관계는 긴장을 조장하는 에너지의 방향을 전환하게 하여 개인이나 가족관계가 생산적이고 정상적인 기능을 유지하는 데 일시적으로 도움이 된다. 또 보웬은 모든 가족이 정서적으로 밀착되어 있으나 정도의 차이가 있다고 설명한다. 그리고 개인의 자아는 가족의 집단 자아에 종속되려는 성향이 있어 가족 내 스트레스나 긴장이 높아질 때 가족의 미분화된 자아가 증가한다고 하였다. 보웬은 가족에 대한 감정적인 반동성을 조절하도록 한다는 점에 초점을 두고 자신과 가족을 객관적으로 관찰하여 궁극적으로 가족으로부터 탈삼각화하고 자신의 의견을 존중하도록 돕는 데 있다고 하였다.

3. 가족복지와 가족치료의 개념

가족복지와 가족치료의 차이점을 규명하면 가족복지의 성격이 좀 더 분명해진다. 콜린스(Collins) 등은 가족복지와 가족치료가 몇 가지 측면에서 차이가 있다고 지적한다.

첫째, 가족복지는 폭넓은 초점을 가지고 있어서 개인의 인성과 사회체계의 복잡한 상호관계를 강조한다. 둘째, 가족복지는 가족의 일상생활에서 분명하게 규정된 구체적 사건과 상호작용에 초점을 두는 반면, 가족치료는 공식적인 사무실 세팅에서 수행되며 가족 기능과 관계의 추상적 패턴과 구조에 주로 관심을 가지고 있다.

1) 가족복지

가족복지란 첫째, 목적은 국민 생활권의 기본 이념에 입각하여 가족의 행복을 유지하고자 하는 것이다. 둘째, 주제는 가족을 포함한 사회구성원 전체가 된다, 셋째, 대상은 가족구성원 개개인을 포함한 '한 단위로서의 가족 전체'가 된다. 넷째, 수단은 제도적·정책적·기술적 서비스 등 조직적인 제반 활동이 된다. 다섯째, 범위는 사회복지의 한 분야가 되고 있음을 알 수 있다. 좀 더 구체적으로 말해서 가족복지는 문제해결, 예방, 인간의 사회적 기능 수행의 활성화, 생활의 질적 향상 등에 직접적으로 관심을 갖는 사회복지서비스나 과정을 포함한다. 가족복지의 목적은 모든 가족구성원 개개인과 가족 전체에 대한 서비스 및 가족제도의 강화나 수정 및 변화 노력이며, 가족복지를 추구하는 사회구성원들의 공동체적 노력이라고 할 수 있다.

2) 가족치료

가족치료는 가족구성원들 사이의 관계를 규명하는 전문직으로 발돋움하면서 역사적으로 결혼상담에서 가장 먼저 시작되었다. 이후 특히 정신과 의사와 목사와 교사 등이 자신의 직분을 수행하면서 동시에 부부위기상담을 다루게 되었다. 그러한 과정을 거치면서 심리 분석 영역에서 부부와 아동문제를 본격적인 상담 주제로 채택·발전시키면서 오늘날의 가족치료에 이르게 되었다. 미국에서는 1950년대를 전후로 가족의 기능과 역기능을 연구하고 가족의 결속력을 강화하기 위한 부부 성장 프로그램 등이 등장하기 시작하였다. 이것이 가족치료운동의 근간이 되어 가족치료가 형성되고 발전하게 되었다. 따라서 가족치료의 시초가 된 것은 부부문제를 다루는 부부상담이었다고 할 수 있다.

가족치료는 가족의 변화를 통해 인간의 문제를 해결하고자 하는 집단치료의 한 방법이다. 사회복지사가 실시하는 개별 치료가 '환경 속의 인간'을 대상으로 한다면, 가족치료는 '환경 속의 가족'을 대상으로 하는 방법이다. 가족치료는 사회복지실천, 성 개혁운동, 가정생활교육운동, 결혼상담, 소집단운동, 아동지도운동 등의 영향을 받았고, 학문적으로는 생물학의 원리, 특히 일반체계이론의 영향을 크게 받았다.

4. 가족치료의 사정 방법

1) 생태도(Eco-map)

생태도는 생태학적 체계, 생활공간에서의 개인 혹은 가족들을 둘러싸고 있는 경계를 역동적인 방법으로 지도화한다. 이 지도는 가족생활을 구성하는 주요 체계들 그리고 가족과 이들 체계들의 관계와 본질을 반영한다(Hartman, Compton, & Galaway, 1999: 363 재인용).

생태도는 가족체계를 나타내는 중앙의 커다란 원으로부터 시작하여 중심 원 내부에 가족구성원들을 중심으로 생태 환경을 표기하면 된다. 이때 남자는 네모, 여자는 원으로 표기한다. 네모 혹은 원 안에 해당하는 가족구성원의 연령을 기재하는 것이 가족 상황을 이해하는 데 편리하다. 가족과 상호작용하는 다른 체계들은 중심원 외부에 표기하되 작은 원으로 표기할 수 있다. 이들 체계에는 확대가족, 친구, 학교, 사법기관, 직장, 사회복지기관, 교회, 의료기관 등을 자신의 활동 범위에 따라 대소를 구분하며 표기한다. 이때 가족이 상호작용하고 있는 의미 있는 생태 체계들을 설정하고 이들과의 관계를 선으로 표기한다. 예를 들어, 강한 관계는 굵은 선으로, 약한 관계는 가는 선으로 표기할 수 있다. 스트레스가 있거나 갈등 관계는 사선으로 표기하여 가족관계를 나타낸다. 체계들 간에 에너지 혹은 자원의 상호 교환 관계는 화살표로 표기한다.

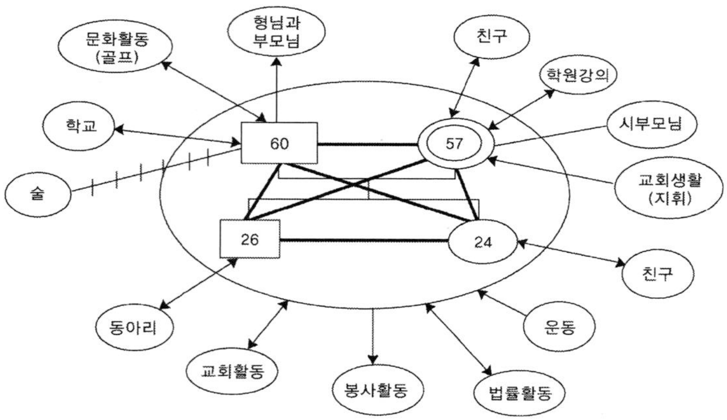

그림 6-1 생태도

생태도 작성 시 고려사항

1. 가계도를 그린 후, 각 개인에게 영향을 준 요소를 그린다.
2. 원 크기에 따라 개인에게 영향을 미치는 정도가 다르다.
3. 원이 가계도를 중심으로 가까운지 아니면 멀리 떨어졌는지에 따라 관계의 정도가 다르다.
4. 화살표의 굵기에 따라 영향력의 크고 작음을 구분할 수 있다.
5. 관계가 있는 경우 연결한다. 관계의 성격을 말로 기술하거나 선으로 표시한다. 에너지, 자원의 흐름을 화살표로 나타낸다.
6. 기타 클라이언트에게 중요한 사람들을 확인하여 빈 원을 채울 수 있다.

(1) 가족상황 환경 분석서 예시

이름	나이	성별	ct와의 관계	학력	직업	종교	주소
전경전	60세	남	본인	대학원 졸	고교 교장	무교	서울시 목동
지경희	57세	여	배우자	대학원 졸	학원 운영	기독교	
전경민	26세	남	자	대학교 졸	회사원	기독교	대전 유성구
전민수	24세	남	자	로스쿨	학생	기독교	전북대학교

① **전경전**(남편)

1952년 둘째로 전라남도 해남에서 출생했다. 고려대 사범대 수학과를 졸업하고 석사과정을 마쳤다. 학교 근무와 결혼생활은 서울에서 시작하였다. 현재 60세로 고교 교장이며, 사외이사로 교육사업에 관여하고 있다. 이 기업의 오너로서 재정 관리를 하고, 학생지도 및 지역사회 봉사단체 리더로서 결손가정 장학기금 등 지역사회에 많은 봉사활동을 하고 있다. 시댁의 크고 작은 일과 자상한 돌봄의 사역을 감당, 간혹 바쁜 일과로 건강생활을 하지 못하고 녹초가 되기도 하여 매우 안타깝다. 골프를 좋아하고 감성이 풍부하여 다방면으로 활동하고 있다. 가정에선 자상한 아버지이지만 밖에서는 승부욕이 강한 오너로서의 능력을 다하고 있다. 소탈한 성격으로 친구들과 친밀한 관계를 맺고 있으며, 운동은 필드에 한 달에 4~5번 나가 친선게임을 즐기고 있다. 부친이 건강상 이유로 재단 명예 이사장으로서 일선에서 물러나 있다. 혈압과 건강에 항상 신경을 쓰고 있으나 간혹 사업상 이유로 폭주를 하여 건강이 염려된다.

② **지경희**(본인)

1955년 7월 전남 구례에서 출생하였으며 자란 곳은 전남 광주 산수동이고 이곳에서 초등학교를 졸업하였다. 초등학교 시절 KBS 라디오 전국 노래자랑에서 우수상, 전남 지역 6.25 웅변대회에서 학교 최우수상, 전남 지역 우수상, 전국 장려상을 차지하기도 했다. 초등학교 졸업 시 성적우수상, 6년 개근상, 광주시장상, 학교장상을 받았다.

사레지오 여자 중학교 문예부에서 활동, 전교 학생회장이었고 자기 반 전체가 고등학교에 떨어지는 학생이 없게 하기 위해서 스터디를 결성하였다. 여름방학에도 공부하는 분위기를 조성하기도 했다.

중학교 때 서울로 전학을 왔다. 부모님 고향이 전라도이지만 아버지가 서울에서 사업을 하셔서 이사를 오고 숭의학교에 배정을 받았다. 숭의여자고등학교(공동 학군으로 학생층이 모두 부유했음) 고1 때는 독어반이었다(3개 반이고 잘하는 학생이 많았음). 백장미 합창단에 가입해 반주도 하면서 소프라노 솔로 역할을 하였다. 고2 때는 문과반에 들어갔다(판사가 되기 위해서). 반장을 하면서 문예반 활동(학교교지, 학교신문 발행)을 하였고 합창단은 공부 때문에 그만두었다. 채플시간에는 반주도 하였다. 가을에 전국수학경진대회에 출전하여(당시 연세대 후원) 전국 3위로 입상하였다.

아프게 된 것은 고2 때 수학경진대회를 준비하면서 감기에 걸린 상태로 약만 먹으면서 공부한 게 화근이었다. 우연한 기회에 교회 지휘자한테 작곡을 배우고 곡 쓰는 창작 활동을 하면서 과외로 용돈을 벌면서 공부하였다. 피아노 레슨을 시작하면서 학생이 많아지자 학위가 필요해 숭의여자대학 음악과에 입학했지만 전문대학으로 학교가 마음에 안 들어 졸업하기만을 바라면서 대충 공부하고 (레슨은 따로 교수님께 수강료를 주며 배움) 졸업하였지만 음악에 대한 열정은 대단했다.

어느덧 세월이 지나 고등학교 입시가 없어지고 내신이 생겨서 바로 입시학원을 운영하였다. 학원이 잘 되고 승승장구하다가 고등부 전용 학원을 차리고 주부로 며느리로 엄마로 열심히 성실하게 교회 생활 하며 행복하고 아름다운 가정을 만들고자 애쓴 결과 행복한 가정생활을 하고 있다. 그러나 늘 공부를 하고 싶었지만 자녀 뒷바라지, 학생들 입시 뒷바라지를 하다 보니 내 시간을 가질 수 없었다. 지금은 57세가 되어 학점 은행제로 사회복지 학사과정을 공부하고 내년에 졸업을 하면 우수한 요양시설을 운영하고자 한다. 지금은 학원 원장이지만 우리 안의 미래를 꿈꾸며 소외된 이웃을 섬기기 위하여 사회복지학을 공부하고 있다. 다행히 경제적으로 넉넉하기에 멋있는 노인종합복지타운 '주님의 동산'을 3만 평 대지 위에 건립, 노후를 편안하고 아름다운 세상을 만드는 데 노력하려 한다. 복지 공동체를 구축하고 노숙인의 쉼터가 되어 2012년도에 노숙인을 위한 법이 입안되면 재활복지 공동체 역할도 하고 싶다.

③ 지경희의 큰아들

1985년 출생으로 서강대학교를 졸업했다. 현재 건설회사 주택 사업부에 근무하고 지방에서 기숙사 생활을 하고 있다. 부모님과 떨어져 있으나 잘 적응하고 있다. 원만한 성격으로 친구들과 잘 어울리며 현재 대리로서 직장에서 인정받고 과장 진급을 눈앞에 두고 있다. 회사에서 책임을 다하고 있으며 결혼을 준비하고 있다. 사회봉사에도 적극적이고 교회에서 섬김과 나눔의 실천 운동에 적극적이다.

④ 지경희 둘째 아들

1987년생으로 현재 대학원생이며 로스쿨에서 법조인이 되기 위하여 열심히 공부하고 있다. 아직 군대에 가지 않았으나 휴학하고 군 입대를 하여야 하는지 등 고민하고 있다. 생각이 깊고 적극적이고 긍정적인 생각을 가지고 생활한다. 자신이 잘 할 수 있는 일과 좋아하는 활동을 하고 있어 무척 행복한 생활을 하고 있다. 성공하는 사람은 자신이 잘 할 수 있는 일이 무엇이며, 가장 좋아하는 일이 무엇인지 아는 사람이라고 생각한다. 실패한 사람들은 욕심을 부리고 자신을 너무 과시하시 때문이라고 생각하여 겸손을 미덕으로 알고 이를 실천하고 있다.

⑤ 지경희의 시아버님

1921년 전라남도에서 출생했다. 일본 산요고등학교 졸업, 조선대 사범대학 졸업(과학), 연세교육대학원에서 석사를 받았다. 광주에서 천막학교를 시작으로 서울에 상경 교육 관련 회사를 설립하고 현재는 명예회장으로 있다.

⑥ 지경희의 큰 시아주버님

1949년 광주에서 출생했다. 명지대 경영학과를 졸업, 한양대에서 광고미디어학을 전공하여 석사 학위 취득, 현재 국내 3위의 광고기획 회사 운영. 명지대 겸임교수이다.

⑦ 지경희의 언니와 형부

언니 : 1946년 광주 출생. 서울 음대, 독일 프라하 음대 박사
현 경기도 소재 음대 학장

형부 : 1945년 서울 출생. 서울대 정치외교학과, 파리국립대학교 대학원.
재정관리 박사
현 국립대 총장. NGO 활동 및 사회단체 이사장직을 수행하고 있다.

⑧ 지경희의 큰오빠와 올케

1948년 광주 출생. 명지대 졸업, 한양대 대학원, 고려대 교육학 박사
현 서울 소재 사립학교 교장으로 재직 중이다.
부인 - 서강대 졸업, 한양대 대학원 교육학 석사, 대학교 부설 초등학교 교감

⑨ 지경희의 작은오빠

1951년 광주 출생. 고려대 전자공학, 동대학원 석사
전자회사 설립 운영 - 특허청에 80여 개의 전자 관련 품목이 특허됨.

(2) 균형과 불균형

① 균형

부부가 서로를 많이 배려하고 각자 자기 일에 충실하고 진취적이다. 경제적으로

는 다소 안정적이라 편안하게 문화생활을 즐기며 가정의 안녕을 추구하고 있다.

② 불균형

한창 사회 활동이 많은 시점에서 공부한다고 남편과 같이 아름다운 동행을 하지 못하는 어려움과 퇴근 시 따뜻하게 맞이하지 못하는 안타까움, 시간에 쫓기다 보니 주부로서 어머니로서의 역할을 다하지 못하는 불균형 현상이 일어나 시부모님을 제대로 모시지 못함이 아쉬움이다.

(3) 세대 간 관계

남편은 학교 운영과 유난히 부모님을 존경하며 아들을 좋아하고 있지만, 아들은 아버지보다는 엄마를 더 많이 찾고 좋아하는 것 같아 오이디푸스 콤플렉스 영향이 아닌가 생각한다.

(4) 반복되는 유형

학원 운영, 교회 활동과 봉사 및 선교를 위해 열정적으로 살아오다가 이제 사회복지를 학점은행으로 공부한다. 자녀교육, 부부동반 모임이 많은 데다 퇴근 후 따뜻하게 맞이하지 못하는 아쉬움 등, 복지를 하고자 시작한 공부 때문에 시부모님과 남편 그리고 두 아들에게 미안하여 가족복지에 지장을 초래하고 있으나 후회는 없다. 내친 김에 종합복지타운을 건립하고 사회복지학 박사에 도전하여 훌륭한 사회복지 실천가로 우뚝 서서 기독교 복지의 한 장을 펼치고자 한다.

(5) 분석 결과

1세대나 2세대 모두 그다지 큰 삼각관계는 없다. 하지만 서로 너무 바쁘게 살다 보니 가족끼리의 문화적 공유, 여행 등 횟수가 줄어 개인적인 생활에 치우치는 경향이 매우 아쉽다. 로스쿨 대학원생 아들과 지방 근무를 하고 있는 아들은 어쩌다

만나고, 남편은 늘 바쁜 일과로 다소 공부하는 데는 부담이 덜 되고 있어 다행이지만 아내와 어머니의 역할에 소홀함을 인정하고 있다. 나의 부덕으로 공부한답시고 혹여나 남편과 자녀들에게 소홀하지 아니하도록 최선의 노력을 다하지만 역시 마음대로 되지 않아 짜증 날 때도 있다. 그러나 목표를 향하여 남편, 아들, 그리고 부모님 뒷바라지 잘하면서 좋은 엄마, 지고지순 순종하는 아내, 칭찬 받는 며느리로 다가가 현모양처로 공부하는 엄마, 연구하는 아내, 자랑스러운 며느리가 되고자 한다. 가족 모두가 서로 사랑하기 때문에 어려움이 있어도 슬기롭게 잘 해결하고 건강하고 행복한 가정을 유지하고 신앙심으로 극복하고 있어 하나님께 늘 감사한 마음이다.

2) 가계도(Genograms)

가족은 공간적으로 존재할 뿐 아니라 시간적으로도 존재하므로 가족을 시계열적으로 조명할 필요가 있다(Hartman, Compton & Galaway, 1989: 168 재인용). 생태도와 더불어 가계도는 가족을 사정하는 데 널리 사용되어 왔으며, 여러 세대를 살펴볼 수 있다는 장점을 가지고 있다. 특히 가계도는 주요한 사건들, 가족원의 출생과 상실, 커뮤니케이션과 관계 유형, 직업 등 가족에 관한 연대기적 청사진을 보여준다(Kirst-Ashman & Hull, Jr., 1999: 190). 가계도는 사회복지사와 가족원의 공동 작업을 통해 가장 잘 구성해 낼 수 있다. 생태도와 마찬가지로 가계도에서도 남성은 네모로 그리고 여성은 원으로 표시한다. 세모는 성별을 알 수 없는 경우에 사용한다. 결혼은 남성과 여성을 연결하는 선으로 표시하며 대체적으로 결혼 연도를 선 위에 표기한다. 이혼은 결혼을 의미하는 선을 가로지르는 사선으로 표기한다. 아동은 출생순으로 왼쪽에서 오른쪽으로 표시해 나간다. 사망은 네모, 원 혹은 세모 위에 × 기호로 표시를 한다. 점선은 대체적으로 함께 거주하고 있는 가족원을 의미한다.

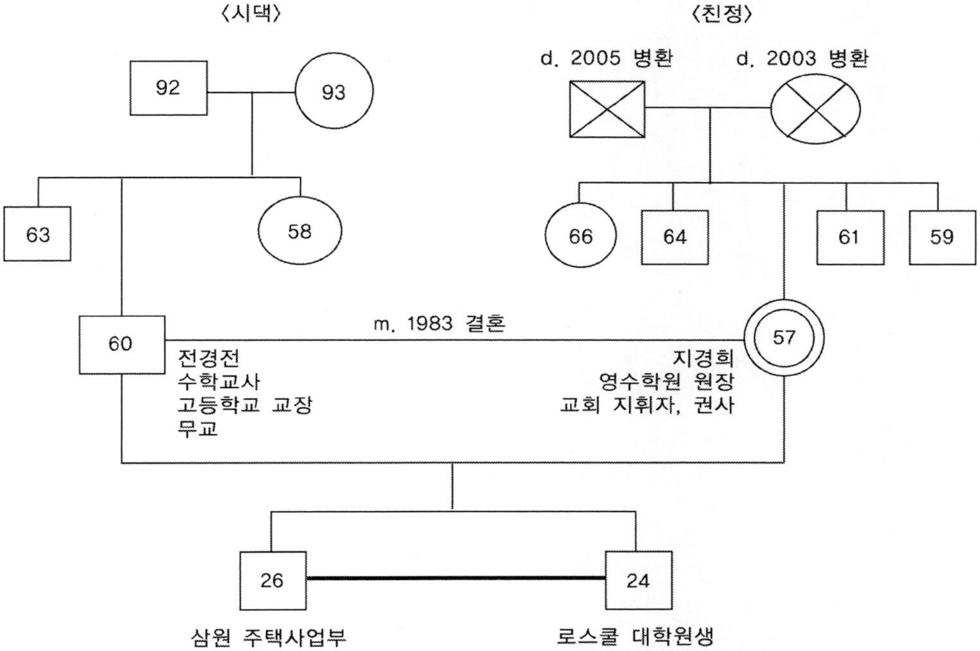
〈시댁〉
〈친정〉
92
93
63
58
d. 2005 병환
d. 2003 병환
66
64
61
59
m. 1983 결혼
60
전경전
수학교사
고등학교 교장
무교
57
지경희
영수학원 원장
교회 지휘자, 권사
26
24
삼원 주택사업부
로스쿨 대학원생

그림 6-2 가계도

CHAPTER

07 가족치료 모델

1. 정신분석이론
2. 보웬의 다세대 가족치료
3. 미뉴친의 구조적 가족치료
4. 사티어의 의사소통 가족치료
5. 헤일리의 전략적 가족치료
6. 해결 중심 단기치료
7. 대상관계이론

1. 정신분석이론

정신분석이론은 프로이트와 그의 동료들의 연구에 기반을 둔 이론으로, 인간의 행동이 인간 마음속의 움직임과 상호작용으로부터 나온다는 점을 강조하며, 또한 정신이 행동을 자극하는 방식과 정신과 행동이 인간 사회환경에 영향을 주고받는 방식을 강조한다.

1) 주요 개념

(1) 지형학적 관점 : 의식, 무의식, 전의식

의식은 인간이 인식하고 있는 기억이나 지각 등이며, 무의식은 직접적으로 관찰할 수 없으며, 인식하지 못하는 욕구나 본능으로 꿈이나 말실수를 예로 들 수 있다. 전의식은 의식과 무의식 사이에 존재하는 영역으로 상황에 따라서는 의식으로 변화할 수 있는 것이다. 이러한 정신적 요소들 중에서 무의식은 인간의 행동이나 동기에 영향을 미치는 가장 중요한 요소로서 인간의 특정한 문제나 행동의 원인을 이해하기 위해서는 그 사람의 무의식적 경험을 이해하는 것이 중요하다고 보았다.

(2) 구조적 관점 : 원초아, 자아, 초자아

원초아(id)는 태어날 때부터 존재하는 성적 욕구와 공격적 본능이며, 쾌락을 추구하고 고통을 회피하는 쾌락원칙에 지배를 받는다. 자아(ego)는 외부에 의해서 형성된 성격의 집행자로서 원초아의 본능적 욕구를 현실원칙에 따라 통제하고 조절하여 불안을 감소시키는 역할을 한다. 초자아(superego)는 사회의 이상이나 도덕관에 의해 형성되는 성격의 마지막 구조로서 자아이상이나 양심으로 구성되어 있다.

(3) 심리성적 발달 단계의 관점 : 구강기, 항문기, 남근기, 잠재기, 생식기

인간의 성격이 신체적 성감대에 따른 5단계를 거쳐서 형성된다고 보는 관점으로서 구강기(출생~생후 18개월)는 아동이 어머니의 젖을 빠는 행위를 통해 성적인 만족을 얻는 시기이다. 항문기(생후 18개월~3세)는 배설의 욕구와 관련된 시기이며, 배변 훈련을 통해 생리 현상에 대한 통제력을 갖는다. 남근기(생후 3~5세)는 아동이 자신의 성기를 만지면서 얻는 성적 쾌락과 관련이 있는 단계로서 이성과의 차이점을 발견하면서 자아정체감을 얻게 된다. 잠재기(6세~사춘기)는 성적 대상이나 성욕이 잘 나타나 보이지 않는 일종의 휴지기이다. 생식기(12세 사춘기~)는 생물학적 재생산이 가능하고 이성에 대한 관심이 높아지는 시기로 이성관계를 통해 성적인 충동을 만족시킬 수 있다.

2) 치료목표와 치료과정

(1) 치료목표

정신분석 가족치료자들은 방어기제를 분석하고 억압된 욕구나 충동을 노출하기보다는 방어기제를 지지하고 의사소통을 명백히 하는 데 초점을 두며, 각 가족원들의 개별화를 이루도록 해 준다. 치료자는 가족원들이 치료를 중도에서 포기하지 않고 그들이 실패했다고 느끼지 않도록 종결하고자 하는 결정을 지지해야만 한다. 또한 가족들이 발달상에서 이루었어야 할 통합을 이루도록 돕고, 서로 투사하지 않고 자신들이 스스로 견딜 수 있도록 돕는 치료의 활동이 필요하고 상대방은 그러한 투사를 견디어 줄 수 있도록 돕는 활동이 필요하다.

(2) 치료과정

- 정신분석 치료자는 가능한 모든 가족구성원을 치료에 임하게 한다.

- 정신분석 가족치료 과정에서 가족구성원들은 그들의 삶 속에서 심리적인 감정 경험이 의식을 통한 인지 경험보다 많다는 사실을 인정하고 억압된 감정들을 이해하고 수용함으로써 통찰력을 확장시켜 나간다.
- 정신분석 치료는 통찰에 의한 치료를 하지 않고 환자가 경험한 억압된 부분들의 표현을 방해하는 방어기제를 줄이는 게 효과적일 때도 있다.
- 정신분석 치료자들은 행동 이면을 직시함으로써 숨겨진 내재된 동기를 끌어낸다.
- 치료자는 신뢰하는 분위기를 창출하면서 매우 천천히 문제를 다룬다.
- 일단 안정된 분위기가 형성되면 치료자는 투사기제를 규명할 수 있으며 가족구성원에게 투사한 그들 자신의 부분들을 통찰할 수 있다.
- 정신분석이론에 기초한 모든 형태의 가족치료는 어린 시기에 내면화된 대상관계 이미지를 노출하고 분석하기 위해 충분히 안정된 분위기를 형성해야 한다.
- 통찰을 통한 작업은 미해결된 발달과업이 노출되어야 하며 치료자와 가족 간에 서로 신뢰할 수 있는 상호작용이 이루어져야 한다.
- 전이(transference) 또한 정신분석학적 가족치료의 필수적이다.
- 정신분석 치료자는 치료를 위해 전 가족을 모이게 하여 전이 반응의 횟수를 증가시키고 그 강도에 대해서는 관심을 갖지 않는다.
- 치료자의 무관심(aloofness)과 모호성(ambiguity)도 개별 치료보다 뚜렷하지 않다.
- 가족치료에서 고려해야 할 점은 누가 치료에 참여해야 하는가와 누구에게 중점적으로 도움을 주어야 하는가이다.
- 가족구성원들이 서로에 대한 병리적 애착을 극복하기 위해선 그들 개개인이 하나가 되도록 도움을 받아야 한다.

3) 치료기법

가족치료(family therapy)란 가족구성원들이 가족 내의 역기능적인 생활 패턴을 변화시키도록 도와줌으로써 가족체계 내의 얽혀 있는 정서적인 문제를 해결하고자 치료기법과 방법을 연구하는 것이다. 가족치료는 역사적으로 부부상담, 아동복지상담, 정신의학 가정상담, 정신분열증 연구 등에 근원을 가지고 통합이론으로 발전하게 되었다.

(1) 경청

남의 말을 듣는 기술인 경청은 좋은 인간관계를 형성할 수 있게 도와준다. 대부분의 치료자는 가족을 돕기 위해 무엇인가를 변화시켜야 한다는 강박감을 가지고 있는데 이것의 효과적인 방법은 가족의 말을 듣고 이해하는 일이다.

- 듣기는 단지 수동 형태로 나타나는 치료자의 활동이 아니라 대단히 적극적이고 긍정적 방향에서 이루어지는 치료 활동이다.
- 듣기를 통하여 가족들로 하여금 자신들의 의식과 무의식 속에 들어 있는 가족의 형상들을 바라볼 수 있는 기회와 분위기를 제공한다.
- 치료자가 듣는 방식은 가족들로 하여금 자신들의 이야기나 다른 가족들의 이야기에 어떻게 반응해야 하는지에 대해서 일정한 안내 지침과도 같은 역할을 하며 말을 하지 않고 조용히 들음으로써 치료자는 상대방의 말을 존중하게 된다.
- 가족들은 상대방의 말을 끝까지 듣고 이해하려고 노력함으로써 서로에 대해서 존중과 이해를 전달하게 된다.
- 너무 일찍 위로와 지지를 하게 되면 가족들은 자신의 내면세계를 탐색하기보다는 자신들의 행동을 정당화할 수 있다.
- 치료자는 피상적인 것 이상의 것을 듣기 위해 많은 시간을 투자한다. 또 치료자는 분석적 분위기를 형성하기 위해 치료자는 가족이 어떤 변화를 이룰 것인지의 여부를 걱정하기보다는 경청과 이해에 목적을 두는 것이 필요하다.

(2) 감정이입

감정이입이란 상담치료에서 매우 중요한 과정으로 치료자가 면담 도중에 개입하면서 가족이 개방적이 되도록 공감적 이해를 하는 것을 의미한다. 이때 공감적 이해, 즉 라포(rapport)가 형성되며 상담치료자가 가족의 경험에 대한 과거의 숨겨진 사실에 공감하고 이해하는 일이다.

감정이입적 경청은 치료자가 내담자의 생각과 느낌을 함께 공감할 수 있도록 주의를 기울여 들어주는 것이다. 감정이입적 경청을 할 때 내담자의 감정을 공유하면 효율적인 치료 상황에 놓이게 된다.

(3) 공감적 이해

공감적 이해는 상대방이 느끼거나 보는 것 등을 마치 자신이 보고 느끼는 것처럼 정확하게 감지할 수 있고 그것을 상대방에게 되돌려 전달할 수 있는 것을 말한다.

- 문화 가치와 규범
- 중심 자아
- 무의식에 들어 있는 여러 가지 힘

(4) 해석

해석은 가족으로 하여금 무의식적인 자료들에 대한 통찰을 가지고 감추어진 혼란된 경험을 분명히 하기 위해서 해석하는 것이다.

- 해석하기는 연관 짓기와 의미를 발견하여 가족들이 스스로 자신들의 발달을 촉진하도록 돕는 역할을 한다.
- 연관 짓기는 현재 가족들이 경험하고 있는 여러 가지 현상들을 과거의 부모와 자녀관계 속에서 일어난 상호작용과 관련을 맺는 방법이다.

- 연관 짓기가 수직 해석이라고 한다면 의미를 부여하기는 수평 해석이라고 할 수 있다.
- 부모와 어린 시절의 기억이 어떤 상호작용에 있는지 현재 가족갈등의 역사적 근원이 드러나면, 가족성원이 과거를 재연하고 있는지의 여부와 어린 시절의 왜곡된 심상 등에 대한 해석이 내려진다.
- 치료자는 가족에게 그들의 아프고 해결되지 못한 것을 다시 반추해 내고, 초기 관계를 재현할 수 있을 만큼 안전하게 느낄 수 있는 분위기를 만들어주는 것이 무엇보다 중요하다.
- 가족들이 가지고 있는 저항을 해석하는 일은 치료자에게 필수적이고 아주 기본에 해당되는 기법이다.

(5) 분석 및 분석적 중립성의 유지

- 정신분석학적 치료자는 가족의 역동을 통하여 가족구성원들의 저항과 전이, 꿈 등을 분석한다.
- 프로이트에 의하면 전이란 억압된 사랑의 감정을 표현 가능한 사랑의 대상에게 내담자의 욕구를 반영한 것이다. 이러한 전이 현상의 장면에서 치료자는 사랑의 대치 대상의 역할을 하게 된다.
- 전이는 직접 언어적인 의사소통으로 나타날 수도 있고 자유연상이나 꿈의 내용으로 나타나기도 한다.
- 사람들이 자신의 억압된 충동이나 감정들을 각성하게 되면 흔히 갖게 되는 불만을 견디어 내기가 힘들기 때문에 저항 현상은 그 불안으로부터 자아를 방어하려는 경향 때문에 나타난다.
- 치료자는 중립을 유지함으로써 가족들의 투사 동일시의 현상을 객관적으로 볼 수 있게 된다.
- 치료자는 중립 태도를 보임으로써 가족들이 비지시적 상황 속에서 자유롭게 자

신을 표현할 수 있는 분위기를 만들어야 한다. 자신의 무의식과 상호작용을 객관화해서 비추어 볼 수 있는 거울 역할을 하는 것이다.

- 분석 상황은 가족들이 전이를 일으키도록 한다.
- 역전이는 치료자의 과거 경험을 반복하고자 하는 행동이다.

(6) 자유연상

- 자유연상은 내담자로 하여금 마음속에 떠오르는 것이면 무엇이든지 이야기하도록 하는 방법이다.
- 정신분석학적 치료자는 다른 치료자들과 비교할 때 개입을 거의 안 하거나 덜한다.
- 정신분석학적 치료자들 활동의 대부분은 지시적이지 않으면서도 사건의 실마리를 끌어내는 것이다.
- 가족치료에 있어서 치료자의 개별적 영향에 대하여 강조했던 학자는 애커만(Ackerman)이다. 그가 고안한 기법은 성과 공격에 대한 숨겨진 갈등들을 표출시키기 위하여 가족방어기제를 활용하는 것이다.
- 애커만은 가족이 사용하는 방어기제 뒤에 숨어 있는 가족의 비밀과 갈등을 찾아내기 위하여 의식적이고 신중한 직면기법을 활용하였다.
- 애커만은 치료에서 노출된 공격적 충동과 성적 충동을 건설적인 방법으로 표현하도록 격려함으로써 통찰을 통한 적극적인 활동을 자극한다.

4) 치료이론에 대한 평가

정신분석적 가족치료는 개인에게 초점을 둔 정신분석과 달리 가족에 초점을 둔 체계이론에 정신분석학적 통찰과 개입을 선택적으로 도입한 것이라고 할 수 있다.

- 가족치료를 처음으로 실시한 사람들은 정신분석학적으로 훈련받은 임상학자들이었으며 그들은 심층심리학의 아이디어를 체계이론 아이디어와 접목했다.

- 1980년대 중반 이래로 가족치료들 간에 정신분석학에 대한 관심이 제기되었으며 그 관심은 대상관계이론과 자아심리학이 지배적이었다.
- 정신분석학적 치료자들은 경험에 근거한 그들의 업적을 평가하는 것을 반대하였다.
- 정신분석학적 가족치료가 보이는 한계는 대상 단계의 핵심인 모자(母子) 관계에만 초점을 두고 있다는 것이다.
- 아버지의 양육 역할을 경시하고 있는 점과 최근 현대사회의 발달에서 주된 양육자가 반드시 어머니여야만 한다거나 어머니인 것으로 설정하기에는 한계가 있다.
- 아동의 성공적인 분리·개별화는 전적으로 어머니의 사랑과 전능성에 의해 결정되는 것으로 가정하는 것 역시 고정화된 성(性) 역할의 무의식적 내면화를 강요하는 측면이다.

2. 보웬의 다세대 가족치료

가족치료의 아버지 보웬의 다세대 가족치료는 정신분석적인 관점과 체계론적 관점을 연결한 이론으로 인간행동과 그 제반 문제들에 대해서 가장 포괄적으로 접근하고 있다.

1) 주요 개념

(1) 자아분화(Differentiation of Self)

자아분화는 보웬의 다세대 가족치료의 핵심 개념으로, 이것이 바로 치료 목표이자 성장 목표가 된다. 자아분화에는 정신 내적 수준(intrapsychic level)과 대인관계적 수준(interpersonal level)의 두 가지 면이 있으며 자신과 타인의 구분, 정서적 과정

(feeling process)과 지적 과정(intellectual process)을 구분할 수 있는 능력과 확고한 자기(solid self)와 거짓자기(pseudo self)로 구분된다. 정신 내적 측면의 분화는 지적 기능이 정서적 기능에서 얼마나 분화되어 있는가를 의미한다. 또한 대인관계적 측면의 분화는 다른 사람과 구별되는 확고한 자아발달과 일관된 신념에 의한 자주적이고 독립적인 행동이 어느 정도 있는가를 의미한다.

반면 분화되지 않은 사람은 미분화된 가족자아(undifferentiated family ego self) 상태로 혼합된 감정 상태에 있기 때문에 자율적인 정체감을 가지기 어렵다. 보웬은 자아분화 정도를 척도화하여 0~100이라는 연속선상에서 네 개의 범주로 나누었다. 자아분화 척도는 감정적, 지적 기능의 융합이나 분화의 정도에 따라 나누어진다. 실제로는 0인 사람도, 100인 사람도 없으며 모든 사람이 중간 어딘가에 속해 있음을 알 수 있다.

표 7-1 자아분화의 이론적 척도

가장 낮은 자아분화	낮은 자아분화	보통 자아분화	높은 자아분화
0(반사행동) 융합	25	50	75	100(행동) 자아분화

- 가장 낮은 자아분화(0~25)
- 낮은 자아분화(25~50)
- 보통 자아분화(50~75)
- 높은 자아분화(75~100)

(2) 정서적 삼각관계(Emotional Triangles)

정서적 삼각관계는 어떤 두 사람이 또 다른 한 사람을 자신의 정서적 문제에 끌어들이는 형태를 기술하는 개념으로, 1975년부터 보웬이 연구하였다. 삼각관계가 일어나는 주요 원인은 자기분화 수준과 경험하는 긴장 정도이다. 두 사람 사이의 관계가 본질적으로 긴장되거나 불안할 때 안정을 취하지 못하게 되고 어느 한 개인이 불편함을 참을 수 없게 될 때 자동적으로 의미 있는 세 번째 사람이나 일, 사물 등을 관계에 끌어들인다.

일반적으로 가족 내에서 삼각관계 형성은 가족원의 자아분화 수준이 낮을수록 그 가능성이 더 커지고 관계가 중요할수록 삼각관계 형태가 좀 더 강하다.

(3) 핵가족 정서과정(Nuclear Family Emotional Process)

핵가족 정서과정은 한 세대의 가족 안에서 보이는 정서적 기능을 설명한 것이다. 원 가족과 분화가 안 된 부모는 자신의 부모와 정서적 단절을 하는 반면, 결혼생활에서 배우자에게 융합(fusion)하는 경향이 있다. 분화 수준이 낮을수록 결혼생활에서 정서적 융합이 강하게 나타난다. 분화가 이루어진 부부일수록 융합 정도가 낮고 혼란이 적다. 지배적이고 적응하려는 위치는 배우자의 성별과는 직접적으로 관련이 없다. 이것은 부부 각자의 출생 가족에서 가졌던 지위와 위치에 따라 결정된다. 결혼생활에서 증상으로 나타내는 데는 세 개의 영역이 있다. 즉 부부갈등, 한 배우자의 질병이나 역기능, 자녀에게 문제를 투사하는 것이다. 이것은 핵가족에서 나타나는 미분화의 수준이라고 할 수 있다. 핵가족 정서과정은 정서적 거리, 부부갈등, 자녀에게 문제 전이, 배우자의 역기능이라는 네 가지 심리 유형으로 나타난다.

- 정서적 거리(emotional distance)
- 부부갈등(marital conflict)
- 자녀에게 문제 전이(transmission of the problem to a child)
- 배우자의 역기능(dysfunction in one spouse)

(4) 가족투사과정(Family Projection Process)

가족투사과정이란 부모에 의해 그들의 미성숙과 분화 결핍이 자녀들에게 전달되는 과정을 말한다. 역기능적 부모는 그들 사이에 자녀를 끌어들여 밀착관계를 만든다. 분화 수준이 낮은 부모는 이러한 삼각관계를 통해 자녀에게 불안을 투사하고 자신은 회피하려 한다.

이러한 투사과정은 한 세대에만 일어나는 것이 아니다. 과거 세대에서 일어났던 것들이 쌓여서 일어난 것이다.

(5) 다세대 전수과정(Multigenerational Transmission Process)

다세대를 통해 가족의 정서과정이 전수되는 것을 설명한다. 즉 자녀들의 자아분화 정도가 현재 속해 있는 세대에서만 형성된 것이 아니라 여러 세대를 거치는 동안에 전개되어 온 투사과정에서 형성된다는 것이다.

가족의 투사과정은 세대에서 세대를 걸쳐 일어나게 되며, 부모의 정서적 체계에 관여된 자녀는 부모보다 낮은 분화 수준을 갖게 된다. 정신분열증이나 역기능 문제는 개인의 질병이 아니라 가족체계에서 누적된 미분화, 즉 융합의 결과인 셈이다.

(6) 정서적 단절(Emotional Cutoff)

정서적 단절은 한 개인과 자신의 원가족 간의 미분화와 관련된 정서적 긴장을 설명하는 것으로, 융합이 심한 사람이 원가족과의 정서적 접촉을 단절하거나 의무적인 방문과 같이 최대한으로 축소해서 문제를 해결하려는 것을 뜻한다. 사람들이 세대 간의 미분화와 그와 관련된 정서적 긴장을 관리하는 방식을 설명한다.

정서적 단절의 좋은 예는 충동적으로 결혼한 사람의 경우이다. 이러한 사람은 결혼을 통해 원가족에서 벗어난다 하더라도 상대방에 대한 성적 애착과 의존성 정도가 심하여 원가족에서의 문제를 재현한다.

(7) 출생순위(Sibling Position)

자녀의 위치는 부모들의 기대 수준과도 연관이 있다. 부모의 기대 수준이 높은 위치의 자녀는 부모들과 삼각관계를 쉽게 형성하고 정서체계 역시 밀착관계가 형성되기 때문에 분화 수준은 낮아져 독립된 생각이나 행동을 하기 어렵고 자신의 감정을 솔직하게 말하지 못하는 습성에 익숙해진다. 반면에 그런 위치에 있지 않은 자녀는 삼각관계나 정서체계에 매이지 않기 때문에 독립적으로 생각하고 행동하게 됨으로써 높은 분화 수준을 보인다.

(8) 사회 정서적 과정(Societal Emotional Process)

사회 정서적 과정은 가족에 대한 기본 이론을 사회로 확대하는 것으로, 보웬은 10대 자녀들을 다루는 낮은 수준의 부모들이 명확한 원리 없이 자녀들을 달래기 위해 항복하거나 상황에 아무 도움도 되지 않는 경직되고 가혹한 반응을 보인다는 것을 알게 되었다. 자녀의 일탈, 부모의 달래기 혹은 억압 등의 악순환이 역기능 가정에서 반복되는 것과 마찬가지로 가족체계와 같이 사회도 불안이 증가하면 역기능을 나타내며 하위집단끼리 융합되기 시작하여 폭력과 불신, 비행과 범죄율이 높아진다.

2) 치료목표와 치료과정

보웬의 치료는 세 단계로 이루어진다.

첫째 단계는 문제를 이해하고 정의하며 전체 가족의 배경을 이해하는 일이다. 주된 삼각관계가 무엇인지를 이해하고 가족의 불안을 줄이는 데 초점을 맞춘다.

둘째 단계는 가족이 변화하도록 돕는 단계다. 치료자는 가족과 함께 계획을 세우고 정서적 반응을 예상한 후 새로운 치료방법을 가족들에게 연습시킨다. 연습을 통해 치료자는 가족들이 예상되는 치료의 장면에 익숙해지도록 돕는다.

셋째 단계는 가족구성원들이 치료자의 역할을 하는 것으로, 자신들 스스로 변화를 위한 계획을 세우고 예상을 하며 연습한 다음 과정을 해 본다. 이때 치료자는 단지 가족을 돕는 조언자의 역할을 한다.

3) 치료기법

보웬학파 치료자들은 가족체계가 기능하는 방법에 대한 이해가 여러 기법들보다 훨씬 더 중요하므로 특정 기법이나 방법에 몰입하지 않아야 한다고 본다. 여러 가지 치료기법은 핵가족이나 부부, 개인, 확대가족 등 어떤 형태이든지 간에 가족의 정서적 체계를 변화시키는 데 초점을 둔다. 보웬 가족체계 치료의 실제에 있어서 가장 많이 사용되는 일곱 가지 기법들은 다음과 같다.

(1) 가계도의 해석

보웬은 초기부터 다세대 가족체계에 관한 자료를 수집하고 조직하기 위해 '가계도'를 사용하였다. 가계도란 3세대 이상에 걸친 가족구성원에 관한 정보와 그들 간의 관계를 도식으로 표시한 그림이다. 가계도의 주요 기능은 확대가족 내에서 자아를 분화시키기 위한 필요조건으로서 가족체계가 어떻게 기능하는가에 대한 이해를 돕고 변화의 동기를 높여주는 것이다. 따라서 가계도를 도식화함으로써 한 세대에서 다음 세대로 어떻게 전승되는지 알 수 있으며, 치료자로 하여금 그들을 변화시킬 전략을 설계할 수 있도록 돕는다.

가계도 작성의 구체적인 방법은 다음과 같다.

① 가족원의 이름

② 연령

③ 형제, 자매 위치

④ 결혼과 사망 날짜

⑤ 종교

⑥ 직업

⑦ 거주 지역

⑧ 중요한 생활 사건

⑨ 남성은 네모로

⑩ 여성은 원으로

⑪ 네모와 원 안에 나이 기록

⑫ 가로선은 결혼을 의미

⑬ 선 위에 결혼 날짜 기록

⑭ 세로선은 부모와 자녀를 연결

⑮ 3세대까지 확대하여 작성

※ 가족가계도에 필요한 기호

가계도는 각 가족구성원이 한 세대에서 다음 세대까지 생물적·법적으로 어떻게 관련되는지를 도표로 묘사한 것으로, 사람을 나타내는 기호와 관계를 묘사하는 선으로 구성된 지도와 같다.

① 가족의 기본 구조를 나타내는 기호

혈연이 아니라도 가족과 동거하거나 가족을 돌보고 있는 사람도 포함한다. 가계도의 오른쪽에 이름과 관계에 대하여 기재한다. 가족구성원과 그 관계를 나타내는 기호이다.

② 가족 상호작용의 유형

다음에 열거하는 상징을 사용할 것인가의 여부는 임상사회복지사에게 달려 있다. 다른 종이에 써 두고 싶어 하는 임상사회복지사도 있을 것이다. 가계도에 기재된 것 중에서 객관성과 가장 거리가 먼 정보이지만 머릿속에 넣어두는 데는 좋은 표식이 된다.

③ 병력

가계도는 가족을 이해하기 위한 지도와 같은 것이기 때문에 중요한 사항만을 기재한다. 주된 질병이나 만성질환만을 기록한다. 필요하다면, 괄호 속에 날짜를 첨가할 수도 있다. 공인된 약어로 기록할 수도 있다.

④ 기타 중요한 정보

학력, 직업, 입대, 범법행위, 비만, 신체적 학대 또는 근친상간, 가족구성원이 집을 떠난 날짜 등과 같은 중요한 정보를 기록한다.

※ 가계도 모형

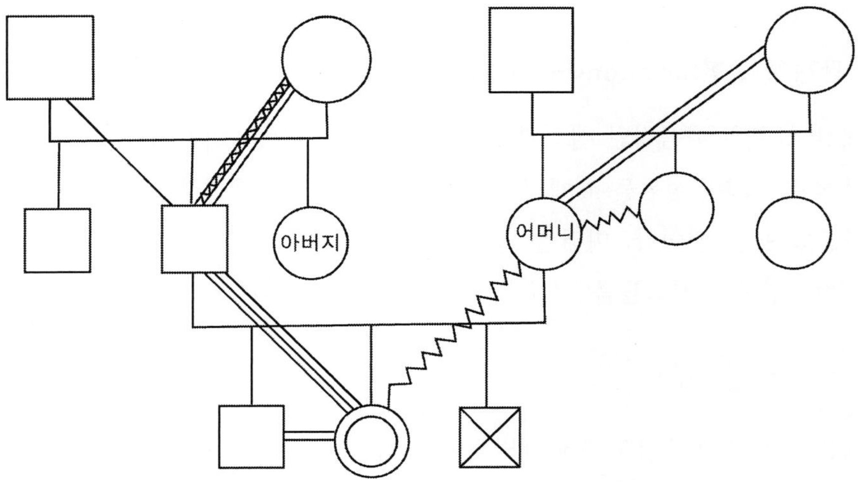

그림 7-1 가계도

가계도를 해석하는 데는 몇 가지 범주가 있다. 여기에서 제시되는 해석 범주는 임상사회복지 영역에서 적절하게 활용할 수 있는 가족 유형에 관한 가설을 만들어 낼 수 있는 일반적인 일련의 가정들이다. 이는 범주들이 이론적으로 연결된 체계적 전제를 기초로 하기 때문에 당연한 것이다.

(2) 치료 삼각관계(The Therapy Triangle)

이 기법은 치료자가 각 배우자와 너무 가깝거나 너무 소원하지 않은 관계, 즉 정서적으로 지나치게 관여하지 않으며 관계를 맺을 수 있는 능력과 부부의 문제를 치료할 수 있는 능력에 기초를 두고 있다.

부부치료에서 부부 각자는 불안 수준을 낮추고 객관적으로 관찰하며 사고하도록 하는 일련의 과정 질문을 차례로 받게 된다. 두 사람 중에 과도한 기능을 수행하는 사람은 속도를 늦추어 개입하도록 만들고, 냉담하고 기능을 수행하지 않는 사람에게는 참여하게 만드는 몇 가지 노력을 한다.

(3) 관계성 실험(Relationship Experiments)

관계성 실험은 핵심적인 삼각관계를 구조적으로 변화시키기 위한 것이다. 궁극적인 목적은 가족구성원들이 체계과정을 알도록 하며 체계과정에서 자신의 역할을 인식하도록 돕는 것이다. 이러한 관계성 실험은 정서적으로 가까워지기를 추구하는 사람과 냉담한 사람들을 치료하기 위해 만든 것이다.

(4) 코칭(Coaching)

코칭은 치료자가 내담자에게 개방적이고 직접적으로 접근하여 가족문제에 대처하도록 돕는 것이다. 코칭은 사람에게 할 일을 말하는 것을 의미하지 않으며 내담자들에게 가족의 정서적 과정들과 그 안에서의 자신의 역할을 발견하도록 돕기 위해 고안된 질문을 하는 것을 의미한다.

(5) 나-입장(The I-position)

정서적 악순환을 깨는 가장 확실한 방법은 상대방에게 책임을 추궁하거나 다른 사람이 행동하는 것에 관하여 말하는 것 대신에 현재 감정 상태를 표현하는 것으로, 자신이 무엇을 느끼는가를 말하게 하는 것이다. 이는 부정적인 언어 사용보다 긍정적인 혹은 도움을 요청하는 부드러운 언어를 사용하는 차이이다.

(6) 다중 가족치료(Multiple Family Therapy)

보웬의 가족치료이론에서 가정하고 있는 것은 직면이 불안을 증가시키며 명확하게 생각하고 선택하는 능력을 감소시킨다는 것이다. 그러므로 객관성을 증가시키는 방법으로는 초점을 바꾸는 것과 초점을 덜 개인적이고 덜 위협적인 것으로 만드는 것이다. 이는 다중 가족치료와 치환 이야기라는 기법의 바탕이 된다.

(7) 치환 이야기(Displacement Stories)

비슷한 문제를 가진 가족의 예를 들어 이야기를 들려주거나 내담자에게 치료과정을 녹화한 비디오테이프를 보여줌으로써 내담자로 하여금 자신이 문제 발생에 기여한 것을 통찰하도록 돕는 기법이다.

4) 평가와 적용

보웬의 가족치료이론은 문제를 개인이 아니라 체계 안에 원래부터 있던 것으로 추정한다. 또한 체계 변화와 가족구성원의 자아분화 수준 향상을 위하여 부부가 포함된 가족 내의 가장 중요한 삼각관계가 수정되어야 한다고 보았다. 이를 위해 치료자의 높은 자아분화 수준을 요구한다.

보웬은 조부모 사이의 융합이 부모에게 전수되고 또한 그 자녀에게 투사된다고 보았다. 치료 결과 자아분화가 가능해지고 역기능적인 전수과정이 더 이상 반복되지 않는다. 폐쇄된 관계를 개방하고 확대가족 내의 삼각관계를 해결함으로써 더 분화가 되며 그 결과 핵가족 내의 문제가 감소된다고 보았다. 이와 같이 확대가족에 대한 강조는 보웬만의 독특한 업적이다.

3. 미뉴친의 구조적 가족치료

미뉴친을 주축으로 개발된 구조적 가족치료는 체계론적 관점을 근거로 발전된 것으로 1970년대 이후 가장 영향력 있는 접근법이다. 이 이론의 특징은 증상을 병리적으로 보지 않고 역기능적인 구조와 관련하여 보기 때문에 과거를 탐색하거나 설명하지 않는다.

1) 주요 개념

(1) 경계선(Boundary)

경계선 개념은 하위체계 간에 주로 사용되는 용어로, 직접 보이지는 않아도 경계는 개인과 하위체계를 둘러싸고 있는 보이지 않는 구분이다. 미뉴친은 가족이 적절하게 기능하기 위해서는 하위체계의 경계선이 분명해야만 한다고 본다.

- -	분명한 경계선(clear boundary)
· · · · · · · · · · · · · · · ·	애매한 경계선(diffused boundary)
————————	경직된 경계선(rigid boundary)
════════	연합(affiliation)
≡≡≡≡≡≡≡≡	과잉간섭(over involvement)
————┤ ├————	갈등(conflict)
}	결탁(coalition)
⇨	우회(detouring)

① 분명한 경계(Clear Boundary)

이 체계는 하위체계들 사이 이상적인 경계로, 분명하고 명료한 경계선을 지닌 가족은 정상 가족이라고 할 수 있다.

② 애매한 경계선(Diffused Boundary)

애매한 경계선을 주로 하는 가족은 구성원이 체계에 참여하는 규칙이 모호하기 때문에 그 구성원은 모든 문제에 관해서 서로가 지나치게 얽혀서 필요 이상으로 관여하게 된다.

③ 경직된 경계선(Rigid Boundary)

경계선이 경직된 경우 구성원은 뿔뿔이 흩어져버리는데 이러한 가족을 '유리된 가족(disengaged family)'이라고 부른다. 심하게 유리된 체계는 가족구성원의 다양성을 묵인하고 한 가족구성원의 긴장이 다른 가족구성원에게 영향을 주지 않는다. 심하게 유리된 가족은 반응이 필요할 때 반응을 나타내지 않는 경향이 있으므로 의사소통에 어려움이 있고 가족의 보호적인 기능을 수행하기 어렵다.

(2) 하위체계(Subsystem)

가족의 역할을 수행하기 위해서 가족구성원 간의 상호작용에 의해 만들어진 일정한 형태를 말하며 부부하위체계, 부모하위체계, 형제하위체계 등이 있다.

① 부부하위체계(Spouse Subsystem)

부부하위체계는 서로 다른 성을 가진 두 성인이 생리적·심리적 및 사회적 욕구를 만족시키기 위해 합해질 때 형성된다. 부부는 가족체계의 시작이고 핵심이므로 부부하위체계의 정서적 안정과 원활한 기능은 가족체계의 안녕을 좌우한다.

② 부모하위체계(Parental Subsystem)

부모하위체계는 자녀가 출생하면서 부부가 부모로서 기능하게 되는 것이다. 부모-자녀관계는 민주주의를 강조한다 하더라도 본질적으로 평등한 관계는 유지할 수 없으며 자녀는 부모의 보호 또는 권위와 지도에 따라 모방하는 가운데 성장한다.

③ 형제하위체계(Sibling Subsystem)

형제하위체계는 자녀들 간의 협동, 경쟁심, 협상, 지지를 배우고 동료관계를 배우는 체계이다.

(3) 제휴(Alignments)

가족은 부부하위체계, 부모하위체계, 형제하위체계, 크게 세 가지 하위체계로 구성되어 있고, 이 하위체계 속에는 많은 제휴가 일어난다. 하위체계 구성원 간의 관계는 경계선 안의 상호작용이다. 제휴는 가족원 간에 형성하는 정서적·심리적 연결에 관한 것이다.

(4) 권력(Power)

권력이란 구성원 각자의 상호작용 과정을 통하여 다른 사람에게 미치는 영향력이다. 권력은 가족구성원의 상황에 따라 변화하며, 가족구성원들의 교류가 적극적인가 소극적인가에 따라서도 달라진다.

2) 치료목표와 치료과정

(1) 치료목표

구조적 가족치료의 목표는 가족의 재구조화를 통한 문제의 해결이다. 치료자들은 이를 위하여 가족체계에 합류하여 경계선을 변화시키고 하위체계를 재정비함으로써 가족구성원의 행동과 경험을 변화시킨다. 치료자는 문제를 직접 해결하는 것이 아니다. 치료자는 가족구성원들이 그들의 문제를 해결할 수 있도록 하기 위하여 먼저 가족 기능을 수정하여 재구조화하도록 돕는 것이다.

미뉴친은 가족체계 내 구조의 변화를 통해서 가족구성원들의 경험을 변화시키고, 이를 통해 가족구성원들 간의 상호작용이 기능적이고 원만하게 하려는 데 치료의 목표를 두었다.

(2) 치료과정

가족 내의 변화가 일어나기 위해서는 가족이 먼저 치료자를 수용하고 치료자의 개입에 진지하게 반응해야 한다. 이것은 가족에게 스트레스를 주지만 스트레스는 가족 항상성에 불균형을 야기하여 가족구조의 변화에 대한 동기를 증진시킨다.

미뉴친은 구조적 가족치료의 과정을 크게 합류와 적응 → 진단 → 치료계약 → 하위체계와의 합류 → 합류와 재구조화의 과정을 거친다고 하였다.

① 합류와 적응

가족치료를 시작함에 있어서 먼저 치료자가 가족을 면접하여 그 가족체계 내에 합류하여 그 속에 적응한다.

② 진단

치료자는 가족과의 합류가 이루어지면 그것을 통해 얻은 경험과 관찰로부터 현 가족체계 내 상호작용을 평가하게 된다. 미뉴친은 가족의 상호작용을 평가하는 데 있어서 치료자가 주의해야 할 여섯 가지로 첫째, 가족의 구조, 가족이 선호하는 상호 교류유형, 그리고 이를 대치할 수 있는 상호 교류 유형을 고려한다. 둘째, 변화하는 상황에 반응하여 체계의 동맹, 결탁, 그리고 하위체계 등이 변화됨에 따라 나타나는 가족체계의 융통성 및 재구조화하는 능력을 평가한다. 셋째, 가족체계의 공명성, 즉 구성원 개개인의 행동에 대한 가족체계의 감수성을 조사한다. 넷째, 치료자는 가족생활 상황을 검토하고 가족생태계 내에서 지지와 스트레스의 원인을 분석한다. 다섯째, 가족의 발달 단계와 발달 단계에 적절한 과제를 수행하고 있는지 살펴본다. 여섯째, 아이피(IP)의 증상이 가족들이 선호하는 상호 교류 유형의 유지를 위해 어떻게 이용되어 왔는지 조사하는 것 등을 제시했다.

③ 치료계약

미뉴친은 치료체계의 형성에 필수적인 요소로 치료계약에 대한 동의를 들고 있다. 가족과 치료자는 문제의 본질과 변화를 위한 목표에 대해 의견이 일치해야 한다.

④ 하위체계와의 합류

미뉴친은 한 하위체계와의 합류를 재구조화를 위한 개입의 일부로 보고 있다. 왜냐하면 강력한 치료자가 다른 하위체계와 동맹을 맺으면 그 영향을 흡수하기 위해 다른 가족구성원은 집단을 재편성해야 하기 때문이라는 것이다.

⑤ 합류와 재구조화

치료단위는 계속적으로 변화하는 가족 안에 있는 것이다. 합류, 조사, 관찰, 원조, 치료계약의 성립, 그리고 변형의 자극과 같은 여러 과정들은 연속되는 여러 가지 상황 안에서 반복되며 나타난다. 재구조화가 성공적으로 이루어짐으로써 가족구성원들의 관계가 개선되고 치료목표가 달성되어 치료는 마무리된다.

3) 치료기법

(1) 합류(Joining)

- 추적(tracking)
- 유지(maintenance)
- 모방(imitation)

(2) 실연(Enactment)

실연은 치료면담 중에 역기능적 가족구성원 간의 교류를 실제로 재현함으로써 구체적인 정보를 얻는다. 이 방법은 가족의 실생활이 그대로 드러나기 때문에 가족구조를 이해하는 데 효과적이다.

(3) 재구조화(Restructuring)

상황이나 사건의 본래의 의미를 변화시키는 기법으로 '재명명(redefining)'이라고도 한다.

재구조화하기 위해서는 다음과 같은 기법을 사용한다.

- **경계선 조성(boundary making)** : 경계선 만들기의 목적은 가족체계 간의 역기능적인 밀착 상태나 분리 상태를 변화시켜 가족체계와 외부와의 경계, 그리고 하위

체계 간의 경계를 명확하게 하고 동시에 탄력성 있는 상호작용을 하도록 하는 데 있다.

- **재조직화**(reframing): 구성원들에게 가족 내의 문제를 현실에 맞게 새로운 관점에서 보도록 하여 문제를 올바로 인식하게 하고 서로 관계하는 방법을 변화시키도록 돕는 기법이다.
- **과제의 활용**(tasks): 과제의 활용을 통해 치료 시간에 시작된 개입을 계속 연장시킬 수도 있고 일상생활 속에서도 변화의 노력을 확장해 나갈 수 있다.
- **가족 상호작용의 실현**: 역기능적 가족의 상호 관계성의 유형을 치료실로 끌고 들어가 그 자리에서 기능적 패턴이 형성되도록 변화시키는 기술이다.
- **가족도**(family map): 가족도는 미뉴친이 가족의 결탁, 경계, 권위의 유형 등을 평가하는 방법으로서 독특한 상징 기호를 개발하여 가족의 기능적·역기능적 영역을 파악하고 가족의 장단점을 평가하는 도구이다.
- **불균형**(unbalancing): 치료자는 치료 도중 어떤 한 사람의 편을 들어야 할 상황이 있는데 이런 개입은 치료자가 한 개인이나 한 하위체계의 편을 들음으로써 가족의 평형 상태를 깨뜨리려는 기법이다.
- **장점 탐색**(search for strength): 치료자가 치료과정에서 가족이 그동안 인식하지 못했던 장점이나 자원을 발견하여 그것을 인식하도록 돕는 기법이다.
- **장점도전**(challenge strength): 가족이나 구성원의 장점을 발견하여 그것에 도전하는 기법이다.
- **현실도전**(reality challenging): 가족구성원들의 왜곡된 현실 인식을 바꾸어 놓는 기법이다.
- **상호 보완**(complementarity): 가족 내의 상호 보완적 관계성을 파악하는 기법이다. 예를 들어 우울증 환자를 대할 때 가족성원 중 누가 이 환자를 우울하게 만드느냐를 파악하고 우울증을 가족구성원들이 어떻게 계속 자극하고 있는지를 파악해야 한다.

- **관심의 이동**: 가족 내에서 한 사람에게만 집중적으로 두어 왔던 관심을 다른 가족구성원들에게 돌려 집착을 경감하는 기법이다.
- **지지·교육·안내**: 치료자는 가족 기능과 가족구성원의 특성을 파악하여 곤경에 처한 가족에게 지지적 태도로 개입할 수 있도록 그 방법과 아동발달에 적절한 사회화 과정을 가르쳐 줄 수도 있다.

(4) 세대 간의 경계 지지하기

가족은 위계적인 체제로서 각 구성원이 적합한 위치에 있을 때 기능적인 가족이 된다는 것을 전제로, 치료자는 가족 내의 위계질서를 보호하기 위해 자녀와 부모를 분리해서 세대 경계선을 강화한다.

(5) 하위체계와 동맹 맺기

일시적으로 하위체계와 동맹을 맺음으로써 자신의 힘과 권위를 그 하위체계나 하위체계 내의 구성원들에게 더하여 가족체계의 구조에 변화를 유도하고 변화가 이루어지면 다시 다른 하위체계와 동맹을 맺어 새롭게 그 하위체계를 강화하는 방법이다.

(6) 집중화

가족들의 상호작용을 분명하게 드러나도록 하고 이를 통해서 새로운 상호작용이 일어나도록 유도하는 방법이다. 치료자와 가족 사이에 많은 긴장이 생기고 가족들은 자신들의 오래된 역기능적 상호작용을 변화시키지 않으려고 한다.

4) 치료와 적용

구조적 가족치료는 가족치료 분야에서 현재까지도 가장 널리 사용되는 접근법

중의 하나이다. 이 치료의 중요한 신념은 모든 가족은 일정한 구조를 가지며 가족 조직의 구조가 변화될 때 조직 내에 있는 가족구성원들의 위치, 역할, 기능이 변화한다고 믿고 결과적으로 각 개인의 행동이 변화될 수 있다고 믿는다.

따라서 이 치료방법은 고질적인 고부갈등, 부부갈등으로 인한 자녀문제 등 한국 가족의 경직된 가족구조와 가족규칙, 하위체계 간의 경계선이 애매하거나 밀착된 데서 비롯되는 많은 가족문제를 해결하는 데 효율적이며 또한 등교 거부, 거식증, 신경성 식욕부진, 천식, 정신 신체화 증상 문제들에 유용한 것으로 보고된다.

4. 사티어의 의사소통 가족치료

1) 주요 개념

(1) 성숙(Maturation)

사티어(Satir)에게 기초적인 개념은 성숙이다. 성숙은 인간이 충분하게 자기 자신에게 책임을 질 수 있는 상태이다. 성숙은 다음과 같은 두 가지에 기초한다. 첫째, 자신을 충분히 책임진다. 둘째, 그 자신 및 타인에게 대한 정확한 지각을 기초로 하여 어떠한 선택을 할 수 있으며 자신이 내린 결정에 대하여 책임을 질 수 있다.

이러한 성숙한 사람의 의사소통에 나타나는 특성을 사티어는 다음과 같이 열거하였다.

- 다른 사람에게 자기 자신을 명확하게 표현한다.
- 무엇을 생각하고 무엇을 느끼는지를 공개적으로 자신에게 알린다.
- 외면적인 자신과 구분하며 다른 것과 구분되는 자신을 보고 들을 수 있다.
- 다른 사람을 자기와 다른 독자적인 개인으로 대한다.

- 차이성(differentness)은 위협이나 갈등이 표시라기보다는 학습과 탐구의 기회로 받아들인다.
- 상대방이 어떻게 되어주기를 바라거나 기대하기보다는 실제 상황(how it is)의 관점에서 대응하고 직면한다.
- 느끼고, 생각하고, 듣고, 본 것을 부정하고 상대방에게 돌리기보다는 스스로 책임을 진다.
- 자신과 다른 사람과의 사이에서 자유롭게 의미를 교환하거나 확인하는 기술을 갖고 있다.

(2) 자아존중감(Self-esteem)

자아존중감은 사티어 이론의 핵심적인 개념이다. 자아존중감이란 다른 사람들이 자기를 보는 것과는 별개의 것으로, 자기가 자신에게 가지는 애착, 사랑, 신뢰, 존중과 같은 것이다.

(3) 가족규칙(Family Rule)

가족들이 느끼고 행동하고 상호작용적인 생활 경험을 통하여 가족의 제도로 발전한 것들을 가족규칙이라고 한다. 가족 내에 여러 규칙이 있더라도 가족구성원 모두가 그 규칙을 의식하거나 아는 것은 아니며 가족구성원 간에 합의되지 않은 규칙도 있다. 건강하지 못한 가족규칙은 수정하여 가족의 자아존중감을 향상시켜야 한다.

(4) 의사소통(Communication)

사티어는 스트레스가 있는 상황에서 사람들이 이에 대처하는 방법이 같은 패턴으로 나타나는 것을 임상 경험에서 발견하고 이를 유형화하였다. 사티어는 행동이나 적응에서 문제를 가지고 있는 사람들은 긴장 상황에서 반응이 역기능적인 의사소통으로 나타나는 사람이라고 하고 네 가지 유형의 의사소통으로 분류하였다. 네 가지 유형 즉 회유형, 비난형, 초이성형, 산만형에서 공통적인 것은 언어적 메시지와 비언어적 메시지의 의미가 불일치한 이중구속(double bind) 메시지를 전달하는 것이다.

2) 치료목표와 치료과정

(1) 치료목표

사티어의 치료목표는 역기능적 상호작용을 바꾸는 일이며 안정이 아니라 성장을 지향한다. 자신의 자아존중감을 높이고 자기 인생에 대한 선택권을 스스로 갖도록 도우며 개인의 성장은 최대의 목표가 된다.

문제가족의 속성을 기초로 구체적인 목표를 요약하면 다음과 같다.

- 새로운 희망을 가질 수 있도록 한다.
- 자기 가치 및 자존감을 향상시킨다.
- 자신과 다른 사람의 독특성, 차이점, 유사점을 인정하고 탐색과 협상을 통해 의사결정을 하도록 한다.
- 적합한 의사소통을 할 수 있는 능력을 기르고 다른 사람과 조화로운 관계를 맺는 능력을 기르나 즉 다른 사람이 있는 데서 자신과 다른 사람에 대해 보고 듣고 느끼고 생각하는 바를 적절하고 분명하게 말할 수 있다.
- 가족규칙을 분명히 하며 경직된 가족규칙을 융통성 있게 한다.
- 성장기에 배운 역기능적인 반응 패턴에서 벗어나 일치형 의사소통을 하게 한다.
- 의식적으로 의사결정하고 선택함으로써 행동에 책임을 지도록 한다.
- 기존의 내적·외적 자원의 새로운 차원에서 형성하고 활용하도록 한다.

(2) 치료과정

사티어는 치료과정이 병리현상을 제거하기보다는 치료력을 증진시켜 구성원 개개인이나 가족에게 나타나고 있는 병적 요인을 가족의 유용한 목적으로 바꾸어 가족체계를 돕는 것이라고 하였다.

이러한 치료과정은 다음의 세 단계로 설명된다.

첫 단계는 초기 접촉 단계(the stage of making contact)로 첫 면담 후 가족과 어떻게 치료를 해 나갈지 계획을 수립해야 한다. 치료의 목표, 방법, 횟수, 기간들을 합의하는 것이 바람직하며 치료목표의 수행을 위해 가족생활 배경과 가족생활 연대표(family life chronology)를 조사하는 것을 강조하였다.

다음 단계는 혼돈 단계이다. 가족구성원들이 가지고 있는 약점, 고통, 수치심, 분노, 표현하기 싫은 비밀 감정을 표현하고 자신을 나타내고자 하며, 장애가 되는 행동규칙을 깨뜨리고 새로운 행동 변화를 시도하는 단계이다.

이후의 단계는 통합의 단계(the stage of intergration)이다. 가족이 학습과 그들이 노력하였던 새로운 긍정적인 적응 능력에 대해 스스로 확고히 다지는 시기이며 통합과 검토가 이루어져야 옳은 단계이다. 이 단계에서는 모든 가족구성원들이 명백한 자기표현을 하게 되고 모든 대상을 명확하게 받아들이고 판단할 수 있다.

3) 치료기법

사티어는 1980년대에 가족과 증상을 좀 더 체계론적으로 평가하고 치료적 접근을 하기 위한 개념과 기법을 좀 더 구체화하고 체계적으로 발전시켰으며 1988년 사망하기 전까지 실제적인 많은 치료 경험과 시범, 강연, 교육을 통하여 자신의 성장모델의 효과성을 입증하였다. 치료기법 이론에서 치료자는 가족체계 내의 상호작용을 계속 진단하고 의사소통을 기초로 삼는 치료기술을 각 가족에게 사용함으로써 가족 내의 의사소통과 상호체계를 변화시키고자 시도하였다.

(1) 재정의(Reframing)

의사소통 가족치료에서 가장 핵심적인 치료기법으로 재정의는 재명명화(reframing)라고도 불리며 전략적 치료, 구조적 치료 등과 같은 치료 분야에서 사용되어 왔다. 재명명화는 가족을 위하여 문제를 재구성하는 것이다 즉, IP에게 초점을 두지 않고 가족이 다른 측면에서 상호작용의 역동성을 볼 수 있도록 돕기 위한 것이다.

(2) 가족 재구조화(Family Reconstruction)

가족 재구조화는 사티어가 가족치료에 큰 공헌을 하게 된 유일한 기법이며 상담자가 내담자를 돕기 위해 개입하는 것을 말하는 것으로, 역기능 대처체계를 개방적이고 건강한 기능체계로 바꾸는 기법이다. 가족 재구조화에 있어서 중요한 점은 표면에 나타난 가족규칙과 가족주체, 가족신화 등을 꺼내 놓는 일이다. 어린 시절에 학습된 고통에 대한 자각은 그들의 부모를 부정적인 시각으로 보게 한다. 그것은 재인식의 기회를 제공하며 가족 재구조화 기법을 발전시킬 수 있는 기회를 제공한다.

(3) 가족생활 연대기(Family Fact Chronology)

가족생활 연대기는 스타(STAR)[1]를 포함하여 3세대의 생활 연대기를 적은 것이다. 작성방법은 스타(STAR)의 조부모 출생에서 시작하여 스타가 일정한 연령에 이를 때까지의 사건을 연대순으로 적는다. 가족의 출생일과 사망일은 물론, 중요한 사건인 이사, 결혼, 이혼, 재결합, 졸업이나 진급 등 비극적이었거나 기뻤던 일의 발생일 그리고 전쟁, 재앙, 경제난 등 중요한 역사적 사건들도 적는다.

1) 시티어는 치료 대상을 내담자(Client) 또는 IP(Idnentified Patient)라는 용어 대신에 STAR로 칭한다.

(4) 가족조각(Family Sculpture)

조각(sculpture)이란 어느 시점을 선택하여 그 시점에서의 인간관계, 타인에 대한 느낌과 감정을 동작과 공간을 사용하여 표현하는 비언어적인 기법을 말한다. 조각은 근육을 사용하여 감정을 표현하게 하므로 감정을 직접 몸으로 느끼게 한다.

(5) 원가족 도표(Family of Origin Map)

원가족 도표는 자신의 기억이나 경험, 그리고 가족의 역사를 잘 아는 식구와의 면담을 기초로 작성한다. 구체적으로 이 도표를 통해 가족원의 성격, 자존감, 의사소통 유형, 가족규칙, 가족의 역동성, 세대 간의 유사성과 차이점, 사회와의 연계성 수준을 파악할 수 있으며 가족의 역동성과 대인관계를 이해하고 평가할 수 있다.

치료에서 남성은 □, 여성은 ○으로 나타내며 진한 선(━━)은 밀착관계, 물결 선(/\/\/)은 갈등관계, 점선(----)은 냉담하고 소원한 관계를 나타내며, 정상적인 관계는 보통 실선(——)으로 나타낸다.

① 1단계 작성

아버지는 □를, 어머니는 ○를 그린 후 그 안에 이름과 현재 나이를 적는다. 부모가 사망한 경우에는 사망 시 나이를 적고 그 동형에 사선을 긋는다. 아버지와 어머니의 직업, 학력, 종교, 결혼 연령과 결혼 기간 등을 적는다.

② 2단계 작성

아버지와 어머니의 성격이나 특성을 세 가지 형용사로 표현해 적는다. 그리고 스트레스 상황에서 주로 사용하는 의사소통 유형을 적는다.

③ 3단계 작성

출생 순위대로 STAR의 형제자매를 그린다. 그리고 그들의 인구학적 정보와 성격, 의사소통 유형을 적는다. STAR에게 ☆ 표시를 한다.

④ 4단계 작성

3단계 방식대로 아버지의 친가(할아버지, 할머니, 아버지의 형제자매)와 외가(외할아버지, 외할머니, 어머니의 형제자매) 등에 대한 원가족 도표를 각각 그린다.

(6) 역할극(Role Play)

사티어는 역할극을 여러 사람 앞에서 자주 사용하였다. 역할극은 가족구성원에게 다른 사람의 역할을 해 볼 수 있는 기회를 제공한다. 가족 역할극에서 사람들은 새로운 시각으로 자신을 바라보며 그들만이 갖는 신념과 차이에 감사하게 되고 무관심의 현존성에 대하여 서로 나눌 수 있는 기회를 제공한다.

4) 평가와 적용

의사소통 가족치료는 문제를 개인의 병리로 보지 않고 가족구성원 간의 역기능적 상호작용으로 보았다는 특징이 있다. 특히 사티어가 개발한 치료 모델은 인간이 자신의 문제를 변화시키며 성장·발전할 수 있는 잠재력을 발휘하도록 역기능적 의사소통 유형을 일치형으로 수정해 나가며 자존감을 향상시키는 것에 초점을 두었다. 이 이론은 우리나라에서도 의사소통 문제나 감정 표현에 문제가 있는 가족에 효과적인 접근으로 알려져 있다.

그러나 사티어는 인간의 정서적 측면을 너무 강조한 반면, 인간의 사고와 통찰이해 측면에 대해서는 덜 강조하였다는 한계가 있다.

5. 헤일리의 전략적 가족치료

헤일리(Haley)는 가족치료에 대한 개념과 전략 및 치료기법 등을 세력전술(the power tactics)로 표현할 수 있을 정도로 모든 관계를 '세력과 조정(power and control)' 개념을 적용하여 설명하였다. 헤일리는 그의 견해와 직접적인 임상실험 및 경험을 통하여 그의 주요 개념으로서 세력과 조정, 메타 커뮤니케이션, 역설적 의사소통 등을 정립하였는데, 그는 이러한 개념들을 관계에 관한 규정과 관계의 조정에 관한 개념 속에서 구축하고 설명하였다.

1) 주요 개념

(1) 관계규정(Defining a Relationship)

헤일리는 의사소통의 수준(levels of communication)에 따라 관계 성격이 규정된다고 보았다. 헤일리는 메시지가 의사소통을 하는 상황, 언어적 메시지, 목소리와 언어적 형태, 신체적 움직임에 따라 결정되는 것으로 보았다. 관계 속에서 '무엇을 말하는가?'보다는 '어떻게 말하는가?'를 중요시하여 의사소통의 수준에 초점을 두고 두 개의 수준으로 구분하였다. 하나는 메시지의 내용이며, 다른 하나는 메시지 내용의 질이다. 헤일리는 메시지 내용의 질을 메타 커뮤니케이션이라고 했는데, 이것은 목소리의 음조, 신체 움직임, 말의 강렬한 정도 등에 따라 결정된다.

(2) 관계조정(Control in Relationship)

사람들은 의사소통할 때 의식적·무의식적으로 상대방과의 관계를 규정하기 위한 전략적인 행동을 하면서 메시지를 주고받는다. 이때 말하는 내용과 방법에 따라서 상호 인정하는 관계의 성격을 형성하게 된다. 이것이 헤일리 개념의 핵심이라고 할 수 있다. 이와 같은 개념을 근거로 그는 세력 싸움과 관계의 조정에 관한 개념을 발전시켰다.

2) 치료목표와 치료과정

(1) 치료목표

헤일리의 치료는 문제해결치료(problem solving therapy) 이론을 근거로 사람들 사이의 연속적인 행동 형태로서의 문제를 다룬다. 헤일리는 치료가 반드시 현재 문제의 해결을 목적으로 해야 한다고는 믿지 않는다. 대신 문제를 가져오는 구조적 문제들이 해결될 때까지 치료가 계속되어야 한다고 믿는다. 그는 변화를 위한 책임이 내담자보다는 치료자에게 있다는 입장이다.

구체적인 치료목표는 다음과 같다.

- 의사소통 행위에 나타나는 증상을 해결한다.
- 되돌림 주기(feedback cycle)를 변화시킨다.
- 역기능적 가족 형태를 변화시킨다.

(2) 치료과정

- 사회적 단계
- 문제 단계
- 상호작용 단계
- 목표 설정 단계

3) 치료기법

헤일리의 전략적 치료는 실제적인 것으로서 논리성을 주장하기보다는 증상이나 현재의 문제를 제거하거나 감소시키는 기술과 전략에 관심을 두고 있다.

(1) 초기 면접 시 치료기법

초기 면접 시 다음과 같은 구조화된 네 단계를 따른다.

① 사회적 단계

가족들은 처음 치료에 올 때 흔히 마음이 매우 불편한 상태이고 방어적이다. 그러므로 그는 모든 사람이 긴장을 풀도록 돕기 위해 첫 면접의 첫 몇 분간을 잘 이용한다. 그는 모든 가족구성원과 일일이 인사를 나누고 정중한 태도로 가족 모두가 환영받는다는 느낌을 갖게 하고 편안함을 느낄 수 있게 한다.

② 문제 단계

치료자는 자신을 소개하고 그가 가족에 대해 알고 있는 것에 대해 그리고 왜 가족을 모두 오도록 했는지 설명한다. 그리고 문제에 대한 각자의 관점을 질문한다. 첫 번째 질문을 누구에게 하는가가 중요하다. 문제와 연관이 가장 적은 가족구성원이나 영향력이 큰 사람에게 먼저 질문을 한다.

③ 상호작용 단계

모든 사람이 다 얘기한 다음 치료자는 다양한 관점을 서로 논의하도록 가족구성원을 격려하고 가족의 상호작용을 관찰한다. 치료자는 문제 상황과 가족구성원의 행동패턴 및 반응을 관찰하여 동맹이나 위계, 부모의 자녀에 대한 기능 등을 살펴본다.

④ 목표 설정 단계

가족의 문제가 명백해지면 치료자는 가족구성원에게 어떤 변화가 일어나기를 원하는가를 묻는다.

(2) 주요 지시기법

지시는 헤일리의 전략적 치료에서 핵심적 역할을 한다.

① 지시목적

치료의 주된 목적은 다르게 행동하도록 하고 다른 경험을 하도록 하는 것이다. 지시는 치료자와 관계를 강하게 하는 방법이다. 지시는 정보를 수집하기 위해서 사용되는 방법이다.

② 지시방법

지시는 직접적으로 줄 수 있고 억양, 몸짓, 적절한 침묵을 사용하여 대화 중에 줄 수도 있다. 사실상 치료자가 클라이언트에게 직접적으로 어떠한 행동을 하도록 지시하는 것을 피하지만 치료자는 클라이언트가 어떻게 행동할 것인지를 지시하고 있는 것이다.

(3) 고된 체험기법(The Ordeal Technique)

헤일리는 에릭슨(Erickson)이 최면기법을 중심으로 실시한 고된 체험기법을 좀 더 다양한 개입방법으로 발전시켰으며 1984년에는 『고된 체험치료(Ordeal Therapy)』를 출간했다. 이 기법은 간단히 말하면 변화를 원하는 사람에게 증상보다 더 고된 체험을 하도록 과제를 주어 증상을 포기하도록 하는 것이다. 헤일리가 고된 체험의 종류와 치료의 단계에 관하여 설명한 것을 요약하면 다음과 같다.

① 고된 체험의 종류

- 직접적인 방법으로 고된 체험을 하도록 한다.

- 역설적인 방법으로 고된 체험에 대한 과제를 준다.
- 재규정과 직면기법을 통해 고된 체험을 하도록 한다.

② 고된 체험 치료의 단계

계획된 치료인 고된 체험치료는 조심스럽게 단계별로 진행해야 한다.

- 문제가 명확하게 규정되어야 한다.
- 개인은 문제가 소멸되기를 원하고 도움을 요청해야 한다.
- 고된 체험을 신중하게 선택해야 한다.
- 합리적인 지시를 하여야 한다.
- 고된 체험은 증상적인 문제가 없어질 때까지 계속한다.
- 고된 체험은 사회적인 상황 속에서 이루어진다.

4) 평가와 적용

전략적 치료는 모든 가족치료 중에서 가장 많은 기법을 가지는데, 이 기법은 가족의 과거사를 중요시하지 않는다. 현재 그리고 지금의 상황에서 증상을 이용하는 문제 중심적이며 행동연쇄를 변화시키는 실용적인 면을 지닌다. 헤일리는 치료과정에서 문제 해결에 초점을 둠으로써 문제에 대한 통찰을 얻는 데 소요되는 시간을 줄여 치료기간을 단축함으로써 단기 치료의 틀을 마련하였다.

이 기법은 한국의 문화에 적용하기는 어려우며 치료자의 목적에 따라 가족에게 변화를 강요할 가능성이 있고, 가족의 의존성을 조장할 수도 있으며, 가족이 자신의 문제에 대한 인식을 갖지 못하게 할 수도 있다. 특히 의존성이 강한 성향의 가족인 경우 책임 전가 문제가 우려된다. 역설적 개입을 사용할 때 가족들이 속임수라는 것을 알게 되면 효과는 상실되고, 윤리적 문제가 야기되며 특히 치료자에 대한 신뢰가 염려된다.

6. 해결 중심 단기치료

1) 주요 개념

해결 중심적 단기 가족치료는 내담자의 자발적인 의지와 언어가 행동 변화를 유발할 수 있다는 전제하에서 내담자의 장점과 자원을 활용하는 것이 특징이다.

(1) 전제 가치와 기본 원리

① 전제 가치

- 변화는 알게 모르게 지속적으로 일어나고 불가피하며 연속적이다.
- 내담자는 두려움이 있지만 진정으로 변화를 원한다.
- 내담자는 스스로 문제 해결을 위해 필요한 것을 가지고 있고 알고 있다.
- 치료자가 할 일은 내담자가 가지고 있는 자원을 활용하여 해결토록 돕는다.
- 치료자는 내담자의 목표 성취를 위하여 내담자의 자원을 최대한 활용한다.
- 작은 변화는 큰 변화의 원동력이 되며 해결을 위한 출발점이다.
- 문제의 원인이나 성질을 파악하는 일도 중요하고 해결하는 일도 중요하다.
- 내담자에게 과거의 성공 사실은 회상 효과 이상의 사고 전환점이다.
- 내담자가 문제시하지 않는 것은 특별하게 다룰 필요가 없다.
- 효과가 있는 해결 방안을 모색하고 계속 활용한다.

② 기본 원리

- 병리적인 불행의 씨앗보다 좋은 생각, 건강한 것, 성공한 것에 초점을 둔다.
- 변화는 지속적 계속되고 있으며 거역할 수 없는 역사성으로서 불가피하다.
- 탈이론적이며 규범에 얽매이지 않고 자연스럽게 내담자의 견해를 존중한다.

- 내담자의 강점과 자원, 건강한 장점과 특성을 발견하고 적극 치료에 활용한다.
- 현재와 미래를 지향하되 과거를 거울삼고 현실성을 무시하지 않는다.
- 복잡하게 문제를 만들지 말고 간단하고 단순한 것에서 출발한다.
- 내담자의 자율적인 협력을 중요시하며 스스로를 인정하도록 한다.

(2) 치료자와 내담자의 관계성 유형

해결 중심적 가족치료자는 첫 면담에서 가족을 만나면 가족이 치료하러 오게 된 동기를 파악하고 상황에 따라 가족과 치료자 사이에 일어나는 상호작용의 특성에 주목할 필요가 있다.

각 가족과 상담자와의 관계를 방문형, 불평형, 고객형의 세 가지 유형으로 구분하면 다음과 같다.

① 방문형 관계

방문형 가족은 고민과 갈등을 가지고 있지만 치료를 받아야 한다는 필요성이나 문제 해결의 동기가 약한 사람들이다. 이 관계 유형은 고민과 갈등만 많고 변화와 해결에 대한 기대나 소원이 빈약하다.

② 불평형 관계

불평형 가족은 불평을 상당히 구체적으로 기술하고 가족이 해결해야 할 문제의 내용은 잘 알지만 문제의 내용이 자신에게 있는 것이 아니라 다른 가족에게 있다면서 책임을 전가하고 문제 해결을 위한 구체적 행동의 변화를 찾지 못한다. 즉 이들은 문제가 있음을 인식하고 있으면서 불평과 불만을 치료자에게 말하고 치료자에게 이것을 이해받고자 하면서 해답을 얻기 바란다.

③ 고객형 관계

고객형 관계에서는 문제를 분명히 인식하고 변화를 위해 자발적인 동기를 가지고 구체적인 치료목표와 해결책을 찾는 유형으로 자기 자신이 문제 해결의 주인공임을 잘 알고 있다. 즉 문제를 바로 직시하고 문제 해결을 위해 도움을 청하며 적극적으로 해결책을 찾거나 목표를 달성할 수 있는 능력이 자신에게 있는 것을 확신, 행동적 실천을 한다.

2) 치료목표와 치료과정

(1) 치료목표

치료목표를 설정하기 위한 여덟 가지 지침은 다음과 같다.

- 내담자에게 중요한 사항이고 상담을 통해 치료자에게도 중요한 사안이어야 한다.
- 상황적 맥락을 내포하고 있는 사회적·상호작용적 용어를 사용한다. 다른 가족구성원이나 상황 배경의 변화가 포함되는 것이 좋다.
- 목표는 실현 불가능한 거창한 것이 아닌 소박하며 작고 간단한 행동이면 좋다. 변화의 폭은 가장 손쉬운 것부터 시작해서 내담자에게 성공적 성취 경험을 하게 하고 자신감을 갖도록 돕는 것이 매우 중요하다.
- 문제의 소멸 자체보다 성공의 긍정적 성취 지표로 집약한다. 즉 성공적이고 긍정적인 행동을 증가시키는 것이면 좋다.
- 목표는 중간 목표와 종결 목표로 구분하고 처음의 시작이나 변화 신호에 역점을 둔다.
- 구체적이고 명확하고 측정할 수 있는 행동 용어를 사용한다.
- 내담자의 삶의 목표와 생활은 현실성이 있어 성취 가능한 것이어야 한다.
- 목표 달성은 힘들고 어렵지만 실천 가능함을 인식시킨다.

(2) 치료과정

보다 만족한 생활을 하기 위해서 현재 하고 있는 것과는 다른 것을 생각하도록 하면서 가족의 현안을 해결한다. 특히 변화하고자 하는 개입 구성 요소로 첫째, 45분 내지 50분간 면접을 진행한다. 둘째, 5분 내지 10분간 팀과 의논하고 치료에 대한 검토를 한 후 다시 돌아와 점검한다. 셋째, 내담자들에게 메시지를 전달하기 위하여 내용을 구성하되 주기별로 확인과정과 연결과정 그리고 과제주기과정을 구별하여 작성한다. 해결 중심 상담의 중요한 특징 중 하나는 해결 중심 가족치료자의 인간관이며, 일방경 뒤에 있는 팀과 상담 중간에 의논한다는 것이다. 팀은 일방경 뒤에 있는 자문 역할을 하는 팀과 상담자 사이에 연결된 인터폰을 이용하여 치료 도중에 상담치료자와 의사소통을 함으로써 치료에 동참하게 된다.

3) 치료기법

해결 중심적 가족치료에서 해결의 실마리를 찾고자 해결 중심 가족치료자들은 상담치료 이전에 변화에 관한 질문, 예외를 발견하는 질문, 기적에 대한 질문, 척도질문, 대처에 관한 질문을 활용하는데, 질문하기는 해결 중심적 가족치료의 가장 핵심적인 기법이다. 변화를 위한 다섯 가지 질문은 다음과 같다.

① 상담치료 이전의 변화에 관한 질문

내담자는 상담치료자에게 가면 무엇인가 새로운 해결 방안을 얻게 되리라는 희망과 기대심리를 가지고 찾아온다. 기본 원리에 있는 바와 같이 내담자는 계속적으로 변화가 일어날 것을 전제하고 내담자가 상담치료를 예약한다.

② 예외를 발견하는 질문

예외질문은 일상생활에서 성공적으로 잘 하고 있으면서도 의식하지 못하는 것을 발견하면서 성공적 삶에 대하여 의도적으로 행동하도록 강화하는 치료기법이다.

③ 기적에 대한 질문

기적질문은 문제가 해결된 상황을 상상해 보게 하여 해결을 원하는 것을 구체화하고 명료화하기 위한 질문기법이다. 기적질문을 통해 상담자는 내담자가 원하는 것이 무엇인지를 확인할 수 있고 내담자와 상담치료자가 일치하는 상담치료 목표 설정이 가능하게 한다. 상담치료자는 가족이 긍정적으로 대답하도록 질문하는 것이 중요하다. 또한 내담자는 문제와 분리시켜 해결 상황에 대한 상세한 묘사를 구체적으로 하고 성공적인 결과를 되풀이한다. 기적질문을 언어로 표현하면 할수록 더욱 현실화될 수 있다는 확신과 믿음이 생긴다.

④ 척도질문

척도질문은 가족에게 문제의 심각성이나 치료목표, 성취 정도 등을 양적으로 측정하여 수치로 답할 수 있도록 한 계량적 질문이다. 내담자가 상담치료자에게 정보를 제공하고 변화를 동기화하는 과정에서 격려하고 강화하기 위한 질문을 한다.

⑤ 대처에 관한 질문

대처에 대한 만성적인 고통과 위기의 연속인 상황 속에서 가족이 미래를 비관적으로 보고 아무 희망이 없다고 생각하는 비관적 상황에 빠져 있을 때 그 당시의 대처 행동에 관한 질문을 한다.

4) 평가와 적용

해결 중심 가족치료는 치료자와 내담자의 협력을 증진시키고 내담자를 성장·발전시키며 인간의 강점과 가능성에 초점을 두기에 자신에 대한 미래 지향적 예언을 실현하도록 돕는 치료이다. 이 가족치료는 낙관적 현실을 새롭게 조명·창조하고 작은 변화로부터 큰 변혁을 하도록 하는 여러 질문기법과 과제를 수행하는 패턴들을 개발하였다.

결론적으로 해결 중심 가족치료는 치료자들로 하여금 내담자를 변화시켜 강점을 활용토록 강화시킬 수 있는 치료와 일련의 질문들과 과제들을 수행토록 기여하였다. 이 가족치료는 다른 치료모델과 달리 기간이 짧으면서도 효과가 높으며 전체 가족이 참여하지 않아도 적용할 수 있다는 장점이다. 한국에서는 미국에서 직접 치료자들을 초청하여 여러 번 워크숍을 개최한 바 있으며 한국인이 치료기법을 공동연구자로 참여하였고 그 결과 다른 치료모델에 비해 한국적 상황에 알맞은 구체적인 기법을 쉽게 배울 수 있기 때문에 실제 임상에서 활용이 시도되고 있다.

7. 대상관계이론

1) 대상관계이론의 발달과 배경

프로이트 정신분석학이 정신역동의 본능에 기초를 둔 반면, 대상관계이론은 대상관계의 문제를 이론의 중심에 둔다. 양육자와 맺게 되는 관계는 인간의 심리적 활동을 선택하고 결정하는 심리구조로 확정되고, 이 심리구조 즉, 심리 내면에 인각된 최초의 관계 패턴은 성장 후에 맺게 되는 여타의 관계를 지배하게 된다. 대상관계이론은 발달이론이며 병리를 설명하는 이론이면서 치료이론이다.

대상관계이론은 정신역동적 심리치료로서 영국정신분석연구소(the British Psychoanalytic Institute, Tavistock)를 중심으로 발달하였다. 대표적인 이론가는 크레인을 중심으로 영국과 미국 두 진영으로 나눌 수 있다. 영국 진영에 속하는 이론가로는 크레인(Klein),

페어베인(Fairbairn), 건트립(Guntrip), 윈니캇(Winnicott), 보울비(Bowlby), 벌린트(Balint), 비온(Bion) 등이 있고 미국 진영에 속하는 이론가로는 하트만(Hartman), 말러(Mahler), 블랭크와 블랭크(Blanck & Blank), 컨버그(Kernberg), 매스터슨(Masterson), 호머(Horner) 등을 손꼽는다.

2) 정신분석과의 주요 차이점

정통 정신분석에서는 인간을 성애적·공격적 충동에 지배되는 자기중심적인 개체로 보고 욕구 만족, 충동 발산, 긴장이나 불안 감소 등의 개인내적 심리과정을 중시한다. 그리고 인간의 행동이 무의식적 동기와 충동에 의해서 결정된다는 입장을 취한다.

그러나 대상관계이론에서는 타자와의 관계 형성 및 심리적인 교류를 인간의 가장 근본적인 욕구로 전제한다. 타자와 정서적인 유대를 맺고 유지하고자 하는 것이 인간발달의 일차적인 동기라는 입장을 취한다.

3) 주요 개념

(1) 대상

프로이트 이론의 대상자(object, 타자)인 클라이언트는 자아의 욕구 충족 수단이다. 그러나 대상관계이론의 대상자 클라이언트는 욕구 충족 수단 이상의 의미를 가지고 있다. 또한 정서적인 에너지(emotional energy)는 사랑이나 미움, 혹은 사랑과 미움의 복합적인 감정 등이 결합하여 부여되는 사람이나 장소, 사물, 관념, 공상, 또는 기억을 말한다.

(2) 관계

관계는 객관적으로 볼 수 있는 관계, 즉 타인이 볼 수 있는 관계(relationship)가 있다.

대상관계(object relations)란 다른 사람과의 관계가 내면화된 것이다. 어린아이가 주요 양육자, 즉 가족들과의 관계에서 경험한 것이 어떤 정신적인 표상(mental representations)과 상호작용 모델로 내면화된 것을 뜻한다.

초기 기억을 여러 가지 듣고 공통점을 찾아내는 것이 중요하며, 초기 기억을 떠올릴 때의 느낌이 중요하다.

(3) 자기표상(Self-representation)과 타인표상(Other-representation)

자기표상이란 자아 개념보다 포괄적인 의미로, 주요 타자들과의 대인관계 경험을 바탕으로 내면화된, 자신에 대한 생각, 느낌, 감각, 기억, 의미를 말한다.

타인표상이란 주요 타자들과의 경험을 통해 내면화된 타인들에 대한 생각, 느낌, 감각, 기억, 의미를 말한다.

(4) 대상항상성(Object Constancy)

말러의 개념인데, 유아가 대상이 자신의 곁에 없어도 어딘가에 존재한다는 사실을 받아들이는 상태를 의미한다.

- **대상항상성이 없는 경우**: 순간순간 대상이 대하는 태도에 따라 근본적인 정서가 흔들린다.
- **대상항상성이 있는 경우**: 순간적으로 감정이 불쾌할 수는 있으나 대상에 대한 근본적인 정서가 흔들리지 않는다.
- **대상전이(transitional object)**: 자아와 원래 나에게 의미 있는 대상(주요 타자)과 연결해 주는 대상관계이다.

자아 ———————— 대상

↓

과도적 대상

(5) 분리(Splitting)

나쁜 대상과 좋은 대상(bad object & good object)을 한 대상 안에 통합하지 못하는 것을 의미한다. 즉 자신과 주요 타자에 관한 서로 이질적인 내면적 요소들을 따로 따로 나누는 것이다. 이 분열은 다른 쪽 감정을 완전히 차단하는 것으로, 좋은 관계 대상 이미지(good object image)를 가질 때는 나쁜 관계 대상 이미지(bad object image)를 전혀 떠올릴 수 없다.

CHAPTER

08 가족복지정책

1. 가족복지정책의 유형화
2. 가족복지정책의 분야
3. 가족정책의 향후 과제

1. 가족복지정책의 유형화

가족복지정책을 분류 혹은 유형화해 보려는 다양한 시도가 있었다. 캐머먼과 칸의 유형화는 가족복지정책 유형화의 기본 모델로 평가되어 널리 사용되고 있다(박성석 외, 2010).

1) 캐머먼과 칸의 유형화

캐머먼과 칸(Kamerman & Kahn, 1997)은 서구 14개국의 가족복지정책을 비교·분석하면서 국가의 의도가 정책에 명시적으로 드러나 있는가, 또는 암시적으로 내재해 있는가 하는 범주에 따라 '명시적 정책'과 '묵시적 정책'으로 구분하였는데, 구체적으로 살펴보면 다음과 같다.

(1) 명시적 가족정책(Explicit Family Policy)

국가가 가족이나 가족구성원을 위한 특정 목적을 성취하기 위해서 의도적으로 고안한 정책이다. 입양서비스정책, 탁아정책, 가족계획 등을 예로 들 수 있으며, 스웨덴, 노르웨이, 프랑스 등이 이 범주에 속하는 국가이다.

(2) 묵시적 가족정책(Implicit Family Policy)

의도적으로 만들어진 것이 아니라 다른 영역의 정책이 결과적으로 가족에게 영향을 주는 경우로서 조세정책, 주택정책 등을 예로 들 수 있다. 이 범주에 영국, 캐나다, 미국 등이 포함된다. 한편 캐머먼과 칸(1997)은 가족복지정책을 크게 '고용 관련', '소득 관련', '사회서비스'로 분류하였다. '고용 관련 가족복지정책'은 고용과 양육정책으로서 이에 속하는 구체적인 프로그램으로는 모성·부성 지원정책이 있다. '소득 관련 가족복지정책'에는 조세 등이 있으며, 가족급여제도에는 피부양자 수당 등이 있다. 또한 '사회서비스 가족정책'에는 보육제도 등 가족에 대한 다양한 서비스들이 포함된다. 위의 내용을 표로 정리하면 〈표 8-1〉과 같다.

표 8-1 고용 관련 복지정책 및 제도

영역	제도	구체적 프로그램	
고용 관련	고용과 양육제도	• 모성·부성 지원정책	• 피고용자 급여
소득 관련	조세제도	• 세율의 차등적 책정 • 빈곤자 면세	• 피부양자를 위한 면제제도 • 근로소득 공제
	가족급여제도	• 미국의 TANF(과거 AFDC) • 식권제도	• 피부양자 수당
사회서비스	보육제도		
	모성·아동건강		
	주택정책		
	특수욕구가 있는 가족에 대한 정책	• 빈곤가족을 위한 보충급여제 • 장애 등 특별 욕구가 있는 아동서비스 • 아동복지서비스 • 아동영양서비스	

출처: Kamerman & Kahn(1997); 한국여성복지연구회(2005) 재인용.

2) 하딩의 유형화

하딩(Harding)은 미국 29대 대통령으로 가족의 책임을 국가가 통제·지원하는 방식과 수준에 따라 현실에서 찾아보기 힘든 권위주의 모델과 자유방임 모델을 양극으로 하고, 그 사이를 현실적으로 존재하는 다섯 가지 유형의 중간적 모델로 나누어 제시하였다.

하딩의 모델은 국가와 가족의 실질적인 역할 분담 방식에 따라서 가족복지정책을 다양하고 세부적으로 분류할 수 있으며, 한 국가의 가족복지정책에 관한 전반적인 성격을 이해할 수 있는 틀을 제공해 준다(최경석 외, 2008).

표 8-2 하딩의 가족정책 모델

유형	특징	가족 통제의 정도
권위주의 모델 (authoritarian model)	• 국가는 특정 선호하는 가족 유형과 가족 행위를 장려하고 여타의 것을 금지하는 통제정책을 펼침 • 개인과 가족의 개별적 욕구나 선택은 무시됨	통제적 ↑
특정 영역에서 가족 책임의 강제 (the enforce of responsibilities in specific areas)	• 특정 영역에 있어서 가족생활을 통제	
긍정적 인센티브를 사용한 조정 (the manipulation of incentives)	• 국가가 선호하는 가족 행동 패턴을 조장하기 위해 조세나 급여체계 등의 경제적 유인책을 병행함	
제한적 가정에서 작용 (working within constraining assumptions)	• 구체적인 어떤 행동 유형을 통제하지 않았음 • 암묵적으로 정책에서 어떤 가족 유형을 가정함으로써 결과적으로 특정 가정유형을 조장함	
가족을 대체하거나 지원 (substituting for and supporting families)	• 가족 행위에 대해 의도적으로 영향을 미치고자 하는 국가정책은 없으며 현존 가족 역할이나 행위가 지속되기를 바람 • 다만, 가족이 실패할 경우 이를 지원하거나 혹은 대체하는 서비스를 제공함	
수요와 욕구에 반응 (responding to needs and demands)	• 국가는 특정 가족 유형에 대한 가정이나 선호가 없으며, 가족의 변화에 따라 나타나는 가족의 욕구에 수동적으로 반응함 • 가족 유형에 상관없이 모든 가족들이 필요한 서비스를 이용할 수 있음	
자유방임 모델 (laissez-faire model)	• 가족은 개인의 자유 영역이고 사적 선택 영역으로 간주됨 • 국가는 가족생활에 대해 어떠한 영향력을 행사하지 않음 • 가족에 대한 정책목표는 없으며 선호하는 가족 유형이나 행위, 가치, 성도덕 등은 존재하지 않음. 가족정책은 '무정책(no policy)'이 정책임 • 국가는 가족을 매개하지 않고 단지 개인으로서 사회구성원과 관계함	↓ 방임적

출처: 성정현 외(2020).

3) 에스핑 앤더슨의 유형화

복지국가 체제를 탈상품화(decommodification) 정도에 따라 자유주의, 조합주의, 사민주의로 유형화하여 국가 간 비교연구를 수행한 에스핑 앤더슨(Esping-Andersen, 1999)은 가족 관련 정책을 변수로 선정하여 유형화하였을 때에도 자신의 복지체제 유형화가 유효함을 주장하였다. 그에 따르면 사회복지정책이 가족 중심의 책임을 강조하면 가족주의(familialism)적 방식이라 할 수 있고, 가족에 대한 사회적 책임을 강조하면 탈가족화(de-famillization)라고 규정하였다.

이와 같이 에스핑 앤더슨의 유형화는 가족복지정책이 다른 사회적 관계나 사회구성 영역들과 밀접하게 연관되어 있음을 보여준다. 즉, 국가의 정책 역사와 방향, 계급구조와 계층적 특성, 보편적 규범과 가치관 그리고 노동시장의 구조적 특성에서의 변화가 '가족복지정책'에 같이 고려될 수밖에 없음을 유형화를 통해 보여주는 것이다(최경석 외, 2008).

4) 고티에의 유형화[1]

고티에(Gauthier)는 출산율 하락, 인구 고령화, 한부모가족 증가, 여성의 노동시장 참여 확대 등과 같은 인구학적 변화에 대응하여 국가의 공적 개입이 가족복지정책으로 나타남을 지적하면서, 국가마다 정책의제의 선정과 개입방법 및 수준에서 차이가 있음을 분석하였다. 가족에 대한 현금급여(가족수당, 자산조사의 소득 지원, 아동에 대한 조세 감면), 취업지원급여(모성휴가, 육아휴직), 아동보육제도, 피임과 낙태에 관한 입법 등을 중심으로 네 가지의 가족복지정책 모델을 구분하였다(Gauthier, 1996).

1) 성정현 외(2020).

(1) 가족친화적/출산장려주의적 모델(Pro-family/Pro-natalist Model)

여기서는 저출산율 문제가 주요 정책 관심이다. 따라서 출산 장려와 관련한 가족 지원이 정부의 책임으로 간주된다. 특별히 셋째 자녀 이상에 대한 현금 지원이 강조되고, 모성휴가와 보육시설에 대한 수준 높은 지원이 특징이다. 이러한 조치들은 출산 방해 요소, 특히 취업과 가족책임 간의 장애물을 제거하려는 것이다. 따라서 취업모에 대해 지지적이며 낙태에 관대한 법규를 가지고 있다. 즉, 대가족을 바람직하게 생각하지만 출산에 대한 가족의 자율권을 보장하고자 하는 원칙을 갖는다. 프랑스가 대표적이다.

(2) 전통주의적 모델(Pro-traditional Model)

전통적 남성부양가족제도의 유지가 주요 정책 관심이다. 국가의 가족 지원에 대한 개입은 중간 정도의 수준이며, 가족, 지역사회, 자선단체 등에 의한 자발적 지원 역할도 중요한 것으로 인정된다. 취업모에 대한 지원이 있기는 하지만 세제 등을 통해 전통적 가족 유형을 지지하는 지원이며, 전통적 성역할 구분을 선호한다. 이런 맥락에서 아동보육정책은 미진하며, 여성이 가정에서 아동을 양육할 수 있도록 하는 휴가급여를 더 선호한다. 이는 출산을 장려하기 위한 목적에서가 아니라 전통적 가족을 지지하기 위한 정책 의도에서 나온다. 독일이 대표 국가이다.

(3) 성평등주의적 모델(Pro-egalitarian Model)

이 모델에서는 남녀 간의 평등 증진이 주요 목표이다. 가족, 특히 취업부모에 대해 국가의 공적 지원이 존재한다. 전통적 가족 유형을 장려하기보다는 평등한 성역할 모델을 추구한다. 따라서 여성이 유급노동과 가족책임을 조금 더 쉽게 병행할 수 있도록 지원하며, 아버지가 양육활동에 많이 참여할 수 있도록 조장한다. 모성휴가(maternal leave)와 달리 부모휴가(parental leave)가 주요 정책의 하나가 되며, 아픈 자녀를 간호하기 위한 휴가라든가 포괄적 아동보호급여 등이 있다. 낙태에 대해 매우 관대한 법규를 가지고 있고, 자유로운 가족구성을 지지한다. 덴마크와 스웨덴 등이 대표 국가이다.

(4) 가족친화적이지만 비개입주의적 모델(Pro-family but Non Interventionist Model)

국가가 가족을 지원할 책임은 인정하지만, 다만 요보호가족에 한정된다. 여성의 노동시장 참여가 억압되지는 않지만, 그들을 지원하는 사회적 급여는 극히 제한적이다. 전통적 가족 유형을 선호하며, 가족의 자립, 규제받지 않는 시장에 대한 신념이 강하여 복지제공자로서 정부의 개입이 최소한의 수준에 그친다. 요보호가족에 대해 제한적 급여체계를 효과적인 것으로 보며, 고용주의 부담을 최소화하기 위해 모성휴가, 아동보육서비스 등도 낮은 수준에서 이루어진다. 급여의 책임도 최소한도 이상은 국가가 아닌 사적 기업주 혹은 민간의 역할로 본다. 이 모델은 미국과 영국이 대표 국가이다.

표 8-3 외국의 가족복지정책

국가 유형 / 분류 기준	자유주의적 복지국가	보수적-조합주의적 복지국가	사회민주적 복지국가
주요 프로그램	• 공공부조와 사회보험	• 사회보험	• 기초연금을 기본으로 하는 보편적 사회보장제도
급여 단위	• (혼인)가족	• 혼인(가족)	• 개인
급여 수혜 조건	• 자산조사	• 취업활동 및 사회보험 가입	• 시민권
급여와 서비스 질	• 시장에서 행한 역할에 따라 차이가 남	• 수평적 재분배 : 사회적 지위의 차이 유지(보상원칙)	• 수직적 재분배
고용 및 노동에 대한 국가 개입 정도	• 국가는 마지막 개입 주체 : 자유주의적 노동윤리 규범이 지배, 시장의 우세	• 조합주의적 전통	• 공공서비스망 구축 : 돌봄 및 가사노동 경감을 통한 취업 촉진

국가 유형 / 분류 기준	자유주의적 복지국가	보수적-조합주의적 복지국가	사회민주적 복지국가
사회적 서비스 공급에 있어서 국가, 시장, 가족 간의 관계	• 시장에 맡김 • 가족의 개인에 대한 책임을 강조하고 가족의 실패 후에 국가가 최소한으로 개입	• 가족의 개인에 대한 전통적 역할을 강조하고, 가족이 실패한 후 국가가 개입 • 부양아동을 가진 여성의 노동시장 참여 동기를 저하시키는 정책	• 가족역할의 책임을 크게 사회화하고 가족이 실패하기 전에 개입함 • 완전고용 추구
여성의 삶	• 무보수 돌봄 노동, 높은 취업률(대부분 불완전 노동)	• 돌봄 및 가사노동 담당자로서 여성, 노동시장에서의 성차별, 낮은 취업률	• 높은 취업률, 공공서비스망을 통한 돌봄 및 가사노동 부담 경감
탈상품화 수준	• 최소화 : 사회적 위험 발생 시 최소한의 수준을 보장하는 사회적 연결망	• 중간 수준	• 높은 수준
주요 국가	• 미국, 캐나다, 영국 오스트레일리아	• 오스트리아, 프랑스, 독일, 이탈리아	• 스웨덴, 덴마크

출처: Esping-Andersen(1991); 정재훈(2000: 147) 재인용.

2. 가족복지정책의 분야

우리나라에서 현재 시행되고 있는 정책은 유럽 여러 나라에 비추어 볼 때 범주와 종류로는 다양하지 못하지만 질적 수준은 향상되고 있다.

1) 소득 증대 정책

가족을 위한 소득 증대 방안은 가족의 물질적 생활 환경을 개선하고 자녀양육과 노인부양, 그리고 가족 내 환자 수발로 인한 가족의 경제적 부담을 경감하며, 자본주의적 시장경제 원리에 따른 불균형적 소득 분배를 가족을 옹호하는 정책적 관점에서 교정(재분배)하기 위한, 소위 '2차적 소득 분배'의 도구로서 구체적으로 다음과 같은 목표를 추구함이 바람직하다. 첫째, 사회 전체를 위해 수행되는 가족 기능을 사회적 차원에서 적극적으로 인정·보상하고, 둘째, 자녀가 없는 부부가구와 자녀를 둔 가족 간에 생활수준의 격차가 지나치게 크게 벌어지지 않도록 수평적 소득 재분배 효과가 있도록 한다. 셋째, 가족 내에서 부양자가 근로소득을 통해 가족을 부양할 수 있는 능력이 약화 또는 상실될 경우에도 최저생계비를 초과하는 소득이 보장될 수 있도록 한다. 가족을 대상으로 하는 소득유지정책으로는 공공부조제도를 대표적으로 언급할 수 있는데, 우리나라의 경우 2000년부터 실시되고 있는 국민기초생활보장제도가 이에 속한다. 간접적 지원방식으로는 가족에 대한 세금공제제도가 있다. 그리고 2008년부터 시행하고 있는 노인장기요양보험제도와 2011년 10월 5일부터 시행하고 있는 장애인 활동 보조 사업 역시 가족의 행복을 보장해 주기 위한 가족복지정책 중 하나이다.

2) 고용촉진정책

우리나라에서의 고용촉진정책은 주로 빈곤층을 대상으로 하는 정책과 실업자를 위한 취업지원정책으로 대별된다.

(1) 빈곤가족을 위한 고용촉진 방안

빈곤가족과 관련된 고용촉진정책에 속하는 대표적 프로그램은 국민기초생활보장제도상의 자활사업과 여성부 산하 여성인력개발센터에서 저소득 빈곤가족의 주부와 고령여성을 대상으로 운영하는 고용촉진훈련과 여성가장훈련 프로그램을 들 수 있다.

① 자활사업

자활사업은 저소득 빈곤가족의 수급자들이 적극적으로 노동시장에 참여하도록 지원하는 것으로, 복지와 근로를 연계한 신자유주의적 이념이 내재된 정책이라 할 수 있다. 생활보호 대상이 되는 저소득층 가족은 시장경제 내에서 불리한 위치를 점유하고 있으며, 취업 능력이 전반적으로 떨어지기 때문에 이들이 경제적 자립 능력을 배양할 수 있도록 직업 능력과 고용 부문에 대해 지원하는 정책이라 볼 수 있다.

자활 지원은 크게는 취업 지원과 직업 능력 향상을 통한 자활공동체 창업 지원, 그리고 비취업자에 대한 일자리 창출과 제공으로 나누어 볼 수 있다.

② 여성인력개발센터와 여성새로일하기센터의 고용촉진 프로그램

여성가족부 산하 여성인력개발센터에서 저소득 빈곤가족의 주부와 고령여성을 대상으로 운영하는 고용촉진훈련과 여성가장훈련 프로그램을 들 수 있다. 고용촉진훈련에는 인터넷 활용 능력 등 사무 능력 향상 프로그램, 요양보호사 양성 프로그램, 조리사, 산모돕는이 양성 등이 속한다. 여성가장훈련 프로그램으로는 컴퓨터 전문가, 급식조리사, 가정유아관리사 등이 속한다. 그리고 경력단절여성을 위해서는 여성새로일하기센터가 설립되어 결혼과 자녀의 출산 이후 취업을 중단한 여성의 재취업을 지원하고 있다.

(2) 실직가족을 위한 프로그램

임금근로자가 실직하였을 경우에는 일정 기간 동안 실직자 및 그 가족의 생계 안정을 도모하기 위한 방안으로 실업급여가 제공된다. 실업급여는 수급자가 이직 전 직장에서 지급받던 평균 임금(급여기초임금일액)의 50%가 지급되는데, 우리나라의 경우에는 실업급여의 산정 방식에 가족 수는 고려되지 않고 있어서 가족복지정책에 포함시키기는 어렵다.

이에 비해 독일은 실업수당에 가족 상황을 고려함으로써 가족을 위한 고용 유지에 대한 모범 사례라 할 수 있다. 독일의 경우 실업수당은 실제 임금의 63%가 지급되는 것이 보편적이나 자녀를 둔 실업자에게는 68%가 지급되고, 실업부조는 일반적으로 실제 임금의 56%인데 자녀를 둔 실업자에게는 58%가 지급된다.

(3) 모부성보호

실업수당을 비롯한 근로자의 고용정책이 가족에게 긍정적 효과가 있기 위해서는 모성보호제도가 강화되어야 한다. 그리고 사회보험제도에도 몇 가지 개선이 필요하다.

자녀를 양육하는 부모가 취업을 원할 경우 양육과 취업을 보장하기 위한 모성보호정책은 가족생활과 직장생활을 병립하기 위해 가장 중요한 제도라 볼 수 있다. 그러나 이 제도는 실효성이 부족하다는 문제가 나타나고 있다. 그리고 이와 더불어 또 하나 제기될 수 있는 문제는 자녀양육을 목적으로 휴직한 여성 또는 남성 근로자가 다시 노동시장에 복귀했을 경우 이전의 근로 능력을 회복하고 이전과 동질의 노동 능력을 발휘할 수 있도록 앞으로 직업 재교육 프로그램이 다양하게 개발되어야 한다는 점이다. 그러나 이러한 프로그램은 아직 선진국에서는 그다지 활성화되지 않고 있어 아쉬운 부분이다.

3. 가족정책의 향후 과제

① 전문성과 실효성 제고를 위한 가족정책 추진체계 정비가 필요하다

가족은 그 구성원도 다양하고 문제의 유형도 다양하다. 그러므로 전문 인력에 있어서 가족에 대한 통합적 복지서비스를 효과적으로 전달하기 위해 가족과 관련된 다양한 분야에 대한 경험과 지식을 갖춘 전문 인력이 필요하다. 이를 위해서는 여러 학문의 전공자가 참여할 수 있도록 함과 동시에 가족에 대한 전문성을 확보하기

위한 인력의 질(quality)을 관리할 수 있도록 하는 것이 중요하다.

② 젠더 관점을 고려한 가족정책 시책 마련이 필요하다

이제는 노동권과 모성권의 한계에서 벗어나 일과 가족생활의 양립이 양성 모두의 중요한 시민적 권리로서 보장되어야 한다. 즉, 노동권과 부모권의 조화란 전통적 남성 시민의 역할이 시장 영역에서의 노동과 함께 가족 영역에서의 돌봄과 부양노동(부성권)에 참여해야 하는 것을 의미하며, 반대로 여성의 역할은 가족 내에서의 돌봄노동과 함께 시장 영역에서의 생산노동이 수반되어야 함을 의미하는 것이다. 이는 남성에게는 가족구성원을 돌보고 부양할 수 있는 권리를 보장하고, 여성에게는 가사노동에 대한 부담을 완화해 줌으로써 상대적으로 사회생활을 할 수 있는 권리를 보장하는 것이다(한국여성개발원, 2005).

③ 성 인지적 가족복지정책을 모색해야 한다

가족복지정책의 동향을 살펴보면 과거에는 남성은 일터에 나가고 여성은 주로 가사를 돌보는 역할을 하였다. 그러나 현재에 와서는 가족에 대한 가치와 성역할이 변화하고 개인의 인권이 신장되면서 현대 가족의 역할 정립을 새로이 할 시점에 도달하였다. 즉 성 인지적 관점(gender-sensitive perspective)으로의 전환이다. 가족 내의 역할 규정에 있어 여성의 역할과 지위에 좀 더 양성평등적인 관심을 갖도록 하는 정책을 펴야 한다.

④ 다양한 가족에 대한 가족정책을 펴야 한다

가족에 대한 개념을 새로이 정립해야 할 때가 왔다. 우리는 그동안 혈연에 기초한 가족만을 '합법적인 정상적 가족'으로 인정해 왔다. 때문에 한부모가족, 재혼가족, 미혼모가족, 결혼이민자 가족 등 우리의 사회문화적인 정형적 형태에서 벗어난 일탈가족에 대해서는 문제가족으로 낙인찍어 왔다. 이제 편협한 시각에서 벗어나 다양한 가족에 대해서 열린 마음을 가지고 제도적으로 통합하려는 지원체계를 마련하여야 한다. 이를 위해 한부모가족이 가족체계 속에서 기능을 유지하고 사회 적응을 도모할 수 있도록 법체계를 정립할 필요가 있다. 또한 이혼 가정의 자녀양육비 확보를 위한 제도 마련도 시급하다. 협의 이혼 시 자녀 양육 사항 합의 의무화, 국가의 양육비 대지급 및 구상권 행사 방안 등도 적극 검토되어야 할 것이다.

⑤ 비정규직 여성의 노동권도 보장받도록 해야 한다

현재 여성의 출산휴가 및 육아휴직제의 급여 재원이 고용보험으로 충당되나, 취업여성의 상당수가 비임금근로자이고, 근로자라 하더라도 학습지교사, 캐디처럼 근로자성이 부인되는 비정규직근로자여서 고용보험 가입자가 되지 못하고 있다. 그러므로 노동시장에서의 임신, 출산 및 육아를 지원해 주는 현 제도를 유지할 경우 고용보험의 사각지대에서 일하는 여성근로자들은 보험 적용을 받기 어렵다. 또한 남성의 아동 양육 참여를 지원하기 위한 급여 재원과 '고용 창출과 고용 안정'을 목표로 한 고용보험제도가 어느 정도까지 충당할 수 있는지도 불안정하기만 하다. 따라서 지금이야말로 모성보호 및 양육 지원이 모든 계층의 가족이 누릴 수 있는 보편적 서비스로 자리 잡을 수 있도록 혁신적인 제도 개선을 준비해야 할 때이다.

⑥ 평등한 가족문화 및 가족친화적 사회환경 조성이 필요하다

지금까지의 가족복지정책이 가족의 복지를 지향함에 따라 가족관계에 여전히 권위주의 요소가 남아 있고 가사노동에 대한 남성 참여율이 저조한 실정이다. 따라서 양성평등한 가족문화를 조기에 정착하고 가족의 의미 재발견 문화사업을 추진하는 것이 필요하다. 이를 위해 건강가정지원센터 및 다양한 민간단체와의 협력사업을 통해 가족생활교육, 가족상담서비스 내실화, 건전한 가족여가 문화 조성 등을 활성화해야 한다.

CHAPTER

09 가족복지 관련 법

1. 건강가정기본법
2. 한부모가족지원법
3. 민법(가족법)
4. 영유아보육법
5. 모성보호에 관한 3법

1. 건강가정기본법

1) 건강가정기본법의 의의와 목적

건강가정기본법은 사회의 변화에 따라 가족해체 현상이 급속도로 증가함에 따라 이혼율이 늘어나고 있기 때문에 가족의 부양 기능 약화 등의 가족문제에 대처하며 가정을 단위로 한 통합적이고 예방적인 복지서비스를 구현하고 건강한 가정을 세워 나가기 위하여 2004년 2월에 제정하였다.

건강가정기본법은 2005년 1월부터 시행되었고, 2010년 3월 19일 개정되어 현재 시행되고 있다(이영실 외, 2010).

2) 주요 내용

(1) 가족, 가정, 건강가정에 대한 정의

'가족'이란 혼인, 혈연, 입양으로 이루어진 사회의 기본 단위를 말하고, '가정'이라 함은 가족구성원이 생계 또는 주거를 함께하는 생활공동체로서 구성원의 일상적 부양, 양육, 보호, 교육 등이 이루어지는 생활 단위를 말한다. 그리고 '건강가정'이라 함은 건강가정을 저해하는 문제의 원인을 밝혀 발생을 최소화해 나가면서 예방하고 해결하기 위한 여러 가지 조치와 가족의 부양, 양육, 보호, 교육 등의 가정기능을 강화하기 위한 사업을 의미한다.

(2) 책임 주체 및 적용 대상자

건강가정기본법에 따르면 모든 국민은 가정의 구성원으로서 안정되고 인간다운 삶을 유지할 수 있는 가정생활을 영위할 권리를 가지기 때문에 모든 국민은 가정의 중요성을 인식하고 그 복지의 향상을 위하여 노력하여야 한다.

따라서 국가 및 지방자치단체는 건강가정을 위하여 필요한 제도와 여건을 조성하고 이를 위한 시책을 강구하여 추진하여야 하며, 가족구성원의 특성과 가정 유형을 고려하여야 한다. 이에 민주적인 가정을 만들고, 친화적 가정환경 조성과 양성평등한 가족가치 실현 및 가사노동의 정당한 가치 평가를 위하여 노력하여야 한다.

(3) 건강가정사업

건강가정기본법에서는 국가 및 지방자치단체가 추진해야 하는 건강가정사업으로 가정에 대한 지원, 가족 단위 복지 증진, 가족의 건강 증진, 가족부양 지원, 이혼 예방 및 이혼가정 지원, 건강가정교육 등을 강조하고 있다. 특히 개별 복지법과 달리 가정을 단위로 한 통합적 접근을 규정하고 있다.

(4) 건강가정지원센터

건강가정지원센터는 '건강한 가정생활 영위', '가정의 유지와 발전'이라는 목적을 달성하기 위한 가족정책의 전달체계로서, 정부의 가족정책 추진 방향에 부응한 건강가정사업을 실시하기 위해 설립되었다(양정선, 김성희, 2010: 214). 또한 건강가정지원센터는 이용자 중심의 서비스 전달체계를 갖추고 지역주민의 특성을 고려한 맞춤형 가족지원 서비스를 제공함으로써 가족의 안정성 강화 및 가족관계 증진에 기여하고자 한다(여성가족부, 2013: 6).

건강가정지원센터는 2004년도 화소에서 시범사업을 시작하였으며, 2005년 건강가정기본법의 시행과 함께 본격적으로 확산되었다. 그리고 2005년에는 한국건강가정진흥원(현 한국건강가정진흥원)이 개소하였고, 지자체 건강가정지원센터는 2010년도에 40개소라는 가장 많은 신규 센터가 설치되었다. 2020년 1월 기준, 건강가정지원센터는 207개소였다.

그리고 건강가정지원센터는 시군구청장이 직영하거나 민간에 위탁할 수 있으며, 현재 학교법인과 사회복지법인이 가장 많이 수탁하고 있다.

2. 한부모가족지원법

한부모가족지원법이란 한부모가족(모부자가정)이 건강하고 문화적인 생활을 영위할 수 있게 함으로써 모부자가정의 생활 안정과 복지 증진에 기여함을 목적으로 하는 복지법을 말한다.

우리 사회에서 대부분의 한부모가족(모부자가족)은 경제적으로 어려움에 처해 있는 경우가 많다. 또 사회적으로 보이지 않는 차별 대우와 소외감을 경험하면서 자녀양육문제와 그들의 정서적 문제 등에 직면하게 되었다. 따라서 이러한 문제를 해소, 예방, 지지하기 위한 사회복지적 지원과 원조가 필요하게 되었다.

그리고 1989년 제정된 모자복지법은 배우자와 사별, 이혼, 유기, 별거 등의 사유로 배우자가 없거나 배우자가 있어도 노동 능력을 상실하여 여성이 생계를 책임지는 모자가정이 자립·재활할 수 있도록 지원하기 위하여 제정되었는데, 이후 이혼의 급격한 증가와 경제구조의 변화로 부자가족의 경우에도 자립재활을 위하여 국가의 지원이 절대적으로 필요하여 2024년 12월 일부 개정까지 몇 차례의 개정을 통해 이 법의 효율성을 모색하여 오고 있다.

3. 민법(가족법)

1) 법의 의의와 목적

한국에서 가족과 관련된 직접적인 법은 민법으로서 혼인관계, 친자관계, 상속관계 등을 규율하는 구체적 사항을 정하고 있다. 민법의 제4편(친족 편), 제5편(상속 편) 및 가족관계의 등록 등에 관한 법률은 가족법이라고 할 수 있다. 한국의 가족법은 1969년부터 시행되었으며 세부 내용은 친족의 정의와 범위, 결혼과 사실혼, 친생자, 호주승계, 상속과 유언 등으로 가족제도의 기본을 유지하는 규정이다.

가족법은 원래 부계 중심의 가부장적 가족제도의 원리에 근거하여 제정된 법률이기에 개정의 필요성이 대두되었다. 그 때문에 기존의 가족법에는 양성 평등이라는 헌법의 기본 원칙에 위배되는 규정이 상당 부분 존재하고 있어서 여성계에서는 가족법 개정에 대한 논의를 지속하여 왔고, 2000년 10월에는 동성동본불혼 규정과 여성의 재혼금지 조항이 폐지되었다. 부계 중심의 가족구성 원리의 근거가 되는 호주제도(동법 제778조)도 2005년 3월 2일 국회 본회의 통과 후 2008년부터 폐지되었다. 개정된 호주제에서 자녀는 아버지의 성과 본을 따르는 것을 원칙으로 하되 부모의 협의에 따라 어머니의 성을 따를 수도 있게 되었다. 또한 필요한 경우에 법원의 허가를 받아 자녀의 성과 본을 변경할 수 있도록 했다.

호주제 폐지에 따른 대체법으로 가족관계의 등록 등에 관한 법률이 제정되었고, 2008년 1월 1일부터 시행되었다. 따라서 '호적'은 '가족관계등록부'로 변경됨에 따라 가족관계등록부는 개인별로 편제하여 개인의 존엄성과 양성 평등의 헌법 이념을 구현하였다.

2) 주요 내용

(1) 가족의 범위

민법은 개정된 가족의 범위에 배우자, 직계혈족 및 형제자매, 직계혈족의 배우자, 배우자의 직계혈족 및 배우자의 형제자매(동법 제779조)를 포함하고 있다. 이는 과거의 호주에 관한 규정과 호주제도를 전제로 한 입적, 복적, 일가창립, 분가 등에 관한 규정을 삭제하는 한편 호주와 가(家)의 구성원과의 관계로 정의되고 있는 가족에 관한 규정을 새롭게 규정한 것이다.

(2) 혼인에 관한 규정

혼인에 관한 조항에서는 부부간의 의무 등을 명시하고 있고, 혼인 효력의 구체적 내용으로는 부부간의 가사대리권, 부부재산의 약정과 그 변경, 생활비용 등이 있다.

개정된 혼인에 관한 규정에서는 남녀평등과 혼인이 자유를 침해할 우려가 있는 동성동본금혼제도를 폐지하고 근친혼금지제도로 전환하였다. 동성동본이란 성(性)과 본(本)이 같을 경우 결혼을 금지하는 제도인데 근친혼 금지로 전환하였고 근친의 범위를 8촌 이내의 혈족(친양자의 입양 전의 혈족을 포함), 6촌 이내의 혈족의 배우자, 배우자의 6촌 이내의 혈족, 배우자의 4촌 이내의 혈족의 배우자인 인척이거나 이러한 인척이었던 자, 6촌 이내의 양부모계(養父母系)의 혈족이었던 자와 4촌 이내의 양부모계의 인척이었던 자 사이에서는 혼인을 금지하는 것으로 근친혼 제한의 범위를 합리적으로 조정하였다.

(3) 이혼에 관한 규정

민법에서 이혼은 협의상 이혼과 재판상 이혼으로 분류하고 있다. 협의상 이혼의 경우 가정법원의 확인을 받아 가족관계의 등록 등에 관한 법률이 정한 바에 의하여 신고함으로써 그 효력이 성립되고, 재판상 이혼의 경우 배우자에 부정한 행위가 있었을 때, 배우자가 악의로 다른 일방을 유기한 때, 배우자 또는 그 직계존속으로부터 심히 부당한 대우를 받았을 때, 자기의 직계존속이 배우자로부터 심히 부당한 대우를 받았을 때, 배우자의 생사가 3년 이상 분명하지 아니한 때는 가정법원에 이혼을 청구할 수 있음을 명시하고 있다.

(4) 부모-자녀 관계에 관한 규정

민법에서의 부모-자녀 관계에 관한 내용은 대체적으로 관계의 법적 효력을 중심으로 규정되어 있고 보호자로서 부모의 기능이 법적으로 원활하지 않거나 부재한 경우 후견인이나 친족이 대신 법적 책임자 또는 조력자의 기능을 할 수 있다고 규정하고 있다. 또한 친생자와 입양의 요건으로 구성되어 있는데, 자녀의 성과 본은 부의 성과 본을 따르는 것을 원칙으로 하되 혼인 신고 시 부모의 협의에 의하여 모의 성과 본도 따를 수 있도록 하였으며 자녀의 복리를 위하여 자녀의 성과 본을 변경할 필요가 있을 때에는 부 또는 모의 청구에 의하여 법원의 허가를 받아 이를 변경할 수 있도록 하였다.

4. 영유아보육법

1) 법의 의의와 목적

한국의 보육제도는 일하는 기혼여성의 아동을 보호하는 탁아사업의 형태로 시작되었다가, 1980년대 후반부터 기혼여성의 사회 진출을 적극적으로 돕는 차원에서 보육권 보장의 사회적 책임문제가 공적으로 제기되기 시작하였다. 그 결과 영유아보육법은 1991년 1월에 제정되고 그 후 8차례에 걸쳐 개정되었으며 2010년 2월에 개정, 시행되고 있다. 입법 목적은 영유아의 심신을 보호하고 건전하게 교육하여 건강한 사회성원을 육성함과 아울러 보호자의 경제적·사회적 활동이 원활하게 이루어지도록 함으로써 가정복지 증진에 이바지함을 목적으로 한다.

2) 주요 내용

(1) 영유아, 보육에 대한 정의

'영유아'란 6세 미만의 취학 전 아동을 의미하고, '보육'이란 영유아를 건강하고 안전하게 보호·양육하고 영유아의 발달 특성에 맞는 교육을 제공하는 보육시설 및 가정양육지원에 관한 사회복지서비스를 의미한다.

(2) 책임 주체 및 적용 대상자

영유아보육법에 따르면 모든 국민은 영유아를 건전하게 보육할 책임을 지고, 국가와 지방자치단체는 보호자와 더불어 영유아를 건전하게 보육할 책임을 지며, 시장·군수·구청장은 영유아의 보육을 위한 적절한 보육시설을 확보하여야 한다.

(3) 보육정보센터, 보육개발원

보육정보센터는 보육에 관한 정보의 수집·제공 및 상담을 위하여 보건복지부장관은 중앙보육정보센터를, 특별시장·광역시장·도지사·특별자치도지사 및 시장·군수·구청장은 지방보육정보센터를 설치·운영하여야 한다. 이 경우 필요하다고 인정하는 경우에는 영아·장애아보육 등에 관한 보육정보센터를 별도로 설치·운영할 수 있다. 중앙보육정보센터와 지방보육정보센터에는 보육정보센터의 장과 보육에 관한 정보 제공 및 상담 업무 등을 담당하는 보육전문요원 등을 두며, 보건복지부장과 시·도지사 및 시장·군수·구청장은 보육정보센터를 보육 관련 법인·단체 등에 위탁하여 운영할 수 있다.

보건복지부장관은 보육에 관한 연구와 정보 제공, 프로그램 및 교재 개발, 평가척도 개발 및 종사자 연수 등의 업무를 위하여 보육개발원을 설치하거나 그 업무를 관련 연구기관 등에 위탁할 수 있다.

(4) 보육시설

보육시설의 종류로는 국공립보육시설, 법인보육시설, 직장보육시설, 가정보육시설, 부모협동보육시설 등이 있다. 국가 및 지방자치단체는 국공립보육시설을 설치·운영하며, 도시 저소득 주민 밀집 주거 지역 및 농어촌 지역 등 취약 지역에 우선적으로 설치하여야 한다. 국공립보육시설 외의 보육시설을 설치·운영하려는 자는 시장·군수·구청장의 인가를 취득하여야 한다. 대통령령으로 정하는 일정 규모 이상의 사업장의 사업주는 직장보육시설을 설치하여야 하며, 사업장의 사업주가 직장보육시설을 단독으로 설치할 수 없을 때에는 사업주 공동으로 직장보육시설을 설치·운영하거나, 지역의 보육시설과 위탁계약을 맺어 근로자 자녀의 보육을 지원하거나 근로자에게 보육수당을 지급하여야 한다.

5. 모성보호에 관한 3법

가족정책 관련 법규 중 여성의 경제적 활동을 위한 사회 진출을 도우면서 동시에 모성의 역할을 충실히 할 수 있도록 보호하는 법에는 근로기준법, 남녀고용평등과 일·가정 양립지원에 관한 법률, 고용보험법이 포함된다.

1) 근로기준법

(1) 법의 의의와 목적

근로기준법은 1953년 5월 제정되어 1953년 8월부터 시행되었고, 2010년 6월 10일부터 개정, 시행되고 있다. 개정 이유 및 주요 내용을 살펴보면, 근로계약을 체결할 때에 사용자로 하여금 근로조건에 관한 사항을 근로자에게 명시하도록 하고 특히 임금의 구성항목·방법·지급방법, 소정 근로시간, 휴일 및 휴가에 관한 근로조건은 서면으로 명시하되, 근로자의 요구가 있는 경우에는 이를 교부하도록 하고 있으나, 근로계약 체결 시뿐만 아니라 근로계약을 변경하는 경우에도 근로조건을 명시할 필요성이 있고, 사용종속적 지위에 있는 근로자가 적극적으로 근로조건을 명시한 근로계약서의 교부를 요구하지 못하는 경우가 많이 발생하고 있다. 이에 근로계약을 체결할 때뿐만 아니라, 이를 변경하는 경우에도 근로조건을 명시하도록 하고, 사용자의 서면으로 명시한 근로계약서 교부 의무를 강화함으로써 근로자의 법적 지위를 강화하려는 것이다. 입법 목적은 헌법에 따라 근로조건의 기준을 정함으로써 근로자의 기본 생활을 보장·향상시키며 균형 있는 국민 경제의 발전을 꾀하는 것이며(동법 제1조), 여성의 경제적 활동과 모성역할을 도모하는 데 기여한다.

(2) 법의 주체 및 적용 대상자

'근로자'란 직업의 종류와 관계없이 임금을 목적으로 사업이나 사업장에 근로를 제공하는 자를 의미하고, '사용자'란 사업주 또는 사업경영 담당자, 그 밖에 근로자에 관한 사항에 대하여 사업주를 위하여 행동하는 자를 의미한다. '근로'란 정신노동과 육체노동을 의미하고, '근로계약'이란 근로자가 사용자에게 근로를 제공하고 사용자는 이에 대하여 임금을 지급하는 것을 목적으로 체결된 계약을 의미한다.

(3) 법의 주요 내용

근로기준법의 내용 중 여성에 관련된 부분을 살펴보면 다음과 같다. 근로에 참여할 수 있는 최저 연령은 15세 미만인 자(초·중등교육법에 따른 중학교에 재학 중인 18세 미만인 자를 포함한다.)로 제한한다(다만, 대통령령으로 정하는 기준에 따라 고용노동부 장관이 발급한 취직인허증을 지닌 자는 근로자로 사용할 수 있다. 동법 제64조). 근로시간은 15세 이상 18세 미만인 자로서 1일에 7시간, 1주일에 40시간을 초과하지 못 한다. 다만, 당사자 사이의 합의에 따라 1일에 1시간, 1주일에 6시간을 한도로 연장할 수 있다. 이때 사용자는 임신이거나 산후 1년이 지나지 아니한 여성과 18세 미만 자를 도덕상 또는 보건상 유해·위험한 사업에 사용하지 못한다.

사용자는 여성 근로자가 청구하면 월 1일의 생리휴가를 주어야 한다. 임산부의 보호를 위하여 사용자는 임신 중의 여성에게 산전과 산후를 통하여 90일의 보호휴가를 주어야 한다(이 경우 휴가기간의 배정은 산후에 45일 이상이 되어야 한다).

또한 사용자는 임신 중인 여성이 임신 16주 이후 유산 또는 사산한 경우로서 그 근로자가 청구하면 대통령령으로 정하는 바에 따라 보호휴가를 주어야 한다. 다만, 인공임신중절수술(모자보건법에 따른 경우는 제외한다)에 따른 유산의 경우는 그러하지 아니하고, 이에 따른 휴가 중 최초 60일은 유급으로 한다. 다만, 남녀고용평등과 일·가정 양립지원에 관한 법률 제18조에 따라 산전후휴가급여 등이 지급된 경우에는 그 금액의 한도에서 지급의 책임을 면하며, 사용자는 임신 중의 여성 근로자에게 시간외 근로를 하게 하여서는 아니 되며, 그 근로자의 요구가 있는 경우에는 쉬운 종류의 근로로 전환하여야 한다. 그리고 육아시간의 적절한 운용을 위하여 생후 1년 미만의 유아를 가진 여성 근로자가 청구하면 1일 2회 각각 30분 이상의 유급수유시간을 주어야 한다.

2) 남녀고용평등과 일·가정 양립지원에 관한 법률

(1) 법의 의의와 목적

남녀고용평등과 일·가정 양립지원에 관한 법률은 1987년 12월에 제정되어 1988년 4월부터 시행되었고, 2010년 2월 4일부터 개정, 시행되고 있다. 이 법의 개정 이유 및 주요 내용을 살펴보면 다음과 같다. 저출산·고령화 사회로 진입한 한국 가정의 출산율은 여성 인력의 경제활동 참가를 유도하기 위하여 일과 가정의 양립을 지원할 수 있는 다각적 정책 마련이 중요한 과제가 되었다. 이에 육아휴직 요건을 생후 3년 미만의 자녀에서 만 6세 이하의 초등학교 취학 전 자녀로 완화하는 한편, 입양가정의 경우도 가족 간의 심리적·정서적 애착관계를 형성하고 입양부모의 육아 부담을 덜어 주기 위하여 입양자녀도 포함되도록 명시하였다. 지식 정보화의 진전 등을 고려하여 법상 각종 증빙서류를 전자적 형태로도 보존할 수 있도록 하여 국민의 부담을 경감하였는데, 영업주가 종업원 등에 대한 관리·감독상 주의의무를 다한 경우 처벌을 면하도록 양벌규정을 정비하려는 것이다. 입법 목적은 대한민국 헌법의 평등 이념에 따라 고용에서 남녀의 평등한 기회와 대우를 보장하고 모성보호와 여성고용을 촉진하여 남녀고용평등을 실현함과 아울러 근로자의 일과 가정의 양립을 지원함으로써 모든 국민의 삶의 질 향상에 이바지하는 것이다.

(2) 법의 주체 및 적용 대상자

근로자를 고용하는 모든 사업 또는 사업장에 적용되며, 기본적으로 고용상 남녀평등을 목적으로 하기 때문에 사업장 내 차별적 요소의 제거가 중요한 적용 사항이 된다. 여기서 '차별'은 사업주가 근로자에게 성별, 혼인, 가족 안에서의 지위, 임신 또는 출산 등의 사유로 합리적 이유 없이 채용 또는 근로의 조건을 다르게 하거나 그 밖의 불리한 조치를 하는 경우를 말하고, '직장 내 성희롱'은 사업주·상급자 또는 근로자가 직장 내의 지위를 이용하거나 업무와 관련하여 다른 근로자에게 성적 언동 등으로 성적 굴욕감 또는 혐오감을 느끼게 하거나 성적 언동 또는 그 밖의 요구 등에 따르지 아니하였다는 이유로 고용에서 불이익을 주는 것을 말하며, '적극적 고용개선조치'는 현존하는 남녀 고용 차별을 없애거나 고용 평등을 촉진하기 위하여 잠정적으로 특정 성을 우대하는 조치를 말한다.

(3) 법률의 주요 내용

남녀고용평등과 일·가정 양립지원에 관한 법률의 내용 중 모성보호 및 직장과 가정생활의 양립지원과 관련된 부분을 살펴보면 다음과 같다. 산전후 휴가에 대한 지원에 있어서 국가는 근로기준법에 따른 산전후 휴가 또는 유산·사산휴가를 사용한 근로자 중 일정한 요건에 해당하는 자에게 그 휴가 기간에 대하여 통상 임금에 상당하는 금액을 지급한다. 산전후휴가급여 등은 그 금액의 한도에서 근로기준법에 따라 사업주가 지급한 것으로 본다. 산전후휴가급여 등을 지급하기 위하여 필요한 비용이나 재정은 사회보장기본법에 따라 사회보험에서 분담할 수 있다. 사업주는 여성 근로자가 산전후휴가급여 등을 받을 수 있게 관계 서류의 작성·확인 등 모든 절차에 적극 협력하여야 한다.

육아휴직에 있어서 사업주는 근로자가 만 6세 이하의 초등학교 취학 전 자녀(입양한 자녀를 포함)를 양육하기 위하여 휴직을 신청하는 경우에 이를 허용하여야 한다. 육아휴직의 기간은 1년 이내로 하고, 사업주는 육아휴직을 이유로 해고나 그 밖의 불리한 처우를 하여서는 아니 되며, 육아휴직 기간에는 그 근로자를 해고하지 못한다. 다만 사업을 계속할 수 없는 경우에는 그러하지 아니한다. 사업주는 육아휴직을 마친 후에는 휴직 전과 같은 업무 또는 같은 수준의 임금을 지급하는 직무에 복귀시켜야 한다. 또한 제2항의 육아휴직 기간은 근속 기간에 포함한다.

일·가정의 양립을 위한 지원에 있어서 국가는 사업주가 근로자에게 육아휴직이나 육아기 근로시간 단축을 허용한 경우 그 근로자의 생계비용과 사업주의 고용유지비용의 일부를 지원할 수 있고, 국가는 소속 근로자의 일·가정의 양립을 지원하기 위한 조치를 도입하는 사업주에게 세제 및 재정을 통한 지원을 할 수 있다.

직장보육시설 설치 및 지원에 있어서 사업주는 근로자의 취업을 지원하기 위하여 수유·탁아 등 육아에 필요한 보육시설을 설치하여야 하고, 직장보육시설을 설치하여야 할 사업주 등 직장보육시설의 설치 및 운영에 관한 사항은 영유아보육법에 따른다.

공공복지시설의 설치에 있어서 국가 및 지방자치단체는 여성 근로자를 위한 교육·육아·주택 등 공공복지시설을 설치할 수 있다.

3) 고용보험법

(1) 법의 의의와 목적

고용보험법은 1993년 12월에 제정되어 1995년 7월부터 시행되었고, 2010년 6월 4일부터 개정·시행되고 있다. 개정 이유 및 주요 내용을 살펴보면, 노동시장의 구조적 변화에 맞추어 고용정책의 목표 및 기본 방향을 새롭게 정립하고, 국가 고용정책의 범위에서 지역 주민의 수요에 부합하는 고용정책을 시행하기 위하여 시도에서 지역고용정책기본 계획을 수립하도록 하며, 일자리의 변동에 영향을 미칠 수 있는 국가 및 지방자치단체의 정책을 분석·평가할 수 있는 근거를 마련하는 등 고용정책에 관한 기본법으로서 위상에 맞도록 고용정책 관련 제도 및 법체계를 정비하려는 것이다. 입법 목적은 실업 예방, 고용 촉진 및 근로자의 직업 능력의 개발과 향상을 꾀하고, 국가의 직업 지도와 직업 소개 기능을 강화하며, 근로자가 실업한 경우에 생활에 필요한 급여를 실시하여 근로자의 생활 안정과 구직활동을 촉진함으로써 사회 경제 발전에 이바지하는 것이다.

(2) 법의 주체 및 적용 대상자

고용보험은 고용노동부 장관이 관장하며, 보험 본래의 목적을 성취하기 위하여 고용보험사업으로 고용안정·직업능력개발사업, 실업급여, 육아휴직급여 및 산전후

휴가급여 등의 혜택이 주어진다.

(3) 법의 주요 내용

고용보험법상 모성보호에 해당되는 급여 내용에는 육아휴직급여와 산전후휴가급여가 있는데 육아휴직급여에 있어서 고용노동부 장관은 남녀고용평등과 일·가정양립지원에 관한 법률에 따른 육아휴직을 30일(산전후휴가 기간 90일과 중복되는 기간은 제외) 이상 부여받은 피보험자 중 다음의 요건을 모두 갖춘 경우에 육아휴직급여를 지급하도록 되어 있다. ① 육아휴직을 시작한 날 이전에 피보험 단위 기간이 통산하여 180일 이상일 것, ② 같은 자녀에 대하여 피보험자인 배우자가 육아휴직(30일 미만은 제외한다)을 부여받지 아니하고 있을 것, ③ 육아휴직을 시작한 날 이후 1개월부터 끝난 날 이후 12개월 이내에 신청할 것, 다만, 같은 기간에 대통령령으로 정한 사유로 육아휴직급여를 신청할 수 없었던 자는 그 사유가 끝난 후 30일 이내에 신청하여야 한다.

산전후휴가급여에 있어서 고용노동부 장관은 법에 따라 피보험자가 근로기준법상의 산전후휴가 또는 유산·사산휴가를 받은 경우로서 다음의 요건을 모두 갖춘 경우에 산전후휴가급여 등을 지급한다. ① 휴가가 끝난 날 이전에 법에 따른 피보험 단위 기간이 통산하여 180일 이상일 것, ② 휴가를 시작한 날 이후 1개월부터 휴가가 끝난 날 이후 12개월 이내에 신청할 것, 다만, 그 기간에 대통령령으로 정하는 사유로 산전후휴가급여 등을 신청할 수 없었던 자는 그 사유가 끝난 후 30일 이내에 신청해야 한다.

4) 사회보장 관련 법

현대 복지국가는 보통 가족구성원이 개별적으로 외부 세계와 접촉하게 될 때 고려해야 할 사회적 관계를 법을 통해 규율하거나, 가족을 직접적으로 보호하는 기제에 대해 법적으로 규정함으로써 국가의 가족에 대한 보호 의무를 이행하도록 하고 있으며, 이때 가장 중요한 보호 수단으로 활용되는 것이 사회보장법이다.

사회보장법은 본래 인간이 살아가면서 직면할 가능성이 높은 다양한 위험 종류에 대해 사회적으로 대응함으로써 최저생활이 보장되도록 하기 위한 목적을 담고 있는 사회보장의 근거가 되는 법이다.

사회보장법은 크게 사회보험 관련 법, 공공부조 관련 법, 사회복지서비스 관련 법으로 분류될 수 있다. 이 가운데 사회보험 관련 법은 법을 통해 개인과 가족의 추상적 수요를 보장하려는 목적을 지니고 있는데, 사회보험은 보험방식에 의해 국민에게 발생하는 위험에 대처함으로써 국민의 소득을 보전하고 건강을 보장한다. 사회보험 관련 법에는 공적연금법(국민연금법, 사립학교교직원연금법, 군인연금법), 의료보험법(국민건강보험법), 산업재해보상보험법 및 고용보험법이 속한다. 이에 비해 공공부조 관련 법은 국민의 최저생활을 구체적으로 보장함을 목적으로 하기 때문에 경제적 생활 유지 능력이 부족한 취약계층을 대상으로 하여 이들의 최저생계와 건강 유지를 돕는다. 공공부조에 관한 법률에는 국민기초생활보장법과 의료급여법이 있다. 그 밖에 사회복지서비스는 국가나 지방자치단체 또는 민간에서 복지와 관련된 상담, 방문서비스, 직업훈련, 그리고 사회복지시설 이용 서비스 등을 필요로 하는 사람들에게 제공함으로써 이들이 정상적 사회생활을 할 수 있도록 지원하는 것을 말한다. 사회복지서비스 관련 법은 노인복지법과 아동복지법 등 가족생활과 필수적으로 연관되는 법이라 할 수 있다. 노인복지법은 2011년까지 여러 차례 개정을 거듭하면서 노인복지국가의 기틀을 마련하고 있다.

우리나라의 경우 가족의 유형이 다양화되면서 그만큼 복지 수요도 증가하고 있다. 그리고 다른 나라에 비해 훨씬 빠르게 진행되는 인구의 고령화로 인해 가족의 기능 수행에 대한 부담은 크게 증가하고 있다. 따라서 기존의 사회보장 관련 법만으로는 가족의 복지 욕구를 충족시키기 어려운 실정이다.

CHAPTER

10 혼인과 관련된 가족 변화

1. 이혼가족
2. 재혼가족
3. 한부모가족
4. 조손가족

1. 이혼가족

1) 이혼가족의 증가

현대사회에서 이혼이 증가하는 이유는 가치관의 변화, 여성의 경제적 자립 등 보다 근본적인 측면에서 검토될 수 있다. 전통사회에서는 개인의 행복보다 가족을 우선시하였으며, 결혼을 통한 가족 관계를 성공적으로 수행하지 못하면 사회적으로 인정받지 못하였다.

그러나 점차 부부간의 우애적 관계를 강조하고, 상호 성장하는 기회라고 보는 관점으로 바뀌고 있다. 그리고 여성의 교육 수준 향상 및 이에 따른 취업의 증가는 여성에게 경제적 자립 능력을 갖게 했으며, 이는 이혼 선택에도 부분적으로 영향을 미치게 되었다. 이런 맥락에서 이혼을 자신의 삶을 위한 하나의 선택으로 받아들이고 자신이 결정한 선택에 대해 책임을 지려는 태도가 증가하고 있다(방성수, 장보임, 2003: 163).

〈표 10 - 1〉과 〈그림 10 - 1〉과 같이 2023년 이혼건수는 9만 2,000건으로 2022년보다 800건, 0.9% 감소하였다. 혼인지속기간별로 이혼의 구성비를 살펴보면 5~9년, 4년 이하, 30년 이상 순으로 많았다. 평균이혼연령은 남자 49.9세, 여자 46.6세로 2022년과 유사하다. 남녀 간의 평균이혼연령 차이는 3.3세로 2012년 이후 감소 추세이다.

남자의 연령별 이혼건수는 60세 이상 1만 9,000건, 50대 초반 1만 5,000건, 40대 후반 1만 5,000건 순으로 많았다. 해당 연령 남자 인구 1,000명당 이혼건수인 남자의 연령별 이혼율은 40대 후반 7.2건, 40대 초반 7.1건, 50대 초반 6.6건 순으로 많았다. 여자의 연령별 이혼건수는 40대 초반 1만 6,000건, 40대 후반 1만 4,000건, 50대 초반 1만 3,000건 순으로 많았다. 여자의 연령별 이혼율은 40대 초반 7.9건, 30대 후반 7.7건, 40대 후반 7.2건 순으로 많았다.

표 10-1 **총 이혼건수 및 조이혼율**

[단위: 천건, %, 건]

총 이혼건수 (천건)	2019	2020	2021	2022	2023
	108.7	110.8	106.5	101.7	92.49
조이혼율(인구 1천명당 건)	2.2	2.1	2.0	1.8	1.8

출처: 통계청(2024b).

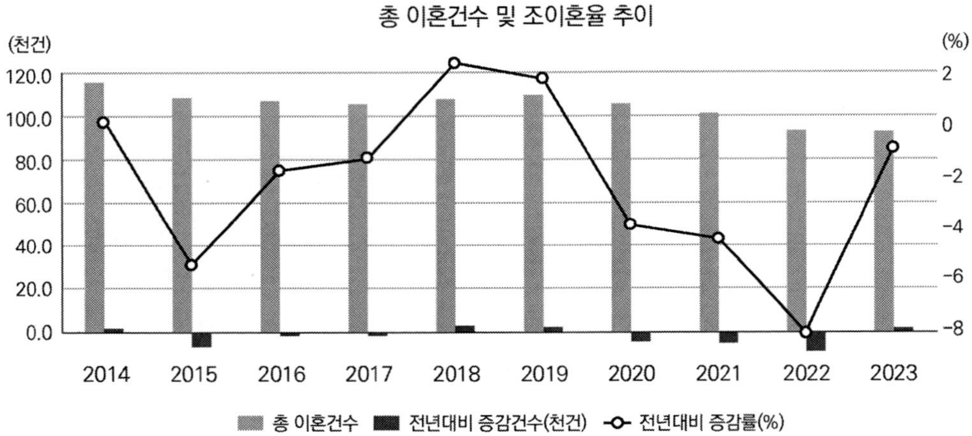

출처: 통계청(2024b).

그림 10-1 **2023년 이혼통계**

2) 이혼가족의 어려움

이혼자는 심리사회적 및 경제적 문제를 경험하게 된다. 이혼 후 1~2년 동안 대체적으로 정서적 어려움이 따른다. 해더링턴(E. M. Hetherington)과 켈리(J. Kelly)는 이혼 첫해에는 외로움, 우울증, 분노가 가장 보편적인 정서라 지적한다. 많은 이혼자는 새로 획득한 자유와 기회에 대한 희열감, 새로운 삶을 구축하는 데 따른 어려움에서 기인한 우울감을 반복적으로 경험하기도 한다. 그리고 '왜 결혼생활에 실패하였는지, 그리고 결혼 실패가 의미하는 바가 무엇인지' 등을 느끼며 실패감을 경험한다(Hetherington & Kelly, 2002: 49-51).

그리고 이혼 여성은 주거 및 생계의 어려움 등 심각한 경제적 문제에 봉착한다(변화순, 1996: 76). 박옥희와 공선영에 의하면, 경제적으로 부유하지 않은 중년 여성의 경우는 이혼 후 생계유지가 심각한 현실이 될 수 있다(박옥희, 공선영, 2005: 177-216). 결혼 기간에 경제 활동을 하지 않은 여성이 이혼 후 경제적 어려움을 해결하는 가장 근본적인 방법은 취업이지만, 자녀 육아, 일터에서의 차별, 인적자원의 부족, 건강 문제 등으로 취업하는 데 어려움을 겪는다(이여봉, 2003: 9-10).

이혼자뿐 아니라 아동도 부모의 이혼으로 어려움을 겪게 된다. 성인에게 이혼은 한 세계(A world)의 종식을 의미하지만, 어린 아동은 삶의 초점이 가족이기 때문에 유일한 세계(The world)가 종식되는 것 같은 영향을 받을 수 있다(Wailerstein, 2005: 403).

김현주는 이혼이 아동에게 미치는 영향을 연구하였는데 대표적인 것을 살펴보면 다음과 같다. 첫째, 이혼가정의 아동은 동생을 돌보거나 집안일을 하는 등 가사 역할을 일찍부터 담당하게 된다. 둘째, 비동거부모의 확대가족과의 연계가 이혼과 함께 단절되는 등 확대가족이 축소되고 지지자가 감소하게 된다. 셋째, 이혼한 집 아이로 바라보는 주위의 부정적 시선을 피하기 위해, 부모의 이혼 사실을 숨기는 등 사회적 편견을 경험한다. 김현주는 표면적으로 잘 적응하고 학업이나 대인관계에 문제가 없어 보이는 이혼가정의 자녀도 내면적으로는 부모의 이혼으로 인한 상처 때문에 부모와의 관계나 대인관계가 억압되고 제한되어 있다고 결론을 내리면서, 이혼가정의 자녀에 대한 장기적인 지원이 필요하다고 주장하였다(김현주, 2005: 329-362).

3) 이혼가족의 성공적 적응을 위한 노력

이혼이 점차 보편화되어 가고 있지만, 이혼은 당사자와 가족에게는 여전히 매우 힘든 선택이며, 이에 따른 적응 역시 힘든 과정이다. 일반적으로 적응하기까지

2~5년이 소요되는 만큼(오정옥 외, 2007; 도미향 외, 2011: 55 재인용), 이혼 후 적응은 당사자뿐 아니라 가족구성원 모두가 함께 노력해 나가야 한다.

송욱은 이혼 여성을 대상으로 이혼 후 적응 과정에 대한 연구를 실시하였다. 동 연구에서는 이혼 후 적응 과정으로 위축 단계, 갈등 단계, 수용 단계, 변화 단계의 4단계를 규명하였다. '위축 단계'는 이혼에 대한 사회의 부정적 시선이 의식되어 스스로 심리적으로나 대인관계에서 위축된 모습을 보이는 단계다. '갈등 단계'에서는 누구에 의한 이혼 결정이건 간에 달라진 현실 앞에 살아갈 막막함을 느끼며, 혼자 자녀를 양육해야 하는 부담감과 상대에 대한 마음의 상처로 대인관계에서 친밀감 형성이 어렵고 자기 개방의 어려움을 경험한다. 이 단계에서 이혼은 불가피한 최선의 선택이었다는 나름대로의 정리과정을 거치는데, 개개인의 조건과 상황에 따라 갈등 단계의 강도나 지속기간이 달라진다. '수용 단계'는 주변 이웃이나 지역공동체의 심적 지지와 물적 지원을 받으며 자신이 선택한 삶을 점자 수용해 나가는 단계다. 끝으로 '변화 단계'에서는 혼자 힘으로 문제를 해결하고, 하고 싶은 일을 찾으며 미래의 또 다른 인연을 기대하며 자기 변화를 추구한다(송욱, 2012: 153-154).

한편 하비와 파인은 이혼이 자녀에게 미치는 영향에 대해 10여 년에 걸쳐 연구하였다. 이들은 학생 1천여 명의 사례를 수집하여 부모의 이혼으로 인한 고통과 혼란을 극복하면서 자녀가 얻는 용기와 회복탄력성을 보여주었다(문희경 역, 2013: 16; 이형진 외, 2021 재인용).

가족 및 결혼에 대한 가치관이 점자 변화하면서 이혼에 대한 태도와 시각도 긍정적으로 변화하고 있지만, 아직 이혼가족을 보는 부정적인 시각이 전부 사라진 것은 아니다. 이에 따라 이혼가족을 개인과 가족의 선택을 존중하는 차원에서 바라보고 그들의 적용을 사회적으로 지원할 필요가 있다. 이혼가족을 위해서 심리적응을 위한 교육적인 프로그램, 미술지료, 놀이치료, 독서치료 등 다양한 접근이 시도되고 있다.

이혼은 아동이 꺼리는 주제이기 때문에 간접적인 접근방법이 효과적일 수 있다(Kelly & Wailerstein, 1997; 박대영, 2007: 127-128 재인용).

앞으로 이혼가족 아동의 부정적인 감정과 정서 행동을 다룰 수 있는 상담 프로그램이 다양하게 개발 및 보급되어야 할 것이다.

이혼가족 자녀, 고통을 넘어서서 회항 찾아가기

과연 이혼은 자녀에게 어떤 영향을 미칠까? 이혼이 자녀에게 미치는 영향은 대중적 및 학문적 관심을 받아 왔다.

"지금으로선 나는 영영 결혼하지 않을 거라는 확신이 든다. 내가 결혼할 확률은 0.5퍼센트에 불과하다. 나는 진실로 결혼 자체에 환상이 없다. 부모님의 이혼이 아주 부정적인 영향을 끼친 것 같지는 않다. 그러나 두 분의 결혼은 생각보다 훨씬 심각하게 내 삶을 망가뜨렸다."

J. H. 하비는 이 학생의 사례에 자극을 받아 이혼한 자녀에 대한 연구를 시작하였다고 말한다. 그는 10년 넘게 강의에 참여한 학생들로부터 사례를 수집하였다.

다음 학생의 이야기는 이혼이 자녀의 삶에 상상 이상의 영향을 미치기는 하지만 아이들은 탄력성을 가지고 부모의 이혼 경험을 통해 성장하기도 한다는 것을 보여준다.

"이혼은 아이들에게 가장 힘든 경험 가운데 하나다. 이혼은 상상을 넘어선 다양한 방식으로 아이의 삶에 충격을 가한다. 가족구조 전반에 영향을 미칠 뿐 아니라 아이의 사회적 생활과 자존감에도 큰 타격을 준다. 얼마 지나지 않아 내 삶이 완전히 달라졌다는 사실을 깨달았다. 지금까지 살아오면서 이혼은 내가 겪은 일 가운데 가장 힘든 경험이었다. 이혼의 영향은 앞으로도 사라지지 않고 계속 남겠지만, 이혼으로 얻은 경험은 오늘의 나로 성장하도록 이끌어 준 엄청난 자산이기도 했다."(21살 남학생)

이 사례에서 보는 바와 같이 수많은 젊은이가 부모의 이혼을 견뎌내고 성숙해졌다. 슬픔에 빠지기도 하지만 긍정적으로 승화하여 보다 성숙한 자세로 부모를 바라보고 자신의 삶을 찾아 나간다. 부모가 가족을 위한다면서 억지로 결혼을 지키는 것만이 능사가 아니다. 오히려 형식적 관계를 끝내면 가족이 더 행복해져서 부모와 자식 모두 갈등이 적고 건설적인 관계를 다질 수 있다.

이런 맥락에서 〈네이션〉의 저자 겸 칼럼니스트 카다 케이시 폴리트는 2000년에 〈타임〉에 이렇게 기고하였다.

"미국은 더 이상 '그저 괜찮은' 결혼을 지키면서 우울하고 고통스러워하는 사람들로 넘쳐날 필요가 없다. (중략) 이혼가정의 자녀 대다수가 똑똑하고 적응력이 뛰어난 아이로 성장하는 것이 사실이다. 우리 사회는 1971년 이래로 이혼하는 법에 대해서 충분히 배웠다. 엄마에게 충분히 재산이 있고 아빠와 자주 연락하고 지내며 이혼한 후에도 부모가 서로 예의를 지키고 악담을 퍼붓지만 않는다면 아이들은 잘 자란다. '충분히 좋은' 이혼이 존재하는데 어째서 이런 얘기는 표지 기사로 실리지 않을까?"

4) 이혼가정의 대안 및 지원 프로그램

이혼가정 부부는 이혼 후 이혼을 인정하려 들지 않고 폭력·폭언 등 공격적인 태도를 취하거나, 달라진 환경에 자포자기한 듯 무기력한 태도를 보이기도 한다. 이혼가정 부부의 이러한 태도는 가족-친구 관계를 단절시켜 사회로부터 고립되거나 소외되어(변화순, 1996) 사회 관계망을 악화시키고 있다. 또한 부모의 이혼을 경험한 이혼가정의 자녀 또한 부모와 비슷한 적응상의 어려움을 겪는다. 이들은 심리적으로 불안감, 분노감, 상실감, 고독감, 열등감, 낮은 자존감 등을 보이며(Amato, 2000; Amato & Keith, 1991; Wallerstein & Blakeslee, 1990) 이혼한 부모에 대한 원망과 그리움으로 소극적 수동적 위축된 행동을 보이거나 반대로 폭력적·공격적인 태도를 보이기도 한다(Amato & Keith, 1991; Wall & Blakeslee, 1989). 이러한 이혼가정 아동의 태도는 학교생활을 어렵게 하여 학교생활에 부적응하거나 학교폭력의 행위자 및 피해자를 만들기도 한다(서영숙, 황은숙, 2004; Smilansky, 1992; 2006 재인용).

이에 외국에서는 그 대안으로 실시하는 이혼적응 프로그램과 이혼과정에 따른 이혼가족 지원사업을 실시하고 있으며, 유형을 살펴보면 다음과 같다.

표 10-2 외국의 이혼적응 교육 프로그램

프로그램명	실시주체 및 개발자	대상	방법 (회기)	주요 내용
GRASP	정신건강센터	미성년자녀를 둔 이혼 소송 중인 부모	1회	이혼에 대한 전반적인 정보, 공동후견 부모와 자녀가 겪는 슬픔의 단계에 대한 이해
HCSAD	법원	이혼부모	1회	부모의 이혼과 지속적인 갈등이 자녀에 미치는 영향, 부모-자녀 관계의 강화, 협력적인 공동부모역할, 자녀문제 예방을 위한 대처전략
RD	Woman's Place	이혼부모	6회	별거, 이혼의 정서적인 영향/이혼의 법적 측면, 재정관리, 편부모 됨

프로그램명	실시주체 및 개발자	대상	방법 (회기)	주요 내용
ODP	Child& Family Services	이혼신청 중인 부모	5회	부모의 이혼에 대한 자녀의 반응과 대처 전략, 공동부모역할 부모-자녀 관계, 향상을 위한 의사소통 기법, 전 배우자와의 갈등관리 및 협상기법
BE	Josephin Stewart	이혼한 가톨릭교인	1회	이혼 후 스트레스 극복, 독신생활의 적응, 하나님에 대한 신뢰 회복
DSFPW	Chmber of Commerce	별거/이혼한 아버지	6회	이혼 후 아버지 됨의 경험, 자녀 부양비 지급, 부모-자녀 관계 향상을 위한 의사소통기법
CFP	Children First Program Foundation	이혼부모	2회	부모 자녀의 적응, 부모-자녀 관계의 질, 부부 관계의 질, 이혼가족의 자원 이용
CIM	법원	이혼부모	1회	이혼 후 스트레스 관리, 자녀의 어려움/욕구에 대한 이해, 부모 됨 기술

GRASP: General Responsibilities As Separating Parents
HCSAD: Helping Children Succeed After Divorce
RD: Realities of Divorce
ODP: Orientation for Divorcing Parents BE: Beginning Experience
DSFPW: Divorced/Separated Father's Parenting Workshop
CFP: Children First Program CTM: Children in The Middle

표 10-3 외국의 이혼과정에 따른 이혼 가족지원 사업유형

이혼 과정	프로그램
이혼 전	상담 치료/이혼 전 교육 워크숍, 아버지 교육 워크숍
이혼	중재, 부모교육, 이혼 전 교육 워크숍, 주말워크숍-교육, 아버지 워크숍, 별거기간 생활보장
이혼 후	성인집단 프로그램(가족생활교육, 부모교육), 성인자조집단, 자녀집단 프로그램, 자녀 자조집단 이혼적응 프로그램, 이혼가족아동개입 프로그램, 아버지집단 상담/치료(정서적 개입), 부모역할감독 중재, 자녀양육과 구직 위한 개입, 이혼 후 관계 변화를 위한 개입, 옹호

2. 재혼가족

1) 재혼가족의 증가

재혼가족은 배우자 한쪽 혹은 양쪽이 이전에 결혼했다가 이혼했거나, 사별한 두 배우자가 결혼하여 형성된 가족이다. 재혼가족은 부부 각각의 전혼 유무, 전혼자녀의 유무와 자녀와의 동거 유무에 따라 다양하게 구성될 수 있다. 우리나라의 재혼가족은 꾸준히 증가하고 있는 추세다.

2) 재혼가족의 어려움

재혼가족은 핵가족과는 구조적으로 다른 특성이 있다. 재혼가족의 구조는 복잡하다. 보다 구체적으로 재혼가족은 두 사람의 성인과 하나 혹은 그 이상의 아동으로 구성된다는 점에서는 핵가족과 동일하지만, 아동은 부부 중 한 사람의 자녀다. 그리고 핵가족에서는 부부 관계가 부모-자녀 관계를 선행하지만, 역으로 재혼가족에서는 흔히 부모-자녀 관계가 부부 관계를 선행한다. 더욱이 전혼자녀는 대개 한부모가족 단계에서 양육부모와 유대가 강화되어 있다. 또한 핵가족에서 가족구성원은 단지 하나의 가족 체계에 속하지만, 재혼가족에서는 하나 이상의 가족 체계가 관련되며, 두 번 이상의 결혼이 있었다면 대여섯 개의 가족 체계가 관련될 수 있다 (sager et al., 1983: 23-27).

3) 재혼가족의 성공적인 적응을 위한 노력

이러한 어려움에도 재혼은 이혼한 부모와 자녀에게 정서적·사회적 지지를 제공할 수 있을 뿐 아니라 이혼 여성이 빈곤에서 벗어나는 가장 빠른 길이다. 무엇보다도 재혼가족은 부부 두 사람, 아니면 적어도 부부 중 한 사람이 제2의 기회에 대한 희망을 가지고 출발한 가족이다.

초혼가족과는 달리, 재혼가족은 구조적으로 복잡하므로 통합에 이르기까지 여러 적응과제에 직면하게 되지만, 성공적인 재혼가족은 현실적으로 가능한 목표다. 초혼가족과의 차이점을 이해하고 수용하며, 적응 과제를 수행하는 데 충분한 시간을 가지고 노력한다면 성공적인 재혼가족을 만들 수 있을 것이다.

성공적 재혼가족의 특성은 다음과 같다(Visher, Visher, & Pasley, 2003: 163-171).

첫째, 기대가 현실적이다.

둘째, 상실이 애도될 수 있다.

셋째, 튼튼한 부부 관계가 수립되어 있다.

넷째, 만족스러운 계부모자녀, 계형제자매 관계가 형성된다.

다섯째, 만족스러운 일상과 의식이 수립된다.

여섯째, 가구들이 서로 협동한다.

과거 호주제에서는 재혼가정의 자녀가 친부의 성과 본을 따르도록 되어서 재혼가족 자녀들은 형제 간의 성씨가 달라 학교생활이나 이웃과의 관계에서 고통을 겪기도 하였다. 다행히 민법 개정안이 2005년 3월 2일 통과되어 가정법원의 판단에 따라 새아버지 성의 승계가 가능하게 되었다. 최근에는 재혼생활을 시작하려는 사람들을 위한 재혼준비 교육, 그리고 재혼가족이 새로운 가족 형태에 적응하는 것을 돕기 위해서 재혼가족의 부부와 자녀를 대상으로 하는 재혼가족 교육 프로그램도 개발되고 있다(김연옥, 2005: 215-235).

예를 들어, 정현숙은 재혼가족을 위한 준비 프로그램을 개발하였고, 여기에서는 재혼에 대한 이해, 배우자 역할 준비하기, 부모 역할 점검하기를 다루고 있다. 임춘희는 재혼가족의 관계개선 프로그램을 개발하였으며, 여기에서는 재혼가족에 대한 이해, 부모의 재혼과 관련된 부정적 정서와 스트레스 완화, 계부모-자녀 간 갈등

해결을 다루고 있다(정현숙, 2000: 이형진 외, 2021 재인용).

그리고 김미옥은 재혼가족을 위한 상담과 교육을 병행하는 재혼가족 관계개선 프로그램을 개발하였다. 여기에서는 다양한 양육 상황에 놓인 재혼가족 부모의 양육 스트레스를 재혼생활 경험을 통해 탐색하고, 친자녀와 계자녀 양육 사이에서 느끼는 혼란스러운 감정과 부정적 감정을 이해하고 수용할 수 있는 기회를 제공한다(김미옥, 2014: 163). 무엇보다도 재혼가족을 하나의 가족 유형으로 받아들이는 사회적 인식의 전환이 재혼가족의 적응에 힘을 보탤 것이다.

3. 한부모가족

1) 한부모가족의 정의

한부모가족이란 이혼, 사별, 별거, 가출, 유기 등에 의해 양친 중의 한쪽과 그 자녀로 이루어진 가족을 말하며, 모(母)가 세대주(세대주가 아니더라도 세대원(世代員)을 사실상 부양하는 자를 포함)인 모자가족, 부(父)가 세대주(세대주가 아니더라도 세대원(世代員)을 사실상 부양하는 자를 포함)인 부자가족으로 나뉜다.

우리나라는 1990년대 이후 가족 구조의 급변화를 보이기 시작하였고, 이 같은 변화는 혼인율과 출산율의 감소, 이혼 가족을 비롯한 다양한 가족 형태가 증가하는 현실에서 쉽게 확인할 수 있다. 특히 결혼 및 가족 가치관의 변화로 1인가구가 증가하고 있을 뿐 아니라 결혼과 가족 구성 방식이 다양해지면서, 국제 결혼 가족, 기러기 가족, 한부모가족 및 조손가족 등과 같은 과거에는 그 빈도가 매우 낮아 일종의 일탈적 유형으로 보였던 다양한 가족 유형들이 최근에는 통계적으로 의미 있는 빈도로 등장하여, 이른바 후기 근대 가족의 주요 유형으로 자리 잡게 되었다.

이러한 추세는 현대사회의 개인주의적 가치관의 발달과 함께 공동체 의식을 약화시켜, 가족보다는 개인의 가치를 중시함으로써 이혼, 유기, 별거 등 가족해체를 촉진시켰고, 산업재해, 각종 공해, 대형사고, 신종 질병 등 산업사회에서의 새로운 사회적 위험이 한부모가족을 증가시키는 요인으로 작용하였다(정지훈, 박향순, 2004, 재인용; 이형진 외, 2021 재인용).

2) 한부모가족의 현황 및 원인

전통적인 한부모가족은 배우자의 사망에 의해 형성되는 것이었다. 그러나 고도의 산업화 과정과 급속한 사회변동을 겪으면서 배우자 사망 외에도 가치관 등의 변화 및 개인의 선택 등으로 인해, 한부모가족의 발생 원인이 다양하게 생기게 되었다. 2023년 여성가족부의 실태조사자료에 따르면, 평균 연령은 43.6세, 대다수(81.6%)가 이혼 한부모이며 평균 1.5명의 자녀를 키우고 있는 것으로 나타났다.

연령은 한부모 평균 연령은 43.6세이며, 30대 이하 23.7%, 40대 60.7%, 50대 이상 15.7%. 혼인상태는 이혼 81.6%, 사별 11.6%, 기타 6.8%, 자녀수는 1명

표 10-4 한부모가구, 2018~2023년

(단위: 천가구, %)

구분		2018년	2019년	2020년	2021년	2022년	2023년	2018년 대비		2022년 대비	
가구	친족가구	13,790	13,809	13,860	13,810	13,757	13,699	-91	-0.7	-58	-0.4
	한부모가구*	1,539	1,529	1,533	1,510	1,494	1,493	-46	-3.0	-1	-0.1
	부+미혼자녀	391	384	381	374	365	361	-31	-7.8	-4	-1.0
	모+미혼자녀	1,148	1,145	1,152	1,136	1,129	1,132	-16	-1.4	3	0.2
구성비	친족가구	69.0	67.9	66.2	64.4	63.2	62.1	-7.0	-	-1.1	-
	한부모가구*	7.7	7.5	7.3	7.0	6.9	6.8	-0.9	-	-0.1	-
	부+미혼자녀	2.0	1.9	1.8	1.7	1.7	1.6	-0.3	-	-0.0	-
	모+미혼자녀	5.7	5.6	5.5	5.3	5.2	5.1	-0.6	-	-0.1	-

출처: 통계청(2024d). 인구주택총조사.

57.0%, 2명 36.9%, 3명 이상 6.1%로 평균 1.5명, 가구원수는 평균 2.8명으로 점점 소규모화 되는 것으로 나타났다. 가구 구성은 모자가구(53.4%), 모자+기타가구(14.0%), 부자가구(20.7%), 부자+기타가구(11.9%) 순이며, 기타가구: 모자(母子), 부자(父子) 외 조부모 등 다른 세대원이 함께 거주하는 가구이다.

3) 한부모가족의 대안 및 지원 프로그램

〈표 10 - 5〉와 같이 한부모가정 혜택을 받기 위해서는 현재의 소득수준과 재산을 고려하여야 한다. 한부모가족의 경우, 소득인정액이 가구 규모별 기준 중위소득과 비교했을 때 다음에 해당해야 지원대상자로 선정되며 급여를 지급받을 수 있다.

(1) 경제적 지원

① 아동양육비

저소득 한부모가족이나 조손가족에 해당되는 경우 만 18세 미만의 아동에게 매월 지정된 금액이 지원된다.

② 추가 아동양육비

또한 미혼모나 미혼부가 만 5세 이하의 유아를 양육하는 경우 추가로 지원되며, 자녀당 중복 지원이 가능하다.

③ 학용품비

한부모가족 및 조손가족의 중·고등학생 자녀에게는 자녀 1명당 1년에 한 번 지원된다.

④ 생활보조금

한부모가족 복지시설에 입소한 가족에게는 한 가구당 한 달에 추가로 지원 받을 수 있다. 다만, 개인의 조건에 따라 지원 대상에서 제외되는 경우들이 있으므로 지원 제외 대상에 대해서는 찾기 쉬운 생활법령정보 사이트에 방문하여 직접 확인하는 것을 권장한다.

표 10-5 한부모복지급여 지급기준

지원종류	지원대상	지원금액
아동양육비	• 소득인정액이 기준 중위소득 63% 이하인 가족의 18세 미만 자녀 * 단, 고등학교 재학(고3 12월까지) 중인 경우 22세 미만 자녀	월 21만원
추가 아동양육비	• 소득인정액이 기준 중위소득 63% 이하인 조손 및 35세 이상 미혼 한부모가족의 5세 이하 아동	자녀 1인당 월 5만원
	• 소득인정액이 기준 중위소득 63% 이하인 25세 이상 34세 이하 청년 한부모가족의 5세 이하 아동	자녀 1인당 월 10만원
	• 소득인정액이 기준 중위소득 63% 이하인 25세 이상 34세 이하 청년 한부모가족의 6세 이상 18세 미만 아동 * 단, 고등학교 재학(고3 12월까지) 중인 경우 22세 미만 자녀	자녀 1인당 월 5만원
아동교육 지원비 (학용품비)	• 소득인정액이 기준 중위소득 63% 이하인 가족의 중학생·고등학생 자녀	자녀 1인당 연 9.3만원
생계비 (생활보조금)	• 한부모가족복지시설에 입소한 가족 중 소득인정액이 기준 중위소득 63% 이하인 가족	가구당 월 5만원

출처: 여성가족부(2024).

(2) 청소년 한부모 지원

24세 이하 청소년 한부모에게 아동양육비, 검정고시 학습비, 자립촉진수당 등을 지원하여 조기 자립할 수 있도록 지원한다(<표 10-6>).

*** 소득인정액**

기준 중위소득은 가구의 소득인정액으로 지원 결정. 근로·사업소득과 재산을 월 소득으로 환산한 금액의 합계. 근로소득 30% 공제근로·사업소득 계산 시 30% 공제를 적용한다. 단, 만 24세 이하인 경우 근로·사업소득 중 40만원 공제 후 나머지 금액에 대해 30% 추가 공제 적용한다.

표 10-6 2024년 청소년 한부모복지급여 지급기준

지원종류	지원기준	지급금액
아동양육비	저소득 한부모가족의 18세 미만 자녀	자녀 1인당 월 21만원
추가아동양육비	저소득 조손 및 만 35세 이상의 미혼 한부모가족의 만 5세 이하 아동	자녀 1인당 월 5만원
	25세 이상 34세 이하 청년 한부모가족의 5세 이하 아동	자녀 1인당 월 10만원
	• 25세 이상 34세 이하 청년 한부모가족의 6세 이상 • 18세 미만 아동	자녀 1인당 월 5만원
아동교육지원비 (학용품비)	기준 중위소득 60% 이하인 가족의 중학생·고등학생 자녀	자녀 1인당 연 9.3만원
생계비 (생활보조금)	한부모가족복지시설에 입소한 저소득 한부모가구	가구당 월 5만원

지원종류	지원기준	지급금액
아동양육비	기준 중위소득 65% 이하	자녀 1인당 월 35만원 또는 40만원
청소년 한부모 검정고시 등 학습지원	기준 중위소득 65% 이하인 가족으로서, 부 또는 모가 검정고시를 준비하는 경우	연 154만원 이내
청소년 한부모 자립촉진수당	기준 중위소득 65% 이하인 가족으로서, 부 또는 모가 학업이나 취업활동을 하는 경우	월 10만원

중복지급 제한 급여 종류

지원종류	중복지급 제한 대상
아동양육비·추가 아동양육비	• 긴급복지지원에 의한 생계지원, 가정위탁 양육보조금
생활보조금	• 기초생활 수급자의 생계급여 • 긴급복지지원에 의한 생계지원
아동교육지원비(학용품비) 청소년한부모가족 고등학생 교육비	• 기초생활 수급자의 교육급여, 장애인복지법에 의한 교육비 지원, 긴급복지지원에 의한 교육지원

출처: 여성가족부(2024).

(3) 복지자금 대여

한부모가족의 생활 안정과 자립을 지원하기 위해 사업자금, 아동교육비, 주택자금, 의료비를 대여해 주는 혜택이다. 금융 이용이 어려운 금융소외계층들에 한정하여 자금을 보증과 담보 없이 대여해 주는 혜택이라고 보면 된다.

사업운영자금과 창업자금의 복지자금 대여를 받기 위해서는 신용등급이 7등급 이하여야 하며, 수급권자나 차상위계층 이하인 자, 근로장려금 신청자격 조건에 해당되는 자만 신청할 수 있다.

(4) 2020 한부모가족 그 밖의 혜택들

① 이동통신요금이 감면된다. 자세한 혜택은 현재 사용 중인 이동통신사로 문의하면 된다.

② 주거용 주택에서 사용하는 전기요금 감면 혜택과 도시가스요금 감면 혜택이 있다.

③ 각종 수수료가 면제다(주민등록 수수료, 인감증명 수수료, 본인서명 사실확인서 발급 수수료, 공증인 수수료, 확정일자 수수료, 공무원 시험 응시수수료 면제, 자동차 검사 수수료 감면).

④ 최대 50%까지 과태료가 감경된다. 그러나 현재 과태료를 미납하고 있는 경우에는 혜택이 제한된다.

⑤ 비영리법인이 설치한 어린이집이나 유치원 등의 아이돌봄 서비스가 우선 제공된다.

⑥ 공공시설에 매점이나 시설을 설치하는 경우 우선적으로 허가되며, 복권을 판매하는 복권사업자의 경우 우선계약 혜택이 있다.

⑦ 문화누리카드인 통합문화이용권을 지급받을 수 있다.

⑧ 국민주택 우선분양 혜택, 임대주택 특별공급 혜택, 장기공공임대주택의 임대료 지원 혜택을 받을 수 있다.

⑨ 일정 기간 거주지와 생계를 지원 받을 수 있는 한부모가족 복지시설의 이용이 가능하다.

⑩ 인지청구 또는 자녀의 양육비 청구 등을 위한 법률상담이나 소송대리 등의 법률 서비스를 무료로 이용 가능하다.

4) 양육비 이행지원 제도

한부모가족 자녀의 안정적 성장 환경 조성을 위해 미성년 자녀의 양육비 청구와 이행확보를 지원한다.

지원대상은 양육비 이행확보 및 지원에 관한 법률에 따른 만 19세 미만 자녀양육 한부모·조손 가족, 한부모가족지원법에 따른 자녀 양육 한부모·조손가족, 이혼한 부모뿐만 아니라 미혼모·미혼부도 지원한다(미혼모는 인지청구(자녀와 친부의 친자확인소송)부터 지원).

양육비 상담에서 협의, 소송 및 추심, 양육비 이행에 이르기까지 1회 신청으로 자녀가 성인이 될 때까지 지속적 양육비 이행을 관리한다.

- 상담
- 합의
- 소득재산조사
- 소송 또는 채권추심
- 이행 모니터링
- 양육비를 받지 못해 어려움에 처한 양육비 이행지원 신청 가정에 한시적 양육비 긴급지원(월 20만 원, 최장 12개월)

4. 조손가족

1) 조손가족의 정의

조손가족이란 1대 조부모와 3대인 손자녀로 구성된 가족으로서, 자녀를 돌볼 능력을 상실한 2세대 성인 자녀를 대신하여 손자녀를 돌볼 책임을 조부모가 전담하여 일차적으로 맡아서 대리 부모 혹은 대리 양육자의 역할을 수행하는 형태의 가족을 일컫는다(박경애, 2007; 이형진 외, 2021 재인용). 일반적으로 조부모-손자녀가정, 조손가정, 조손가족, 할머니·할아버지 가장세대, 조부모-손자녀 세대, 조부모와 동거하는 소년소녀 가장 세대 등으로 불리고 있다.

- 그랜드페어런트 헤드 홈(grandparent-headed home)
- 커스터디얼 케어(custodial care)
- 스킵 제너레이션 하우스홀드(skipped-generation household)
- 그랜드페어런트 라이징 그랜드칠드런(grandparent raising grandchildren)
- 그랜드페어런트 케어기버(grandparent caregivers)

이와 관련하여 페블리(Pebly)와 루드킨(Rudkin, 1999)은 손자녀가 조부모와 함께 사는 경우를 커스터디얼 케어(custodial care)와 코레지던스(coresidence)의 두 가지 형태로 구분하였다. 커스터디얼 케어(custodial care)는 부모와 손자녀가 조부모와 함께 거주하면서 부모의 취업 등으로 인해 조부모가 손자녀를 양육하는 것을 말하며, 코레지던스(coresidence)는 사망, 가출 등 부모 세대의 결손이나 약물 남용, 십대의 임신, 에이즈 등으로 부모의 역할을 할 수 없을 때 조부모가 유일한 보호자로서 손자녀를 양육하는 것을 뜻한다(신은정, 2004; 이형진 외, 2021 재인용).

한편 젠드렉(Jendrek, 1994)은 커스터디얼 케어(custodial care)로 간주하는 양육자로서의 조부모 기준을 크게 세 가지로 나누어 설명하였다.

① 조부모들이 18세 이하의 손자녀들과 함께 동거 여부

18세 이상의 손자녀이거나 한 건물에 동거는 하지만 동일한 아파트 건물에 사는 것이 아니라 상이한 거주 단위에서 살고 있는 조부모는 제외된다.

② 조부모들이 함께 사는 손자녀들의 기본적인 의식주 욕구에 양육자로서의 책임 여부

조부모가 손자녀와 동거하고 있지만 그의 자녀가 아동 양육의 책임이 있는 경우는 해당되지 않으며, 조부모들이 아동 양육 보조와 손자녀와 관련된 다른 가사 책임을 수행하지만, 손자녀의 부모가 여전히 주요한 양육자인 경우나 이와 비슷한 경우에도 조손가족에 배당되지 않는다.

즉 조손가족 조부모들은 법정에서 손자녀의 법적·신체적 보호 권한을 부여받기 때문에 그들은 손자녀를 양육하는 데 있어서 부모의 책임감과 권위를 전적으로 갖는다고 볼 수 있다.

③ 양육 책임 기간

톰슨(Thomson)과 밍클러(Minkler, 1995)는 최소 6개월 이상 부모의 역할을 수행해 온 경우로 제한했다(김정은, 2001; 정효미, 2007 재인용).

2) 조손가족의 원인 및 실태

최근 우리 사회는 가족의 해체로 인해 부모 없이 조부모와 손자녀가 함께 살고 있는 이른바 조손가족이 증가하고 있으며, 그 직접적인 원인으로 이혼의 증가를 들 수 있다. 통계청 자료에 따르면 〈표 10-7〉과 같이 2018년 기준 조손가구는 총 123,781가구로, 전체 가구(17,950,675)의 0.7%를 차지하는 것으로 집계되었다.

표 10-7 조손가족 현황

(단위: 가구)

가구주의 연령별	60~64세	65~69세	70~74세	75~79세	80~84세	85~89세	90세 이상
조부(모)+미혼 손자녀	1,573	4,092	6,196	14,787	36,876	40,990	20,840

자료: 통계청(2018).

이혼, 별거, 가출 등의 가족해체와 각종 사고, 질병 등의 사회적 배경이 주요 발생 원인인 조손가족은 대부분 경제적으로 많은 어려움을 호소하고 있다. 경제적 자원이 부족한 것은 조손가족의 조부에게 스트레스 요인이 되고 있으며, 빈약한 경제적 자원으로 노년기 우울증을 유발하게 된다. 빈곤함으로 인하여 조손가족의 조부모는 일상적 삶의 의미, 사회적 교제 등에서 일반 노인보다 더 낮은 만족도를 보이고, 이로 인해 조부모의 자존감이나 자발성 인간관계 등도 약화되고 있으며, 노화로 인한 건강 악화, 지역사회 자원에 대한 정보 부재 등의 복합적인 문제를 안고 있다.

대부분의 조손가족 조부모들은 친척이나 이웃으로부터 사회적 지지를 거의 받지 못하고 있으며, 손자녀의 양육 또한 더욱 어려워, 버넷(Burnett, 2000)에 의하면 손자녀를 양육하는 조부모들은 부모 대리의 역할로 인한 만성질환의 악화, 불안, 우울 등의 신체적·정신적 건강문제들을 겪고 있다고 한다.

조손가족 아동의 경우 대부분 양부모 혹은 한부모와 함께 살고 있는 아동들에 비해 양육자와의 애착관계가 약하게 형성되며, 가족 간 상호작용 또한 매우 빈약하게 된다. 자녀의 이러한 불안정하고 부정적인 심리 상태는 학교생활 및 학업 성취에서의 어려움으로 이어져 후에 사회 부적응으로 이어지게 된다.

3) 조손가족의 대안 및 지원 프로그램

여성가족부의 2007년 정책보고에 따르면, 우리나라 조손가족은 가족해체 과정에서 만들어진 일탈적 가족유형이라기보다는 사회구조 변화 과정에서 만들어진 변형된 가족유형으로 보아야 할 것이다. 즉 이들은 일시적이거나 한시적 상황에서 생활하는 것이 아니라 양육자가 양육의 책임을 인지하며 그런 상황을 해결하고자 하는 의지를 가지고 형성된 가족이고, 혈연적 유대를 바탕으로 하고 있으므로, 가족구성원의 사망이나 손자녀 부모의 귀환 혹은 손자녀의 성장에 따른 독립세대 형성이 있기 전까지는 일반가족과 다를 바 없는 가정생활을 하는 정상적인 가족이다.

따라서 이들에 대한 지원은 이들이 자신들의 현실을 스스로 결정할 수 있는 생활주체하는 점과 이들이 자신이 처한 현실 속에서 정서적 안정을 꾀하며, 생활하고자 한다는 기본 전제 하에 이루어져야 한다.

구체적으로 지원의 종류와 지원방안 지원내용을 살펴보면 다음과 같다.

(1) 경제적 지원

① 제도적 개선을 통한 현실적 지원

조손가족 아동양육 보조금, 국민기초생활보장법에 따른 지원금, 노령연금, 노인수당 등이 지급되지만 낮은 상태이므로 물가상승률과 비교하여 현실적 지원을 위한 제도적 개선이 필요하다. 또한 미국에서 실시하는 아동부양강제법이나 강제 양육법 등을 도입, 부모의 소득에서 자녀양육비 원천징수 방안의 모색도 고려해야 한다.

② 현실적인 양육비 및 교육비 지원

조손가족의 경우 부모의 양육이 불가능하고 교육 여건이 향후 개선될 가능성이 상대적으로 낮기 때문에, 현실적으로 고등학교 교육비 및 취업을 전제로 한 기능전문 학원의 수강료 등에 대한 사교육비 지원을 현실화해야 한다.

(2) 손자녀 교육서비스 및 상담지원

① 학습능력 향상 교육 프로그램

조손가족의 경우 방치된 아이들의 학습능력 저하는 비행 청소년으로의 유입을 조장하는 것이므로, 손자녀의 학습능력과 특성을 고려한 교육 프로그램을 개발하고, 일정 수준 이하의 아이들은 방과 후 학교 등을 통하여 학습능력을 향상시켜야만 한다.

② 손자녀의 적성 및 능력과 향후 진로상담 프로그램

손자녀의 정규 학습과제 이외에도 아이들의 적성과 능력을 발굴하고 육성할 수 있는 프로그램이 시급하다. 이에 정부는 상담 기관의 전문가들이 정기적으로 손자녀를 만나 교육하거나, 상담할 수 있는 정기적 프로그램의 마련과 함께 향후 진로에 대한 조부모들과의 상담 지원을 추진해야 한다.

(3) 법제도 개선을 통한 지원 확대

① 조손가족 보호 범위 확대

2008.1.18부터 시행된 한부모가족지원법은 조손가족의 아동 범위를 부모의 사망, 이혼, 가출 등 실제적으로 불가능한 경우를 중심으로 규정하고 있으므로, 이를 완화시켜 현실적으로 지원이 필요한 조손가족에까지 혜택이 돌아가는 방안을 추진해야만 한다.

② 추가 복지급여 확대

한부모가족지원법 제12조 제2항[1]의 5세 이하 아동에 대한 추가 복지급여도 확

1) 제12조 (복지 급여의 내용) ② 제1항제4호의 아동양육비를 지급할 때에 미혼모나 미혼부가 5세 이하의 아동을 양육하거나 청소년 한부모가 아동을 양육하면 예산의 범위에서 추가적인 복지 급여를 실시하여야 한다. 이 경우 모 또는 부의 직계존속이 5세 이하의 아동을 양육하는 경우에도 또한 같다. 〈개정 2011.4.12.〉

대개정 해야만 한다. 더불어 추가 복지급여 대상을 미혼모·부 및 미혼모부의 직계가족이 5세 이하의 아동을 양육하면 지급되는 추가 복지급여의 사항을 개정하여 조손가족으로 확대해야 한다.

(4) 의료서비스 지원

① 전담 주치의 및 간호사 방문서비스

정부는 단순히 의료비 지원이나 건강 보험료 감면, 경감 같은 경제적 대책 이외에도 보건소의 공중보건의나 혹은 간호사 등이 관할 지역의 조손가족을 정기적으로 찾아가 이들의 건강을 점검하고 상담을 통해 적극적 서비스를 받을 수 있도록 하여야 한다.

② 전담 간병인 지원서비스

조손가족의 경우, 조부모들이 노화로 인해 만성질환을 앓고 있어, 손자녀의 간병이 불가피하여 생활 전체의 마비와 동시에 손자녀의 결식, 학교결석, 학업중단으로 이어지는 경우가 있다. 따라서 이를 예방하기 위해서 지자체에서 고용한 간병인이 정기적으로 환자를 방문, 간병하고 사회복지사나 주치의의 감독하에 지원받을 수 있는 공공간병 지원제도의 수립이 필요하다.

CHAPTER 11 가족 기능에 따른 가족 변화

1. 맞벌이가족
2. 입양가족
3. 장애가족
4. 다문화가족

가족 기능에 변화가 발생한 가족도 있다. 맞벌이가족, 입양가족, 장애인가족 및 다문화가족은 특정 가족 기능의 변화를 경험한 가족들이다.

1. 맞벌이가족

1) 맞벌이가족의 보편화

여성 취업에 대한 태도가 변화하고 여성의 경제 활동이 증가함에 따라 우리 사회에서 맞벌이가족이 보편화되어 가고 있다. 갈수록 힘들어지는 가계살림에 해가 거듭될수록 맞벌이 부부가 늘어날 수밖에 없는 현실이다.

통계청에 따르면, 지난해 맞벌이를 선택한 부부가 1년 만에 22만쌍 증가한 것으로 나타났다. 맞벌이 가구는 늘었지만 이들의 근로시간은 되레 감소해 경제적 부담으로 부득이하게 맞벌이를 선택했지만 주52시간 근로제와 최저임금 인상 등으로 고용이 악화하면서 일용직 근로를 선택한 사람들이 늘었다는 뜻으로 분석할 수 있다.

가구주의 연령계층별 맞벌이 가구 비중을 살펴보면, 맞벌이 가구는 50~59세 184만 4천 가구, 40~49세 158만 8천 가구, 60세 이상 146만 6천 가구 순으로 많았다.

출처: 통계청(2023b).

그림 11-1 맞벌이 가구 현황

맞벌이 가구 비중은 50~59세, 40~49세에서 각각 55.2%로 높았으며, 전체 연령층에서 전년 대비 상승하였다(〈표 11-1〉, 〈그림 11-1〉).

표 11-1 연령별 맞벌이 현황

(단위: 천가구, %, %p)

	2021년			2022년			증 감		
	유배우	맞벌이	비중	유배우	맞벌이	비중	유배우	맞벌이	비중
전체	12,687	5,826	45.9	12,691	5,846	46.1	4	20	0.2
15~29세	170	73	42.8	157	79	50.1	-13	6	7.3
30~39세	1,696	906	53.4	1,604	870	54.2	-92	-36	0.8
40~49세	2,930	1,605	54.8	2,879	1,588	55.2	-50	-17	0.4
50~59세	3,364	1,857	55.2	3,339	1,844	55.2	-25	-13	0.0
60세 이상	4,528	1,386	30.6	4,712	1,466	31.1	183	80	0.5
15~64세	9,783	5,099	52.1	9,632	5,063	52.6	-151	-36	0.5

주) 비중=(맞벌이가구/유배우가구)×100

출처: 통계청(2023b).

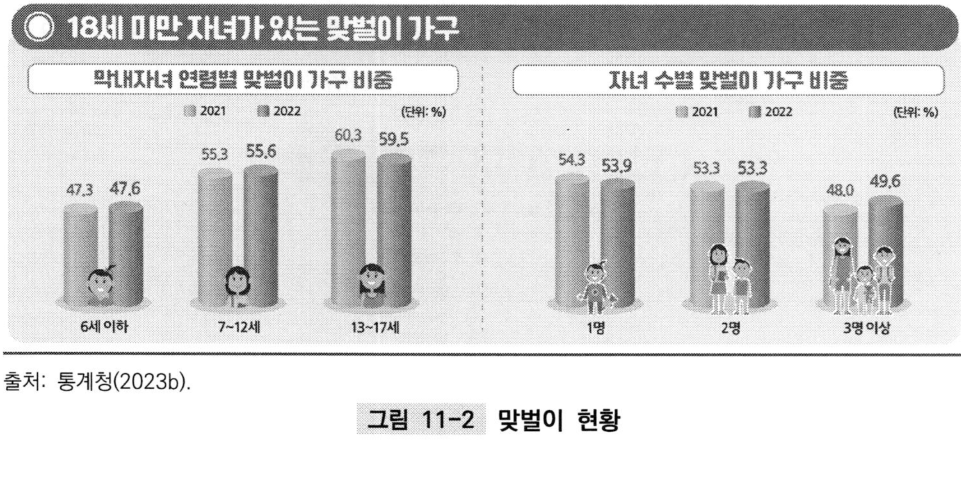

출처: 통계청(2023b).

그림 11-2 맞벌이 현황

맞벌이 가구(584만 6천 가구) 중 동거 맞벌이 가구는 512만 4천 가구로 나타났다. 동거 맞벌이 가구는 전년 대비 4만 6천 가구 증가하였으며, 맞벌이 가구 중 동거 맞벌이 가구 비중은 87.7%로 0.5%p 상승하였다(〈그림 11-2〉).

2) 맞벌이가족의 어려움

이와 같이 맞벌이가족이 증가하고 있지만, 일과 가정을 양립하는 데는 아직 많은 어려움이 있다. 흔히 우리나라 이성의 경제 활동 참가율은 M자형 곡선을 나타내는데, 이는 이성이 일과 가정을 양립하는 어려움을 단적으로 드러낸다. 제2차 가족실태조사에서는 맞벌이가족의 일·가정 양립 장애요인으로 자녀양육 부담, 가사 부담, 가족과 함께하는 시간 부족이 가장 높게 나타났다. 이와 유사하게 취업 부모들은 일과 가정을 양립하는 어려움으로 일·가정 양립 스트레스, 건강 문제, 시간 부족을 가장 많이 지적하였다.

취업 부모에게는 자녀 양육 문제가 가장 큰 애로점이다. 일부 맞벌이가족은 시부모나 친정부모의 도움을 받기도 하지만, 핵가족화 되면서 자녀 양육을 대신할 수 있는 친인척이 줄어들어 자녀를 돌봐 줄 사람을 구하거나 보육시설을 활용하게 된다. 하지만 보육시설의 부족, 맞벌이 여성의 임금에 비해 상대적으로 높은 보육료, 자신이 일하고 있는 동안 엄마를 대신할 만큼의 보살핌을 받을 수 있을까 하는 걱정 등의 어려움이 있다.

한편, 많은 맞벌이가족이 자녀를 가장 믿고 맡기는 데가 조부모다. 한국여성정책연구원의 조사에 의하면, 손자녀를 돌보는 주된 이유에서 자녀의 직장생활에 도움을 주기 위해서가 가장 높은 비율을 보였다. 그러나 손자녀를 돌보는 조부모의 73.8%가 상황이 된다면 손자녀 육아를 그만두고 싶어 하는 것으로 나타났다. 그 이유는 손자녀를 돌보는 것이 육체적으로 너무 힘들거나, 조부모 자신이 취미생활과 사회생활을 하고 싶어서가 가장 큰 것으로 나타났다(양은하, 2016; 이형진 외, 2021 재인용).

이렇게 손자녀를 돌보는 조부모를 일컬어 '시니어 맘'이라고 한다. 그들에게는 손자녀를 키우는 보람도 있겠지만, 하루 종일 아이와 시간을 보내다 보니 여가생활을 즐길 수 없고 체력이 약해지면서 받는 육체적·정신적 스트레스도 엄청나다. 전문가들은 "맞벌이 자녀의 아이를 키워 주다가 건강에 문제가 생기는 노년층이 많다."라며 "약해진 체력으로 아이를 보다가 신체에 무리가 오는 경우가 흔하고, 대화 상대가 되지 않는 아이와 종일 지내다가 우울증에 걸리기도 한다."라고 지적한다(김태열, 2013; 이형진 외, 2021 재인용).[1)]

3) 맞벌이가족의 성공적 적응

맞벌이가족의 성공적 적응을 위한 노력 맞벌이가족이 보편화하면서 이들은 다양한 방식으로 일과 가정을 양립하는 전략을 구사하고 있다. 김외숙과 이기영은 '동시적 유형'과 '순차적 유형'으로 나누었다. 그리고 어머니 역할과 취업을 번갈아 행하는 순차적 유형을 다시 '맏자녀 출산 직후 취업 중단형', 어머니 역할만 수행하는 '전통형', 취업 - 어머니 역할 - 취업 순을 밟아 가는 '취업중단형', 어머니 역할만 수행하다가 막내자녀 3세 이후 취업하는 '자녀양육 후 취업형' 그리고 자녀출산 전 취업 경험이 없다가 자녀출산 기간에 취업하는 '자녀출산기 취업형'으로 구분하였다(김외숙, 이기영, 2010; 258-259 김선미, 2013: 221-222 재인용). 무엇보다도 맞벌이가족은 그들이 처해 있는 상황에서 선택할 수 있는 최선의 생존과 성장 전략을 추구하면서 일과 가정을 병행해 나간다.

1) '황혼 육아'로 인한 우울증은 여가활동이나 대화로 풀고 건강검진을 정기적으로 받을 것을 전문가들은 권고한다. 아이 돌보기와 집안일로 스트레스가 쌓이고 여가를 즐기지 못하면 '황혼 육아 우울증'이 올 수 있다. 대화가 통하지 않으면서 떼를 쓰는 아이에게 온종일 시달리면 식욕 저하, 스트레스, 불면증 등 우울 증상이 나타나는데, 기분 동요가 심하고 사소한 일에도 쉽게 울적해지며 이유 없이 초조해지거나 불안하다면 이를 의심해 봐야 한다. 이럴 경우 아이가 자는 시간을 이용해 5~10분 정도 명상을 하고 편안한 리듬의 음악을 듣는 것도 도움이 된다(김태열, 2013).

맞벌이가족이 일과 가정을 성공적으로 병행하기 위해서는 개인적인 노력 이외에도 탄력적 근무시간, 재택근무, 육아휴직 제도 등 시회적인 제도가 뒷받침되어야 한다(김미숙 외, 2002; 이승현, 2007: 8 재인용). 최근 일·가정의 불균형을 해소하고 직정과 가정영역의 균형을 이루기 위한 노력이 정부, 기업, 건강가정지원센터 등에서 활발하게 이루어지고 있다. 정부는 남성의 가사노동 분담이나 자녀양육에 대한 책임을 강조하는 사회적 분위기를 조성하기 위하여 각종 휴가 및 휴직제도, 탄력적인 근로시간 운영 등의 관련 정책을 개선하고, '일·가정 양립'을 지원하기 위하여 '시간 선택제 일자리'를 마련하였다.

2. 입양가족

1) 입양가족에 대한 인식 변화 및 현황

개념적으로 입양이란 친부모가 자신의 자녀를 양육할 수 없거나 양육할 의지가 없는 경우, 양부모가 친부모를 대신하여 아동에게 영구적이고 안정적인 가정을 제공하는 것이다. 입양가족은 입양아를 받아들임으로써 가족구성원이 늘어나고 보다 복합적인 새로운 가족 관계를 형성하게 된다. 출산이 아닌 법률적 과정을 통해 부모-자녀 관계가 성립되는 사회적 과정이 입양인 것이다(장화경, 2001: 233).

태어난 모든 아이는 부모의 보호하에서 양육될 권리를 가지고 있다. 그런데 부모에게 양육될 수 없는 아동도 있다. 입양은 이런 아동에게 가족을 만들어 주는 바람직한 대안이다. 그동안 우리 사회에서 입양은 계속 존재해 왔음에도 입양에 관한 사회적 인식은 그다지 좋은 편이 아니었다. '낳은 정보다 기른 정이 더 깊다.'는 사례는 예외적인 것으로 간주되고, '피는 물보다 진하다.'는 혈연의식이 강하게 작용하였다.

이렇게 전통적인 유교문화로 인해 혈연을 중요시하다 보니 입양에 대한 선입견이 많았고, 심지어는 해외 입양 1위 국가라는 오명을 얻기도 하였다. 하지만 최근에는 국내입양에 대한 긍정적인 여론 및 사회적 분위기가 다방면에서 조성되고 있다. 『가족의 탄생』[2]은 불임은 아니었지만 엄마가 필요한 아이들에게 가족이 돼 주고자 하는 마음 하나로 창의적인 가족 만들기에 나선 젊은 부부의 이야기다. 언제부터인가 우리 사회에서 '가슴으로 낳은 아이'라는 말은 낯설지 않고 때론 따뜻한 감동으로 다가온다. 드라마에서는 입양자녀가 긍정적 캐릭터로 다루어지고 가족 힐링드라마가 되기도 한다.[3] 또한 공개입양을 실천한 유명 연예인이 가족은 혈연으로만 이루어져야 한다는 잘못된 인식 개선을 위해 앞장서기도 한다(박미라, 2012).[4]

이런 맥락에서 정부는 2005년 입양촉진 및 절차에 관한 특례법 개정으로 입양의 날(5월 11일)을 제정했다. 입양의 날은 가정의 달(5월)에 한 가정(1)이 한 명의 아동(1)을 입양해 새로운 가정(1+1)으로 거듭나자는 의미를 담고 있다. 국내외 입양현황을 살펴보면, 2005년 이전까지는 해외입양의 비중이 컸다. 즉, 해외입양은 15만 7,145명(69.9%)이었고 국내입양은 6만 7,607명(30.1%)이었다. 그러나 2016년 국내입양이 해외입양보다 많아졌고 그 추세는 지금도 지속되고 있다. 특기할 사항은 2023년에 국내입양 150명, 해외입양 79명, 전체 229명으로 급격히 감소했다는 점이다.

---

2) 『가족의 탄생』(이설아, 2013, 북하우스)은 신생아와 연장아를 차례로 입양한 엄마 이설아가 완전한 가족으로 거듭나기까지의 과정을 담은 책이다, 그리고 한 입양엄마가 연장아 입양을 통해 입양의 현실을 마주하고서야 자신이 덜 자란 엄마였음을 깨닫고 진정한 사랑의 의미를 배워가는 성장담이다.

3) KBS 드라마 〈내 딸 서영이〉에서는 주인공 우재의 막내 동생 성채가 데려다 기른 아이이지만 딸보다 애교 많은 아들로 가족에게 사랑받는 캐릭터로 등장한다. SBS 일일드라마 〈가족의 탄생〉에서도 입양된 수정은 아버지의 죽음을 통해 자신이 입양아라는 사실을 알고 충격을 받지만, 가족에게 든든한 버팀목이 되며 진한 가족애를 만들어 간다(김남희, 2013).

4) 차인표, 신애라 부부는 2005년에 딸 예은 양과 3년 후인 2008년에 둘째 딸 예진 양을 공개입양했다. 그리고 탤런트 이아현과 송옥숙 역시 공개입양 사실을 밝혀 화제가 된 바 있다(박미라, 2012).

표 11-2 국내외 입양현황

구분	2005년 이전	2010	2016	2021	2022	2023
계	224.752	2.475	880	415	324	229
국내	67.607	1.462	546	226	182	150
해외	157,145	1.013	334	189	142	79

출처: 통계청(2024c).

2) 입양가족의 형성 및 적응

입양가족의 형성 및 적응의 출발점은 입양 동기다. 입양부모에는 생물학적 방법으로 자녀를 가질 수 없는 불임부부도 많다. 불임은 자존심의 손상뿐 아니라 여러 가지 상실을 경험하는 아픈 과정을 수반하는 것이 보통이다. 장화경에 의하면, 불임이라는 믿고 싶지 않은 판정을 받고 실망, 좌절, 분노, 상실감을 경험한 다음에 입양을 본격적으로 생각하게 된다. 이때는 이미 결혼 후 상당 기간이 소요된 후이므로 입양부모의 연령은 30대 후반에서 40대 초가 주류를 이룬다(장화경, 2001: 238-240). 한편, 유자녀 가족의 입양은 대개 아이의 양육 자체에 관심이 많지만, 이 경우에도 부부는 나름의 특별한 입양 계기가 있으며 마음으로 해산의 고통을 겪기도 한다.

3) 입양가족의 이슈

(1) 공개입양

공개입양 사실을 공개할 것인가 하는 문제는 입양가족에게 민감한 이슈다. 입양가족은 입양을 공개할 의사가 있더라도 현실적으로는 가까운 사람에 한정하여 알리는 반(半)공개를 많이 하고, 완전공개는 드물다. 입양기관 전문가는 다양한 가족관계를 인정하는 것이 바람직하므로 공개입양을 확산해야 한다고 주장하고, 입양아에게 입양 사실을 말해 주는 것은 빠를수록 좋고, 입양아끼리 만나게 하는 것이 필요하다고 조언한다. 그러나 입양부모의 입장에서는 입양아가 자라면서 겪을지도 모르는 차별을 걱정할 수밖에 없는 현실적인 어려움이 있다(장화경, 2001: 233). 최근 입양에 대한 사회적 인식이 변화하면서 공개입양에 대한 인식이 점차 개선되고 있으므로 앞으로 공개입양을 선택하는 입양가족이 늘어날 것으로 보인다.

(2) 뿌리찾기

뿌리찾기는 입양아동과 가족에게 또 다른 중요한 이슈이며, 특히 공개입양 아동에게 보다 보편적인 현상이다. 이는 입양아동의 자아정체감에 커다란 영향을 미치며, 상실과 애도, 애착 형성에도 관련된다. 즉, 자신을 낳은 부모가 따로 있다는 것을 알게 되면서 입양아동은 상실감을 갖게 되고 이에 대해 애도하며, 이는 다시 입양부모와의 애착에 영향을 미칠 수 있기 때문이다(권지성 외, 2010: 211).

뿌리찾기의 동기는 첫째, 입양된 이유에 대한 궁금증, 둘째, 친생부모의 유전적인 정보를 통한 삶의 연속성에 대한 욕구, 그리고 셋째, 입양인으로서의 정체감 확립 등이다(권지성 외, 2010: 213). 그동안 뿌리찾기에 대해서 긍정적인 결과가 보고되어 왔다. 여기에는 친생부모의 상황과 환경에 대한 이해보다 통합된 존재가 된 느낌, 정체감의 확립, 입양부모와의 관계 향상 등이 있다. 경우에 따라 이는 실망스러운 결과를 가져오기도 하지만, 그런 경우조차 입양인은 뿌리찾기 과정 자체를 만족스럽게 여기는 경향이 있다고 보고된다(권지성 외, 2010: 215). 뿌리찾기는 주로 성인 입양아동에게서 많이 이루어지고 있으나 최근 연구에는 학령기부터 시작된다는 보고도 있다. 권지성 등은 학령 입양아동의 뿌리찾기는 아동의 발달단계와 맞물려 있어서 자신의 뿌리를 찾고자 하는 결정적 시기가 있다고 지적한다. 아동기의 뿌리찾기는 친생부모에 대한 궁금증을 해결하는 수준에 머무른다(권지성 외, 2010: 221).

해외에 입양된 한국 아동이 정체성을 찾아 가는 과정에서 입양부모가 보이는 태도는 배울 점이 많다. 해외 입양부모는 입양자녀에게 이런 정체성을 가지라고 가르치거나 유도하는 것이 아니라 다양한 길을 보여주면서 입양인 스스로 선택해 갈 수 있도록 돕는다. '네 인생 네가 알아서 해라.' 식의 방관적인 태도가 아니라, 입양인이 독립적이고 주체적인 존재로 살아가도록 다양한 대안을 제시하면서 자기결정의 기회를 주고, 이를 지켜보면서 더 나은 결정을 하도록 돕는 '너는 네 길을 가라, 내가 옆에 있을게.'라는 태도는 우리에게 시사하는 바가 크다(권지성, 2013: 147).

(3) 입양특례법과 아이의 안타까운 현실

그동안 입양 관련법과 제도가 미비하다는 지적이 끊이질 않았다. 2012년 8월에는 입양 절차 전반에 대한 국가의 관리감독 의무를 강화하고 입양아동의 인권을 보호하기 위해 입양특례법이 개정되었다.[5] 이 개정법의 핵심은 가정법원의 허가를 받아야 하며, 부모가 출생신고를 하고 일주일의 숙려 기간을 거쳐야 한다는 것이다. 개정된 입양특례법에는 국내입양을 우선 추진하기 위한 조치도 있는데, 입양기관의 장은 입양이 의뢰된 때로부터 5개월 간 국내입양을 추진하고, 이후 해외입양을 추진하도록 하고 있다. 해외입양 아동은 친생부모 찾기 및 국적 회복 지원, 고충상담 등의 사후 서비스를 받을 수 있다.

그러나 입양특례법은 진보하였으나, 현실은 이를 따라가지 못해 안타깝다. 2012년 새로 개정된 입양특례법에 의하면, 입양에는 친부모의 동의와 친권 포기가 필요하다. 2015년 꽁꽁 묶인 검은색 비닐봉지에 담겨 음식물 쓰레기통에 버려진 갓난아이가 발견되었다. 다행히 생명에는 지장이 없었으나 현행법상 입양은 불가능한 것으로 나타났다. 유기된 영아는 친부모의 친권 포기가 없고 출생신고도 안 된 상태여서 입양이 불가능한 것이다. 이렇게 버려지는 아기가 매년 200~300명에 이른

5) 개정된 입양특례법에서는 '입양=민간단체의 자선 행위'라는 공식을 깨고 '국가가 책임져야 할 아동의 권리'라는 개념으로 중심축이 바뀐다. 해양입양은 '입양아동의 권익을 보호하는 것이 바로 선진국형 입양정책'이라며 환영을 표시하기도 한다. 그리고 한국입양홍보회 회장은 "입양절차 전반에 대한 국가의 관리감독 의무가 강화돼, 입양이 보다 신중하게 이루어질 전망이라며 "입양아동이 법률적·심리적으로 안정적인 환경에서 성장할 기반이 마련된 것"이라고 말했다(박란희, 2012; 이형진 외, 2021 재인용).

다(이기범, 2015; 이형진 외, 2021 재인용). 불행히도 이런 상황에서 극소수이긴 하겠지만 미혼모가 불법거래 유혹에 넘어가서 인터넷을 통한 영아매매가 이루어지기도 해 심히 우려되고 있다(지홍구, 2016).

3. 장애가족

1) 장애의 정의

(1) 장애의 정의

WHO는 장애의 개념과 범주를 개별적·사회적 모델 차이로 정의했다.

표 11-3 세계보건기구(WHO)의 장애의 개념

영역	내 용	주요 내용
기능장애	신체 기능과 구조 손상	신체 구조나 물리적·심리적 기능상의 상실이나 비정상성을 의미하며 기본적 기능 수행 불능 상태
능력 장애	활동 제한	개인적 수준에서 기능의 범위와 본질로서 일상생활에 관계된 개인의 활동
사회적 불리	참여 제약	손상 활동, 건강 조건, 생활 요인과 관련된 개인 참여에 대한 사회적 반응

(2) 장애인구 현황

우리나라 사회가 급속히 도시화·산업화가 되면서 장애인의 발생 빈도도 점차 높아지고 있다. 우리나라의 장애인구 수는 2023년말 기준 등록장애인 264만 2,000명, 전체 인구 대비 5.1%이다(〈표 11-4〉).

표 11-4 장애인구 현황

합계 2,641,896명(100%)											
남성	1,529,806	57.9	0~9세	35,180	1.3	지체	1,153,501	43.7	심한 장애	978,634	37.0
			10~19세	63,806	2.4	청각	432,854	16.4			
			20~29세	94,155	3.6	시각	248,360	9.4			
			30~39세	109,676	4.2	뇌병변	240,546	9.1			
			40~49세	209,775	7.9	지적	229,780	8.7			
			50~59세	397,716	15.1	신장	108,623	4.1			
			60~64세	306,493	11.6	정신	104,197	3.9			
여성	1,112,090	42.1	65~69세	321,172	12.2	자폐성	42,744	1.6	심하지 않은 장애	1,663,262	63.0
			60~69세	627,665	23.8	언어	22,830	0.9			
			70~79세	571,828	21.6	장루요루	17,117	0.6			
			80~89세	454,555	17.2	간	15,634	0.6			
			90~99세	75,738	2.9	호흡기	11,029	0.4			
			100세~	1,802	0.1	뇌전증	6,991	0.3			
						심장	4,933	0.2			
						안면	2,757	0.1			

출처: 통계청(2024e).

2) 장애가족의 문제점

장애인은 사회의 구성원으로서 장애인 스스로 독립된 생활을 영위하기가 힘들어 장애인이라는 이유로 보호와 관리란 명분으로 사회적으로 분리되어 차별대우를 받아왔다. 스스로 자립하지 못하고, 의존적인 존재로 자신의 삶을 살아올 수밖에 없었으므로, 평등 생활과 자립을 위한 정책이 수립·시행되어야 한다. 특히 정신지체아 부모들이 신뢰하고 지속적으로 돌보아 줄 수 있는 사회보호를 위한 주간 보호시설, 거주 보호시설, 사회복지관, 교육기관, 탁아시설, 치료기관 등과 같은 전문적인 서비스를 제공할 수 있는 보호가 활성화되어야 한다.

그러므로 국가적 차원의 적극적인 지지 아래 체계적인 교육을 받을 수 있는 공식적인 경로가 형성되고, 이를 쉽게 접근해서 이용할 수 있도록 홍보 또한 노력을 아끼지 않아야 한다. 또한 장애인 자신에게 내재하고 있는 잠재능력을 발전시키기 위해, 끊임없는 노력과 자신의 삶을 스스로 선택하고, 극복하기 위해 관리할 수 있는 장애인을 위한 특수교사, 의사, 물리치료사, 작업 치료사, 사회복지사, 언어 치료사, 직업 재활 상담가 등 전문가의 질적·양적인 면에서 양성이 시급하게 이루어져야 한다.

또한 전문가는 클라이언트에게 최상의 서비스를 제공하기 위해 전문적인 가치를 바탕으로 이들의 다양한 욕구에 반응할 수 있는 다양한 서비스를 연결하고, 지식과 기술을 개발하는 데 최선을 다하며, 재교육 및 보수교육의 활성으로 정확하고 완전한 정보를 제공하여 클라이언트에게 알 권리를 인정하고 존중해 줄 수 있도록 끊임없는 노력이 이루어져야 할 것이다. 더불어 실무자 행정전문가와 정책 결정자의 참여도 함께 이루어져야 한다.

한편 장애인 어머니의 심리 사회적 기능에 영향 변인에 대한 연구에서, 제공되는 사회적 지지의 수가 높을수록 장애인 어머니는 스트레스를 적게 경험한다고 하였다(Tagan Sshor, 1993).

장애인 부모는 자녀의 발달 지체로 인한 실망감과 좌절 등의 심리적인 불안정을 겪으며, 장애로 인하여 요구되는 지속적이고 특별한 양육부담과 관련한 어려움에 직면하고 있다. 우리나라 실정에서 부모교육 프로그램이나 교사의 다양한 요구가 오히려 장애인 어머니의 양육 스트레스를 가중시킬 수도 있다고 하였다(김희수, 1994). 그러므로 장애가정에 대한 지원은 일반 가정과는 차별적으로 접근해서 장애가정에서 발생할 수 있는 많은 문제점을 해결할 수 있는 프로그램을 개발해야 한다.

장애인이 가정생활에 미치는 영향

① 부모

- 심리적 상처 우울증 등 병리적 현상이 발생.
- 장애인의 부모는 자녀의 특수성에 따른 역할도 감당해야 하는 이중 부담 어려움.
- 장애인 부모는 비장애인 부모와는 다른 정서적 특성을 경험.
- 충격→ 불신→ 부정→ 분노→ 원망→ 교섭→ 협상→ 좌절→ 낙담→ 장기적 수용의 단계를 거치면서 부부간에는 모의 심리적 부담감, 부부 갈등을 겪기도 한다.

② 형제자매

욕구불만, 갈등, 가족 관계 회피, 적대감 등의 문제점이 발생하게 된다.

이러한 장애인 가족의 문제는 장애의 출현 시기, 장애가족구성원의 장애 유형, 장애 원인, 장애의 정도, 장애에 대처할 수 있는 가족 자원에 따라 다르다. 따라서 장애가족에 대한 서비스는 일방적으로 규정한 활동과 목표로 제공할 것이 아니라, 그들 가족의 욕구와 특성의 다양성에 대하여 이해하고 반영할 수 있도록 해야 한다.

3) 지원 방향

(1) 장애가족에 대한 지원 확대

장애가족에 있어 장애아동을 양육하는 데 육체적 부담을 감소하여 스트레스를 완화할 수 있는 보육 서비스나 자원봉사자 활용 프로그램을 근본적으로 개발해야 한다. 또한 장애가족은 일반 가정에 비하여 정신적·육체적으로 많은 어려움을 겪고 있으므로, 지원 정책을 확대해야 한다. 지금까지 장애인 복지는 주로 사회복지시설에 치중하여 왔지만 앞으로 재가 장애인이 많이 늘어나고, 정부도 사회복지의 방향을 시설복지보다는 재가복지에 초점을 맞추고 있기 때문에 장애가족에 대한 프로그램의 개발이 매우 중요하다고 볼 수 있다. 또한 장애아동의 어머니들이 정상 가정의 어머니들에 비하여 여러 가지 측면에서 어려움이 많으므로, 국가적인 차원에서 장애아동에 대한 복지정책을 개발하고 보급해야 한다.

(2) 사회적 지지를 강화하는 프로그램 개발

사회적 지지는 한 개인이 자신의 배우자나 가까운 친구들 그리고 친척들로부터 받고 있는 애정, 인정, 소속감, 안전감의 정도에 대한 만족도를 자기 보고식으로 주관적으로 평가하게 하여 측정하는 경우이다. 장애가족에 대한 사회적 지지는 우리가 그들이 받는 스트레스에 관심을 가지는 데 있지만 스트레스 그 자체에 관심을 가지는 것보다는 장애가족이 가지고 있는 스트레스를 어떻게 해결시켜 주느냐와 밀접한 관계를 지니고 있으므로, 장애가족의 심리적 부담으로 인한 스트레스를 감소시킬 수 있는 부모상담, 집단상담, 가족치료 서비스, 재활가족 캠프, 레크리에이션 등의 정서적 지지 프로그램이 개발되어야 한다.

더불어 장애가족의 사회적 지지망은 가족원, 친족, 이웃, 친구, 사회적 서비스 종사자와 교육 종사자 등으로 확대해야 할 것이다. 또한 장애가족들이 충분한 사회적 지지를 받기 위해서는 먼저 가정으로부터 충분한 지지를 받아야 한다. 그러므로 가정의 지지를 통해 스트레스의 부적응적인 영향을 완화시키고, 적응적인 대응 행동을 증진시키기 위해 장애가족에 대한 스트레스를 감소시켜 주어야 한다.

(3) 장애가족을 위한 전문적 프로그램의 개발

일반적으로 장애아동에게 부모의 역할은 단순한 보호 역할뿐만 아니라 전문적인 역할도 해야 하기 때문에 정기적인 가족상담 또는 부모교육을 통하여 전문적인 지식을 배워야 한다. 사회적 지지가 어떻게 스트레스 효과를 중재하여 부적응으로부터 개인을 보호하느냐에 대해서는 일치된 설명이 없음에도 불구하고, 사회적 지지는 인간의 기본적인 사회적 욕구를 충족시켜 주며 스트레스 발생을 예방할 뿐 아니라 스트레스로 인한 부적응 상황에 도움을 줄 수 있는 효과적인 완충제가 된다. 또한 개인의 심리적 적응을 돕고 좌절을 극복케 하고, 문제 해결의 도전을 받아들이는 능력을 강화하는 측면에서 그 중요성이 강조되고 있다.

장애가족에서 어머니의 돌봄에 따른 스트레스를 이해하고, 그 상황에 적절한 중재과제를 확인함으로써 어머니의 스트레스를 이해하고, 그 상황에 적절한 중재방안을 제공하여 정신지체아와 정신지체아 어머니의 안녕을 도모할 수 있는 프로그램이 개발되어야 한다. 그리고 장애아동 부모들의 집단 활동에 전문 사회사업가가 개입하여 부모회 모임을 강화하고, 일시적이고 집단적인 모임 형태에서 벗어나 부모들 스스로가 문제점을 정확히 파악하여 자녀 양육에 실질적인 도움과 스스로의 권리를 해결할 수 있는 방법을 찾을 수 있도록 효율적으로 유도한다. 또한 부모회를 통하여 사회의 편견을 개선하기 위하여 권익옹호에 앞장서며, 국가 및 사회단체에서 재정적·정책적 지원과 대중매체의 부모교육에 중요성이 진행되어 장애아동 재활을 위한 정책 프로그램 개발에 영향력을 행사하도록 해야 한다.

또한 장애아동의 특수한 의료적 욕구와 기구 등으로 인하여 갖는 재정적 부담을 국가 복지 정책 및 제도적인 면에서 국가지원이 이루어질 수 있도록 하여야 하며, 장애인에 대한 재인식을 위해 언론 매체를 이용한 다양한 홍보와 무료 보장구 지급 사업의 적극적인 홍보가 이루어져 장애아동 부모의 스트레스를 줄여야 한다. 현재 우리나라에서 일반 장애가족에 대한 지원은 미흡한 편이므로 장애가족이 정상적으로 가정에 생활하면서 재활을 받기는 힘든 상태이다. 이러한 부분에 대한 지원이 강화되어야 할 것이다.

제35회「장애인의 날」맞아 ‘장애인·비장애인 바른말 쓰기 장애인식개선 캠페인’ 슬로건 선포

제35회「장애인의 날」맞아 ‘장애인·비장애인 바른말 쓰기 장애인식개선 캠페인’ 슬로건 선포 (2015.4.20.)

“더불어 행복한 사회 바른 말 쓰기부터 함께해요.

하나, 장애우 장애자는 장애인으로,

둘, 일반인 정상인은 비장애인으로”라는 캠페인 슬로건을 공식적으로 선포하고 국민들에게 장애인식개선에 동참토록 할 예정이다.

4. 다문화가족

1) 다문화가족의 정의

통상적으로 다문화가족이란 국제결혼을 통하여 국내에 거주하고 있는 가정을 의미한다. 더불어 다문화가족지원법 제2조 제1호에 따라 결혼이민자 귀화자와 대한민국 국적 취득자로 이루어진 가족을 다문화가족이라 한다. 참고로 해체된 다문화가족의 구성원이었던 자녀에 대하여는 동법이 적용된다(다문화가족지원법 제14조의2). 한편 탈북자 출신의 남성 또는 여성이 우리나라에 입국한 후 이룬 가정도 다문화가족이다. 결국 다문화가족이란 서로 다른 사회적 및 문화적 배경을 가지고 있는 민족들 간에 이루어진 가족구성원이 있는 가정을 의미한다고 볼 수 있다.

2) 다문화가족 실태와 현황

2022년 다문화가족 실태조사에 의하면 전국의 다문화인구는 1,151,004명이다(〈표 11-5〉, 〈표 11-6〉).

표 11-5 2022 다문화현황(인구별)

2022										
합계	한국인 배우자	결혼이민자 및 귀화자			자녀			기타동거인		
	소계	소계	결혼 이민자	귀화자	소계	귀화 및 외국국적 자녀	국내 출생	소계	내국인	외국인
1,151,004	166,733	383,444	175,365	208,079	295,696	17,164	278,532	305,131	262,026	43,105

출처: 통계청(2023c).

다문화 혼인을 한 외국인 또는 귀화자 아내의 출신 국적은 베트남이 23%로 가장 많고, 중국(17.8%), 태국(11.1%) 순으로 많다. 2021년 대비 비중은 베트남은 9.5%p 증가, 중국과 태국은 각각 6.1%p, 0.3%p 감소하였고, 건수로는 베트남과 태국은 각각 2,118건, 343건 증가, 중국은 220건 감소하였다.

표 11-6 2022 출신 국적별 혼인 건수 및 비중, 2021-2022년

(단위: 건, %)

	남편	2021	비중	2022	비중		아내	2021	비중	2022	비중
	건수	13,926	100.0	17,428	100.0		건수	13,926	100.0	17,428	100.0
국적*	한국	9,314	66.9	12,281	70.5	국적*	한국	3,158	22.7	3,568	20.5
	외국[1]	4,612	33.1	5,147	29.5		외국[1]	13,063	77.3	10,768	79.5
	미국	1,305	9.4	1,398	8.0		베트남	1,883	13.5	4,001	23.0
	중국	1,180	8.5	1,126	6.5		중국	3,324	23.9	3,104	17.8
	베트남	445	3.2	601	3.4		태국	1,593	11.4	1,936	11.1
	캐나다	226	1.6	313	1.8		미국	496	3.6	645	3.7
	영국	112	0.8	166	1.0		일본	729	5.2	615	3.5
	호주	77	0.6	153	0.9		필리핀	326	2.3	576	3.3
	캄보디아	85	1.0	138	0.8		캄보디아	225	1.6	549	3.2
	일본	145	0.6	133	0.8		러시아	362	2.6	298	1.7
	대만	87	0.6	81	0.5		대만	279	2.0	213	1.2
	프랑스	86	0.6	70	0.4		몽골	195	1.4	192	1.1
	기타	864	6.2	968	5.6		기타	1,356	9.7	1,731	9.9

* 국적미상 제외

1) 귀화자는 귀화 이전 출신 국적, 외국인은 혼인 당시 외국 국적으로 분류

출처: 통계청(2023c).

3) 다문화가족의 변화 추이와 적응 문제

(1) 국제결혼의 변화 추이

① 농촌 지역 남성의 국제결혼이 빠르게 증가하고 있다.

② 국제결혼 상대자의 출신 국가가 다변화되고 있다.

③ 부부간의 연령 차이가 커지고 있다.

④ 학력에서의 이질혼(자신과 다른 사람과의 결혼) 경향이 나타나고 있다.

⑤ 재혼의 비율이 높다.

(2) 여성 결혼 이민자의 적응 문제

① 사회문화적 고립의 문제

② 경제적 어려움

③ 자녀 양육과 교육의 문제

④ 가부장적인 한국 사회에 적응하는 데 어려움

⑤ 가정 폭력의 심각성

(3) 다문화가족 적응과정

① 제1유형

한국 문화를 배우기 시작하는 단계로 한국 문화와 관련된 단편적 지식의 습득이 시작된다.

② 제2유형

문화적 지식을 어느 정도 배운 단계로 한국 문화와 생활에 익숙해지기 시작하는 단계이다.

③ 제3유형

한국 문화에 대한 문화적 지식이 높은 단계로 한국 문화 수용 태도가 적다.

④ 제4유형

한국 문화에 대한 문화적 지식이 높은 단계로 한국 문화 수용 태도가 높다.

(4) 다문화가족의 주요 문제

대부분의 다문화가족들은 언어 소통, 문화적 차이 등으로 한국 사회에 적응하기 힘들어 하고 있으며, 사회적인 편견과 차별을 당하고 있다. 또한 이에 따라 가정 폭력과 학대 등 가족들 사이에서도 많은 어려움을 겪고 있다. 하지만 위와 같은 어려움을 겪고 있음에도 불구하고 사회 제도가 많이 미흡한 실정이다.

① 한국어 능력 부족

- 부모의 한국어 능력 부족으로 인해 다문화가족 아동들의 한국어 능력이 부족하다.
- 의사소통 정도는 가능하나 이해력 부족으로 인하여 발달 부진이 초래된다.

② 사회성 부족

- 차별받는 느낌, 소외감으로 인하여 감정적으로 위축된다.
- 또래 관계가 원활하지 못함으로써 보육시설에서의 적응이 어렵다.

③ 가족 내의 문제

- 가족 간 의사소통의 문제로 인한 갈등, 이혼가정, 폭력이 발생한다.
- 부모의 양육, 기술 부족, 부모와 자녀 간의 갈등으로 인한 자녀의 정서적 불안정과 낮은 자존감 등의 문제가 생긴다.

(5) 다문화가족 지원체계

① 다문화가족지원법(2008.03월 제정)

- 제6조 생활정보 제공 및 교육 지원
- 제7조 평등한 가족관계의 유지를 위한 조치
- 제8조 가정폭력 피해자에 대한 보호·지원
- 제9조 의료 및 건강관리를 위한 지원
- 제10조 아동·청소년 보육·교육
- 제11조 다국어에 의한 서비스 제공

② 다문화가족 지원정책

- 다문화가족 자녀 언어발달지원사업 및 결혼이민자 통번역서비스 실시('09)
- 엄마(아빠) 나라 언어습득 지원을 위한 언어영재교실 사업 추진('11.1)
- 다문화가족 자녀생활서비스 추진 년('12)
- 이혼 등의 사유로 해체된 다문화가족 자녀에 대한 지원 특례 규정 마련('13.8), 개정('14.1) 시행
- 다문화가족 이중언어 환경조성사업 실행방안 마련 및 시범사업 실시('14.7)
- 다문화가족 방문교육서비스 개선방안 마련 및 자녀생활 서비스 소득수준별 자기부담금 적용제도 도입 및 시범사업 실시('14.10)
- 다문화가족지원법 일부 개정으로 방문교육 비용 차등지원 근거 마련 등('15.12) 개정('16.6) 시행

(6) 다문화가족지원센터 프로그램

다문화가족을 위한 지원 서비스는 전국 217개, 다문화가족지원센터[6]를 중심으로 실시되고 있다(여성가족부, 2017).

6) 다문화가족지원법 제12조 제1항, 제2항에 의해 설치·운영되는 시군구 단위 센터를 말한다.

표 11-7 다문화가족지원센터 프로그램

구분	공통필수	선택(예시)	비고
가족	• 다문화가족 이중언어 환경 조성프로그램 (연간 20시간) • 다문화가족 학령기 자녀·입학 및 입시 정보 제공, 부모 대상 (연간 4시간) ※ 상반기 2시간 하반기 2시간	• 가족의사소통프로그램 • 가족관계 향상 프로그램 • 결혼과 가족의 이해 • 가족의 의미와 역할 • 아버지교육 • 부모-자녀 관계 및 자긍심 향상 프로그램 • 자녀교육프로그램 • 부모역할교육, 자녀건강지도 • 자녀생활지도 등	연간 필수 24시간, 선택 26시간 이상 이중언어코치 배치 (센터는 공통필수 중 이중언어 환경조성 프로그램 160시간 이상)
성평등	배우자부부 교육	• 이주여성 대상 프로그램 • 이주여성과 한국인 배우자 대상 프로그램 등	10시간 이상 실시
인권	• 다문화이해교육 • 인권감수성 향상교육	• 다문화가족 관련법과 제도 • 이주민과 인권 등	10시간 이상 실시
사회통합	• 취업기초소양교육 • 구직자 발굴시 e새일시스템과 연계된 워크넷 등록 및 새일센터로 적극 연계 • 새일센터의 결혼이민자 대상 직업교육훈련 개설 시 적극 협조(교육과정 설계 모집 등)	-	e새일시스템과 연계된 워크넷 등록 및 새일센터 연계(10건 이상)
사회통합	• 다문화가족 나눔봉사단 소양교육 4시간 이상 • 다문화가족 나눔봉사단 활동	• 한국사회적응교육 • 소비자 경제교육 • 학업지원반 운영 및 연계 • 다문화가족 자조모임 • 다문화인식개선 • 결혼이민자 멘토링 프로그램 • 결혼이민자 정착단계별 지원 패키지프로그램	15시간 이상 실시 봉사자 소양교육 (필수 4시간 포함)
상담	가족상담	• 개인상담 • 집단상담 • 사례관리 • 위기가족 긴급지원 • 외부상담기관 연계 등	연간 80회기 이상

*** 가족센터 운영**

정부는 2021년부터 건강가정·다문화가족지원센터를 가족센터로 변경하였다.
건강가정기본법 제35조에 따른 '건강가정지원센터'와 다문화가족지원법 제12조에 따른 '다문화가족지원센터'의 기능을 통합해 운영하는 곳으로, 가족형태, 가족관계 특성 등을 고려한 가족교육, 상담과 다문화가족을 위한 한국어교육, 자녀 방문교육 등 종합 서비스를 제공하고 있다.
또한 아이돌봄서비스, 공동육아나눔터 운영 등을 통해 지역사회 돌봄 사각지대 해소에 큰 기여를 하고 있으며, 내년부터는 1인가구 사회관계망 지원 사업*과, '다문화가족 학령기 자녀의 학습과 진로 지원 사업**을 신규로 실시한다.

출처: 대한민국 정책브리핑(www.korea.kr)

(7) 다문화가족의 건강성

① 다문화가족이 높은 결혼 만족도를 보인다.

② 수용성 및 자신과 다른 것에 대한 관용과 개방성, 존중감, 새로운 것을 배울 수 있고 성장할 수 있는 기회가 있다. 자녀들에게 다양한 관점과 시각을 길러 줄 수 있다는 것, 가족 내에서의 활력 등의 측면에서 건강성을 확인할 수 있다.

③ 여성 결혼 이민자와 자녀는 개화 시대의 중요한 자원이 된다.

CHAPTER 12

실천 형태에 따른 가족 변화

1. 빈곤가족
2. 가정폭력가족
3. 치매노인가족
4. 알코올중독자 가족
5. 호스피스 케어 가족

1. 빈곤가족

1) 빈곤가족의 정의

빈곤은 보는 관점에 따라 개념화되며 시대와 지역적인 정서, 빈곤이 출현하는 사회구조나 경제적 가치 구조 등에 의해서 다양하게 설명될 수 있다.

이처럼 빈곤을 보편적인 관점에서 합치하기는 어렵지만, 일반적으로 우리는 빈곤을 욕구가 충분히 충족되지 않는 상태라고 정의하고 있다. 그러나 인간의 욕구는 다양하고 어느 정도가 충분히 충족되었다고 말할 수 있는가에 대해서 합의가 쉽지는 않다. 빈곤에 대한 개념은 다양하지만 개념적으로 절대적 빈곤과 상대적 빈곤으로 구분된다.

세계적으로 빈곤은 상대적으로 규정되는 추세이며 EU의 경우 각 회원국의 평균 소득의 50% 미만을 빈곤으로 규정할 만큼 범위가 확대되고 있는 상태이다. 유엔에서는 지속적으로 생계를 보장할 수 있는 소득 및 생산수단이 부족한 상태를 빈곤으로 보고 있다.

우리나라의 경우 빈곤은 절대적 기준으로 적용한다. 즉, 경제적 차원에서 사회복지와 관련하여 공공부조의 대상자를 중심으로 빈곤가족을 파악하는 편이며, 일반적으로 빈곤가족이라 함은 최저생계비 이하인 대상을 의미한다. 우리나라는 기초생활보장법 제2조에 의하면 건강하고 문화적인 생활을 유지하기 위해서 소요되는 최소의 비용을 최저생계비라 하며 보건복지부 장관이 공표하고 있다. 이들은 기본적인 생활을 유지하기 어려워 생존권의 위협을 받는 가족으로, 1997년 IMF 경제위기를 계기로 잠재적인 빈곤층이 표면으로 나타나게 되었다.

2) 빈곤가족의 발생 원인

빈곤 발생의 원인은 세 가지로 설명할 수 있다.

(1) 무작위적 사고 이론(The Random Events Theory)

개인과 가족이 자신의 통제범위 밖에 있는 어떤 사건 때문에 가난해진다는 이론이다. 가장의 장애나 사망으로 인해 남은 가족구성원들이 가난에 빠지는 경우가 좋은 예이다. 이혼으로 자녀의 부양 능력을 상실한 이혼녀도 여기에 속한다. 경기 후퇴로 인해 사업이 부도난 경우, 미혼모를 어머니로 둔 아이, 아버지로부터 버림받은 아이와 그 어머니, 정리 해고당한 노동자, 노동 능력을 상실한 노인, 장애인, 편모가정 등이 여기에 속한다.

(2) 사회적 장벽 이론(The Social Barriers Theory)

사회는 빈곤을 야기하고 빈곤으로부터 빠져나오기 힘들게 만드는 공식적·비공식적 정책을 펴고 있다. 인종차별, 주택차별, 노조에 의한 인위적인 고용 장벽, 취업 전 임시고용제, 고학력 요구 등이 그것이다.

(3) 개인 차이 이론(The Personal Differences Theory)

사회적 다수가 가진 개인적 자질을 결여하고 있기 때문에 가난하다는 이론이다. 낮은 학력과 기술 수준, 잦은 생산성, 낮은 근로동기, 신체적 장애, 알코올중독, 약물중독, 도박습관 등이 그것이다(Rejda, 1999).

일반적으로 우리나라에서 빈곤이 발생하는 원인으로는 영세농 출신의 도시 이입자의 취업 기회 제한과 불안정한 취업, 농촌 지역의 영세성, 저소득층 자녀의 교육 기회의 제한 등으로 인한 빈곤의 세습화, 공공부조나 사회보장 등 소득보장 정책의 미흡, 최저임금제의 미정착과 심한 임금 격차 현상, 사회복지서비스의 미흡 등이

지적되고 있다(최일섭, 최성재, 1995).

3) 빈곤가족의 실태와 문제점

(1) 빈곤가족의 실태

빈곤을 절대빈곤으로 볼 것인가 상대빈곤으로 볼 것인가에 따라 실태는 달라진다. 먼저 OECD(2001년) 기준, 즉 평균 가구 소득의 50%에 못 미치는 가구를 빈곤가구로 보고 우리나라의 가구 소득 자료를 분석한 것에 의하면 우리나라의 상대빈곤 가구의 비율은 전체 가구의 20%에 달하는 것으로 나타났다(금재호, 김승택, 2001). 한편 절대빈곤은 우리나라의 공적부조제도인 국민기초생활보장제도의 대상자로 파악할 수 있다.

2011년 우리나라의 절대빈민의 수는 약 160만 명이다.

(2) 빈곤가족의 문제

빈곤가족의 문제는 일반적으로 기본적인 욕구 충족을 위협하는 낮은 소득과 자녀 교육 및 양육문제, 주거의 불안정성, 만성적인 건강질환, 생활의 어려움으로 인한 가족 간의 불화 등을 들 수 있다.

① 사회경제적 문제

대체로 빈곤층은 불안정한 취업 상태에 있으며 낮은 소득과 직결되어 있다고 볼 수 있다. 저소득층이 취업하는 형태는 건설일용직 등의 임시·일용직이어서 매우 불안정한 고용 구조를 보이고 있기 때문에 가구주의 수입 이외에 배우자와 자녀들을 소득 획득에 동원하는 취업 방식을 택하고 있다(박용순, 2001).

② 자녀양육 문제

현재 빈곤가족의 아동은 불충분한 소득으로 인하여 충분한 보호를 받기가 어렵다. 빈곤가족의 경우 생계를 위해 맞벌이를 하는 경우가 많으나 보육시설을 활용할 수 없는 영유아의 경우 열악하고 위험한 주거 환경에 방치되기 쉽다. 경제적 어려움으로 인해 자녀 유기도 빈번하게 발생한다고 볼 수 있다.

또한, 각종 교육 자료에 접할 수 있는 기회가 제한되어 있어 학습 부진을 경험하기 쉽다. 특히 학비 부담으로 인해 상급 학교 진학을 포기하는 경우도 발생한다(조흥식, 1991). 결국 빈곤가족의 자녀는 적절한 교육 수준에 미달하고 있기 때문에 안정된 취업의 기회가 현실적으로 제한되고 있다. 이로 인해 빈곤가족의 자녀들은 사회적 부적응은 물론 생활의 좌절을 겪으면서 비행하는 경향이 높아질 수 있다.

③ 주거문제

우리나라의 주택 보급률은 2004년 전국적으로 102.2%로 나타났으나, 주택건설 실적을 보면 영구임대나 장기임대주택보다는 분양을 목적으로 하는 일반 공공주택이 대부분이다. 빈곤 계층을 위한 국민임대주택은 2012년까지 100만 호를 짓기로 했으나 2005년 25만 9천 호가 지어졌다(건설교통부, 2005). 2010년까지 월세 사는 빈곤층은 20~23.5%로 매우 높게 나타났으며, 특히 저소득층 중에서 보증금도 없는 월세 방에 사는 가구는 30%에 육박하는 극빈노동비율을 나타내고 있다.

생활보호대상자의 경우 절반 이상이 무주택 상태인 것으로 나타났으며, IMF 이후로 쪽방 거주자가 지속적으로 증가하고 있으며 수요자는 계속적으로 요청되고 있어 미소 금융 등 저소득층 지원과 사회적 약자들에게 신용 등급에 상관없이 대출 지원 등 다각적인 정책을 시행하고 있으나 가족복지 정책 면에서는 큰 도움이 되지 못하고 있다. 쪽방 생활의 주거 환경을 보면 화장실과 상수도 보급률이 저조하며 불충분한 난방시설, 쓰레기 수거문제 등으로 인해 위생상의 환경문제도 심각하다.

④ 건강문제

대다수 빈곤가족은 부적절한 주택, 영양 부족, 비위생적인 식수 관리 등으로 인해 건강의 악화로 말미암아 지역보건서비스를 강화하여야 할 것이다.

사례관리를 통하여 만성질환자를 관리하고 있지만 만성질병, 즉 생활습관병은 높은 의료비 부담을 초래하고 결국 가족을 더욱 빈곤하게 만든다.

이처럼 빈곤으로 인해 가족성원에게 건강상의 문제가 발생하면, 적절한 치료와 서비스를 받아야 함에도 불구하고 빈곤가족은 의료에 대한 접근이 떨어지기 때문에 건강 악화가 가속화된다. 특히 세대주가 질병을 앓고 있어 노동 능력을 상실하게 되면 가족의 경제적 어려움은 가중된다.

4) 빈곤가족을 위한 서비스 및 대책

(1) 국민기초생활보장제도

IMF 구제 금융 사태 이후 우리 사회는 노숙자, 이혼, 가출, 자살, 결식아동 등과 같은 문제들이 급증하게 되었다. 즉 기존의 생활보호제도는 사회안전망으로서의 기능을 제대로 발휘하지 못했다. 이에 따라 근로 능력에 관계없이 최저생계비 이하의 저소득층의 기초생활을 국가가 보장해야 할 필요성이 대두되면서 1999년 9월 국민기초생활보장법이 제정, 2001년 10월부터 시행에 들어갔다.

국민기초생활보장법의 특징은 첫째, 최저생활을 보장받을 헌법상의 권리를 실제적으로 규정한 법률이다. 과거 생활보호법은 복지를 시혜적 보호로 간주했으나, 국민기초생활보장법은 복지를 국민의 권리인 동시에 국가 의무로 보고 있다. 둘째, 모든 국민들에게 최저생계비 수준의 기초생활을 국가가 보장한다. 생활보호법은 근로능력이 없는 빈민에게만 생계비를 지원했으나, 국민기초생활보장법은 근로 능력의 유무에 관계없이 국가의 보호를 필요로 하는 빈곤선 이하 국민의 최저생활을 보장한다. 셋째, 근로 능력이 있는 국민에게는 체계적인 자활지원서비스를 제공하여 일할 수 있도록 생산적 복지를 지향한다. 기초생활을 권리로서 보장하되 근로 능력이 있는 사람에게 노동의 기회를 부여함으로써 사회에 기여토록 한다는 것이다.

수급권자에 대한 급여는 보건복지부 장관이 중앙생활보장위원회의 심의·의결을 거쳐 매년 12월 1일에 공표하는 최저생계비에서 수급권자의 소득평가액을 차감하여 그 나머지 금액으로 정해진다(〈표 12-1〉). 급여의 종류로는 〈표 12-2〉와 같이 생계급여, 주거급여, 의료급여, 교육급여, 해산급여, 장제급여 및 자활급여가 있다.

표 12-1 국민기초생활보장법 수급권자 자격기준(최저생계비)

구분	1인 가구	2인 가구	3인 가구	4인 가구	5인 가구	6인 가구	7인 가구
금액(원/월)	532,583	906,830	1,173,121	1,439,413	1,705,704	1,971,995	2,238,287

※ 8인 이상 가구의 최저생계비 : 1인 증가 시마다 266,291원씩 증가.
출처: 보건복지부(2011b).

표 12-2 국민기초생활보장 급여의 종류와 내용

구분	급여 내용
생계급여	수급에게 의복과 음식물, 연료비와 기타 일상생활에 기본적으로 필요한 금품 지급
주거급여	수급자에게 주거 안정에 필요한 임차료, 유지수선비, 기타 대통령령이 정하는 수급품 지급
의료급여	의료보호법에 의한 의료서비스 제공
교육급여	수급자에게 입학금, 수업료, 학용품비, 기타 수급품을 지원하는 것
해산급여	수급자에게 조산, 분만 전과 분만 후의 필요한 조치와 보호를 행하는 것
장제급여	수급자가 사망한 경우 사체의 검안, 운반 또는 매장, 기타 장제 조치 제공
자활급여	• 자활에 필요한 금품 지급 또는 대여 • 자활에 필요한 기능 습득 지원 • 취업 알선 등 정보 제공 • 공공근로 등 자활을 위한 근로기회 제공 • 자활에 필요한 시설과 장비의 대여 • 기타 대통령령이 정하는 자활 조성을 위한 각종 지원

① 소득 기준

부양의무자의 소득이 부양의무자 가구의 최저생계비 130% 미만에 해당하는 경우

② 재산 기준

부양의무자의 재산의 소득환산액이 '수급권자(A) 및 당해 부양의무가구(B)의 각각의 최저생계비 합'의 42% 미만인 자

③ 42%의 의미

'99년도 4인 가구 재산 기준(3,200만 원)의 120%(3,840만 원)에 대하여 월 이자율 1%를 가정할 경우 발생하는 월 소득 38만 4천 원과 4인 가구 최저생계비(93만 원)와의 비율

(2) 자활 지원

자활 지원은 국민기초생활보장법상 자활사업을 통하여 근로 능력이 있는 저소득층이 스스로의 힘으로 자활할 수 있도록 일자리를 제공하고 안정된 가정생활을 보장하고자 하면서 잔존 능력 활용과 자활 능력을 배양하는 데 있으며, 대상자는 조건부 수급자뿐 아니라 수급자와 차상위 저소득층에 대해서도 자활사업의 참여 기회를 주고 있다. 자활 지원으로 제공되는 고용 프로그램에는 취업 알선, 공공근로(자원봉사), 직업훈련, 자활공동체, 창업 지원과 대부 프로그램 등이 있다.

2. 가정폭력가족

오늘날 가정폭력은 심각한 가족문제로 부상하고 있다. 가정폭력은 가족의 어두운 면을 구성하는 현상으로 아내구타, 자녀학대 및 자녀유기, 노인학대 등으로 나타난다.

1) 가정폭력의 개념과 정의

(1) 가정폭력의 개념

폭력이란 다른 사람에게 의도적으로 또는 잠재적 의도를 가지고 완력을 사용하여 신체적 고통이나 상처를 입히는 행위로서, 이 폭력이 가정에서 가족구성원들 사이에서 발생할 때 이것을 가정폭력이라 한다.

가정폭력은 넓게 보면 가정에서 발생하는 폭력으로서 배우자에 대한 폭력과 자녀와 부모에 대한 폭력을 모두 포함하지만, 좁게 보면 배우자에 대한 폭력은 남편의 아내에 대한 폭력, 즉 아내폭력을 말한다. 미국에서는 가정폭력을 친한 파트너 폭력과 학대(intimate partner violence and abuse)라 하여 현재의 배우자는 물론 전 배우자, 남자 친구와 여자 친구에 대한 실질적인 폭력 또는 위협성이 강한 폭력이라고 간주한다. 가정폭력의 정도는 체벌과 약하게 터칭하는 행위와 같은 가벼운 신체적 고통을 가하는 것에서부터 살인까지 광범위하다.

(2) 가정폭력의 정의

가정폭력 방지 및 피해자 보호에 관한 법률에서는 가정폭력을 "가족구성원 사이의 신체적·정신적 또는 재산상 피해를 수반하는 행위"라고 정의하였다. 가족구성원이란 배우자 또는 배우자관계에 있었던 자 또는 배우자와 종속관계에 있거나 있었던 자, 동거하는 친족관계에 있는 자로 규정하고 있다.

(3) 가정폭력의 범주

① 신체적 학대

배우자나 보호자에 의해 원하지 않는 신체적 접촉, 공포와 육체적 상해의 원인이 되는 행동, 자유를 억압하는 행위 등을 포함한 가해 행위를 말한다. 심한 구타, 밀치기, 발길질, 침 뱉기, 꼬집거나 물기, 목 조르기, 담뱃불로 지지기, 흉기로 찌르기 등의 폭력 행위가 여기에 해당한다.

② 정서적 학대

비난이나 무시하는 언어, 짜증스러운 언어와 지시적인 태도, 협박, 거부, 위협적인 모습이나 제스처, 외부로부터 고립시키는 행위, 소중히 여기는 사물이나 가재도구와 재산을 파손하는 행위, 피해자의 의사결정을 침해하는 행위, 적절한 보호를 받지 못하는 위험한 환경에 처하거나 홀로 방치되는 경우까지 포함된다.

③ 성적 학대

상대방의 동의 없이 성적인 접촉을 하는 행위를 통하여 강제적으로 성적 행동에 응하도록 협박하는 성적인 공격 행동이다. 부부간의 성적 학대인 부부강간과 성인 가족과 아동 사이 혹은 형제자매 사이에서 일어나는 친족 성학대 등이 포함된다.

④ 경제적 학대

가해자가 모든 경제권을 소유하여 가족구성원에게 생활비를 지급하지 않으면서 아내와 자녀, 노부모가 경제적 권한을 간청할 때 계략적으로 경제권을 행사하거나, 가족을 부양하려는 그 어떤 노력도 기울이지 않은 채 태만하거나, 도박중독이나 쇼핑중독과 같이 반복적으로 낭비벽이 있어 돈을 탕진하여 가족의 일상적 영위를 힘들게 하는 행위가 있다.

⑤ 방임과 유기

방임은 가족부양, 보호감독, 의복, 음식, 난방, 위생, 교육적 자극, 의료보호 등 가족구성원의 건강과 정상적인 가족생활을 영위하는 데 요구되는 것들을 제공하지 않거나 무관심하여 방치해 두는 것을 말한다. 극단적인 방임의 경우, 가족구성원을 가정의 보호와 영향권으로부터 유기하는 일이 발생한다.

2) 가정폭력의 발생 원인

가정폭력은 어느 한 가지 원인에 의하여 발생하기보다는 다양한 요인이 복합적으로 상호작용하여 발생한다. 가정폭력의 발생 원인을 부부폭력, 아동학대, 노인학대로 나누어 살펴보고자 한다.

(1) 부부폭력의 발생 원인

① 정신의학적 원인

정신의학적 접근은 일반적으로 가해자나 피해자의 비정상적 혹은 내적 결함에 의해 폭력이 야기된다고 보는 이론이다. 즉 염색체 이상, 선천적인 뇌손상, 성호르몬의 과다 분비와 같은 생물학적·유전적 요인이 공격적인 성향과 관계가 있다고 본다. 이 이론에 따르면, 구타당하는 아내 또한 죄책감이나 불안감으로 가득 찬 여성들로 정신적·성격적 결함을 가지고 있는 경우가 많다고 본다.

② 사회 심리적 원인

폭력의 원인을 사회적 환경과의 상호작용에서 찾으려는 이론으로 사회학습이론, 좌절 - 공격이론, 교환이론, 갈등이론 등이 대표적이다.

가. 사회학습이론

학습이론은 가정폭력을 인간의 다른 행동과 마찬가지로 학습된 현상이라고 설명하며, 가정이 마치 폭력을 훈련하는 장소가 되고 있다는 입장이다. 반두라(Bandura)와 몇몇 학자들의 연구는 관찰된 공격성과 공격적·폭력적인 행동의 증가는 밀접한 상관관계가 있다고 강조하면서 분노 그 자체보다는 부정적으로 학습된 스트레스가 폭력 행동으로 표출되어 폭발하게 되는 데 결정적인 역할을 한다.

나. 좌절-공격이론

좌절 - 공격이론은 인간의 목표가 좌절되었을 때 욕구불만의 결과로 폭력이 발생한다고 본다. 예컨대 실직한 가장은 사회적 성공이 좌절되었기 때문에 욕구불만을 느끼고 이를 부인이나 자녀에게 폭력을 행사함으로써 해소한다.

다. 교환이론

교환이론에 의하면 사람들은 공평의 원리에 의해 인간관계를 맺으려 한다는 것이다. 그런데 이러한 공평의 원리가 깨지면 분노가 일어나고 그래서 폭력이 발생하게 된다는 것이 이 이론의 핵심이다. 교환이론에 따르면 폭력의 가해자는 자신이 상대방에게 지불한 비용에 대해서 상대방은 응당의 보상을 돌려주어야 한다는 교환법칙의 상호성 규범에 입각하여 자신의 폭력을 정당화한다고 한다.

라. 갈등이론

부부가 서로 권력을 행사하기 위해 주도권 다툼을 벌인다든지 배우자 간의 태도, 가치관, 성격 등이 다른 경우, 부부간에 갈등이 생기고 이러한 갈등의 결과물로 폭력이 발생한다고 본다.

③ 사회구조적·사회문화적 원인

사회구조적 이론은 가정폭력의 발생 원인을 가해자나 피해자의 개인적 상황보다는 그들이 속한 사회구조나 문화에서 찾으려는 이론이다. 사회구조적 관점에서 보면 가정폭력의 근본 원인은 사회의 불평등, 비민주적 사회구조, 계층 간 이동의 경직성, 경제적 빈곤과 불안정한 삶에 있으며, 이러한 사회구조에서 발생된 좌절감과 절망감이 가정생활에 전가되어 폭력이 발생한다고 본다.

④ 여성주의적 원인

여성주의 이론은 부부폭력이 발생되는 원인을 가부장적인 문화와 여성의 낮은 사회적 지위에서 찾는다. 즉 남성의 권위에 여성이 종속되는 가부장제 가치관으로 길들여진 문화에서는 여성에 대한 폭력은 남성이 여성을 통제하는 수단으로 정당화된다. 이러한 경우 아내구타는 폭행으로 이해되기보다는 훈육과 아내 길들이기로 받아들여진다. 가부장적 문화 속에서 자라난 남편은 때때로 자신의 권위가 아내와 자식 앞에서 손상되는 것을 참지 못해 폭력을 행사하기도 한다.

(2) 아동학대의 발생 원인

① 개인적 원인

개인적 원인은 아동을 학대하는 부모의 특성과 아동의 특성을 설명하는 이론이다. 즉 아동을 학대하는 부모의 심리적 특성과 성격을 보면 낮은 자존감, 의존성, 좌절, 정서적 박탈, 고독감, 지나친 엄격성을 보인다. 또한 부모의 정신병이나 우울증, 약물중독으로 어린 시절 부모로부터 적대감, 비난, 처벌, 거부, 무시 등 학대를 경험했다면 자신의 자녀를 학대할 가능성이 높다(Faller, 1981). 이러한 부모의 특성뿐만 아니라 자녀의 특성 역시 아동학대를 유발하는 개인적 원인으로 지적되고 있다.

② 가족적 원인

가족적 원인은 아동학대를 유발하는 가족구성원 간의 관계, 자녀양육 형태를 말한다. 예를 들어 10대 미혼부모나 편부모 가정의 경우 부모의 책임을 수행하지 못하거나 부모역할에 대한 스트레스가 클 때, 또는 부모 자신이 달성하지 못한 성취감을 자녀에게 기대할 때 아동학대가 발생할 수 있다.

③ 사회 환경적·문화적 원인

아동학대의 원인들로 빈곤, 실직, 사회적 불평등으로 인한 좌절감과 스트레스, 사회적 고립과 사회적 지원의 결여, 체벌이나 폭력을 허용하는 문화, 가족구성원 간의 불화, 많은 자녀 수, 원치 않은 자녀의 출생 등이 아동학대와 관련되어 있다고 본다.

(3) 노인학대의 발생 원인

노인학대의 원인을 설명하는 이론으로 베르(Bahr, 1993)가 제시한 사회학습이론, 상징적 상호작용이론, 교환이론을 중심으로 살펴보고자 한다.

① 사회학습이론

노인을 학대하는 자녀와 배우자는 학대적인 행위를 문화뿐만 아니라 그들의 출생 가족에서 학습하였다는 이론이다. 즉 어린 시절에 학대 경험이 있는지 혹은 그들의 부모가 학대하는 광경을 본 경험 등이 노인학대에 유용될 수 있다고 지적하고 있다(Steinmetz, 1981). 킴세이(Kimsey) 등은 가족의 전후 관계 속에서 부모로부터 학대를 받았던 성인 자녀들이 현재 그들의 부모에 대항하여 유사한 형태의 폭력을 사용한다고 지적하였다.

② 상징적 상호작용이론

상징적 상호작용이론에 따르면, 인간은 다른 사람의 자신에 대한 의미를 주체적으로 해석하고 나름대로 상황을 규정한 후 자신과의 내면적 상호작용을 통해 상대방에 대한 반응 양식을 결정하게 된다(박재홍, 1991). 즉 개인이 처해진 한정된 상황, 자아개념, 다른 사람들의 반응에 따라 다르게 대응할 수 있다(Bahr, 1993).

상징적 상호작용은 사회관계에 접근하는 하나의 방식으로 자아와 타자 사이에 상호작용으로 교환되는 상징과 그 의미의 중요성을 강조하는 관점이다.

③ 교환이론

노부모를 수발하는 행동에는 보상의 잠재적 원천이 깔려 있다(Walker, 1992)는 것이다. 예를 들어 “노부모를 모시는 것은 나의 책임이다”, “내 부모이니까”라는 언급에서 알 수 있듯 재정적·사회적·정서적·육체적 부담은 과중하게 부담되는 비용이지만, 자식의 도리에 대한 충분한 보상이 함께하는 것이다.

따라서 대가의 모색 없이 비용이 수발자에게 계속 증가되는 전통적 가족주의의 고수는 노인과 성인 자녀 간의 관계에 큰 위기를 낳게 한다는 것이다.

3) 가정폭력에 대한 서비스 현황 및 대책

(1) 가정폭력에 대한 서비스 현황과 문제점

① 사법적 개입

가정폭력의 심각성에 대한 공감대가 형성되면서 가정폭력 방지 및 피해자 보호 등에 관한 법률과 가정폭력 범죄의 처벌 등에 관한 특례법이 1998년 7월부터 시행되었다. 이 법의 재정을 통해 가정폭력이 더 이상 가정의 문제가 아니라 가정폭력에 대하여 사회의 적극적인 제도적 개입과 예방이 가능하게 되었다.

피해자에게 내려지는 보호처분으로는 학대로 인해 신체적·정서적 손상을 치료하고 재적응시키기 위한 의료기관에의 치료위탁, 상담소 등의 상담위탁이 있다.

② 상담서비스

가. 가정폭력상담서비스

가정폭력상담소는 가정폭력 방지 및 피해자 보호 등에 관한 법률에 의거, 설치되었으며, 2023년 말 372개소가 운영 중에 있다. 설치 운영은 국가나 지방자치단체 또는 시장의 인가를 받아 설치할 수 있다.

가정폭력상담소의 주요 기능은 다음과 같다.

첫째, 가정폭력을 신고 받거나 이에 관한 상담을 실시하는 일

둘째, 가정폭력으로 인하여 정상적인 가정생활 및 사회생활이 어렵거나 의료기관 또는 가정폭력 피해자를 보호시설로 인도하는 일

셋째, 행위자에 대한 고발 등 법률적인 상황에 관한 자문을 얻기 위하여 관련 기관에 협조와 지원을 요청하는 일

넷째, 경찰서 등으로부터 인도받은 피해자를 임시 보호하는 일

다섯째, 가정폭력의 예방 및 방지에 관한 홍보, 기타 가정폭력 및 피해에 관한 조사·연구 등이다.

나. 긴급전화 운영

노인, 여성, 아동에 대해 가해지는 학대 발생 시의 긴급전화로서, 1366(가정폭력, 성폭력), 1391(아동학대), 1388(청소년보호), 1922(노인학대) 등이 있다. 이 외에 민간단체에 의해 운영되는 노인의 전화, 여성의 전화, 아동학대 예방 전화 등의 상담센터들도 있다.

이 중 '여성1366'은 폭력 피해자 등을 위한 긴급전화 상담서비스로 1998년 1월 1일 개통되었다. 2023년 시도 단위로 1개소씩 19개소가 설치·운영되고 있다.

다. 가정폭력 피해자 보호시설 서비스

가정폭력보호시설은 국가 및 지방단체 사회복지법인 및 기타 비영리법인에서 운영할 수 있는데 사회복지법인 기타 비영리법인은 시·도지사의 인가를 받아 보호시설을 설치·운영할 수 있다(시행규칙 제4조). 2010년 상반기 여성가족부의 집계에 의하면 전국에 63개소의 가정폭력보호시설이 설치·운영되고 있다.

라. 의료서비스

가정폭력 피해자에 대한 의료적 서비스로는 국민건강보험법에 의무적으로 적용대상이 되며, 진료비는 본인 부담 능력이 없는 경우에만 국고에서 보조된다. 또한 80병상 이상의 종합병원에서는 사회사업실의 운영이 의무화되어 있다. 의료기관으로서는 국공립병원과 보건소, 민간병원이 있는데 성폭력특별법과 가정폭력방지 및 피해자 보호 등에 관한 법률에는 성폭력 피해 여성의 경우 지정 병원을, 가정폭력 피해 여성의 경우는 피해자나 상담소, 피해자 보호시설에서 요청할 때 적절한 치료보호를 제공하도록 명시하고 있다.

(2) 가정폭력 서비스의 개선 방안

① 법적·제도적 개선

현행 가정폭력법은 형사처벌을 보호처분으로 대체하고 있으나 가해자의 특성상 형사처벌을 하는 경우에도 치료와 상담은 필요하기 때문에 형사처벌과 보호처분을 동시에 병행할 수 있는 제도적 장치가 필요하다. 특히 가해자의 폭력 습성을 치료하기 위하여 현행법의 보호처분 내용에 가해자를 효과적으로 치료할 수 있는 프로그램이 포함되어야 한다.

② 가정폭력 상담서비스의 개선

가. 가정폭력 전문가 교육 강화

가정폭력에 효과적으로 대응하기 위해서는 각 전문가 집단의 적극적인 참여와 협조가 필요하다. 따라서 가정폭력 상담 기관 종사자뿐만 아니라 검찰·경찰, 교사, 의료기관 종사자 등 가정폭력 관련 전문가들을 대상으로 한 교육이 지속적으로 이루어져야 한다. 즉 가정폭력은 범죄이며 사회문제라는 인식을 고취하는 노력을 확대해야 한다.

나. 보호시설 확충

가정폭력상담소, 쉼터, 피해자 및 가해자를 위한 보호시설, 위탁보호가정, 기타 사회서비스 시설 등을 양적으로 늘리고 이에 대한 정부의 지원도 증액되어야 한다. 또한 피해자 보호시설의 보호기간을 탄력적으로 운영할 수 있어야 한다. 피해자 보호시설은 법에 의해 2개월로 되어 있으며, 특별히 기간 연장이 필요한 경우 3개월까지만 가능하다. 그러나 3개월의 기간으로는 가정폭력 피해자가 안정을 되찾고 가정폭력에 대응하기에는 불충분하다고 할 수 있다.

다. 사회·심리적 지원체계 구축

가정폭력 피해자들은 신속하고 지속적이며 포괄적인 서비스를 받지 못한 채 좌절을 경험한다고 지적한다. 예를 들어 폭행을 당한 직후에는 폭행 진상을 소상하게 말하지만, 직접 법정에서 남편이나 폭력 부모에 대해 진술하는 것은 매우 어려운 결심을 필요로 하며 심리적으로 혼란에 빠지기도 한다. 또한 법 집행 과정에 대한 지식 부족으로 제대로 대응하지 못하는 경우도 있다.

3. 치매노인가족

3년 주기로 발표되는 보건복지부의 '대한민국 치매 현황' 보고서(2023)를 통해 한국 노인의 치매 현황을 살펴본다. 2022년 기준 65세 이상 노인 중 치매 환자 수는 92.3만 명으로 전체 노인 인구 중 10%에 해당했다. 지난 12년 사이 노인 치매 환자 수의 증가율은 256%로, 같은 기간 노인 인구 증가율(68%)보다 크게 높았다. 치매 예방을 위해 전국 시군구 보건소에서 치매상담센터를 운영하며 치료와 예방을 위해 2025년 4월 기준, 전국 치매안심병원은 총 26개소가 운영되고 있다. 치매안

심병원 지정은 2019년부터 꾸준히 확대되어 왔고, 공립요양병원 중심으로 점진적으로 늘어나고 있다. 지정 현황을 보면 2021년 7개소, 2023년 16개소, 2024년 22개소, 2025년 4월 26개소로 늘어난 것을 확인할 수 있다.

1) 치매의 개념

치매는 기억력, 사고력, 지남력, 이해력, 계산 능력, 학습 능력을 포함하는 여러 고위피질 기능의 장애가 있는 만성 또는 진행성의 뇌질환에 의한 증후군이다. 치매는 알츠하이머병에 의한 치매, 혈관성 치매, 다른 곳에서 분류된 질환들에 의한 치매, 특정 뇌질환 또는 정신성 질환에 의한 치매, 우울증에 의해 생기는 가성치매 등으로 그 원인에 따라 분류된다. 이러한 치매의 진단 기준으로는 두드러진 기억장애, 추상적 사고의 장애, 판단 및 충동 자체의 장애, 인격의 변화, 사회적 혹은 작업적 기능에의 심각한 장애 등이 제시되고 있다.

(1) 치매의 종류

치매의 종류로는 알츠하이머병, 혈관성 치매, 픽스병, 크루츠펠트-야곱병, 두부손상에 의한 치매, 파킨스병 등이 있다. 빈도순으로 살펴보면, 알츠하이머병에 의한 치매가 약 50~60%, 혈관성 치매 20~30%, 나머지 10~30%는 기타 원인에 의한 치매이며, 원인 질환의 성격에 따라서는 다른 특별한 질환이 없음에도 불구하고 발생하는 원발성 치매와 다른 질환에 의해 이차적으로 치매가 발병한 경우로 나눌 수 있다.

(2) 치매의 증상

치매노인의 일반 증상으로는, 첫째, 인지 기능의 변화로 인한 기억력 상실로 장·단기 기억의 결핍, 사실의 잊어버림, 혼돈, 배회, 자신이 있는 장소를 다른 곳으로

착각하거나 사람에 대한 인식 능력이 떨어지는 지남력 상실 등이 나타나고 집중력의 결핍으로 정보의 습득 능력과 판단력 저하, 실인증, 언어 반복, 실어증 등의 언어장애 등이 나타나며 복잡한 일을 수행하거나 글쓰기에 대한 능력이 상실되고 사고의 이상으로 망상, 환상, 자살 등의 소동을 일으키기도 한다. 둘째, 정서 변화로 불안하고 부정, 근심, 분노, 신경질적, 부적절한 감정 표현, 갑작스런 감정 변화 등이 나타나며, 우울해져서 슬퍼하거나 실망하며 죄책감을 느끼고 자신감을 상실하며 자살 충동을 일으키기도 한다. 조증(燥症) 상태에서는 광적인 행동, 파괴적인 행동, 원만치 않은 인간관계 등을 보이기도 한다.

셋째, 행동의 변화가 성격의 변화를 유발하여 완고함, 감정폭발, 폭언, 초조, 흥분, 억지, 꼬집고 쑤시고 때리는 등의 폭력적인 행동, 서성임, 퇴행증, 물건 감추기 등을 보이며 수면장애로 실금이나 성기 노출 증상도 보이며 신경장애로는 도보장애, 경련, 원시적인 반사작용, 근수축 등을 나타난다.

넷째, 지각의 변화로 장소와 사람을 못 알아보고 망상, 환상, 착각 등을 일으킨다.

(3) 치매 유병률

우리나라에서 지역사회 노인을 대상으로 치매 유병률을 본격적으로 조사하기 시작한 것은 1990년대 초부터이다. 이는 치매 자체가 정확한 진단을 내리기 어려운 점과 각 조사마다 조사방법, 대상 노인이 다르기 때문에 생긴 결과로 보인다. 치매의 유병률은 연령에 따라 증가하는 것이 일반적이라고 알려져 있으며, 이는 지역사회 치매 유병률 조사 결과에서도 나타나고 있다. 따라서 향후 평균수명의 연장으로 노인 인구가 증가됨에 따라 치매노인의 절대 수도 증가할 것으로 예측된다. 또한 성별로는 남자보다는 여자노인에게 치매 유병률이 높게 나타나는데 이는 여자노인의 평균수명이 남자노인에 비하여 높기 때문에 나타난 결과로 판명된다.

보건복지가족부는 국가적 차원에서 처음 실시한 「2008년 치매 유병률 조사」 결과를 발표했다. 동 조사 결과에 의하면 '08년에는 65세 이상 노인 중 치매환자가

표 12-3 성별·연령별 치매 유병률

(단위: %)

연구자	유병률	성별 유병률		연령별 유병률				
		남자	여자	60~64	65~69	70~74	75~79	80+
박종한 등	11.3	7.2	15.4	–	7.0	7.0	16.1	38.9
보건사회연구원	7.0	4.6	10.6	2.6	4.7	6.6	7.0	31.5
서울대학교	9.4	8.4	10.3	–	3.7	6.7	14.9	27.2
보건사회연구원	2.0	1.3	1.5	0.3	0.9	0.5	2.2	8.8

출처 : ① 박종한·고효진(1991).
② 이가옥 외(1991).
③ 서울대학교 지역의료체계 시범사업단(1994).
④ 이가옥 외(1994).

8.4%로 42만 명에 이르고, 치매의 위험이 높은 경도인지장애는 65세 이상 노인 중 1/4에 이르는 것으로 추정된다. 급속한 고령화로 치매노인의 수도 빠르게 증가하여 2027년에는 치매노인이 100만 명을 넘을 것으로 보인다. 고령자일수록 남성보다는 여성이, 고학력자보다는 저학력자인 경우에 치매 위험이 더 높은 것으로 조사되었다. 그리고 배우자가 없는 경우(2.4배), 흡연자인 경우(1.5배), 우울증이 있는 경우(3배) 치매 위험이 더 높은 것으로 나타났다.

치매의 유형별로 볼 때 전체 치매 중 알츠하이머가 71%, 혈관성 치매가 24%, 기타 치매가 5%를 차지하는 것으로 나타났다. 치매의 중증도별로 보면, 치매노인 중 최경도와 경도 치매환자가 약 70%로 나타났는데, 이는 조기 발견과 조기 치료를 통한 치매의 중증화 방지가 시급함을 시사한다. 이는 치매 위험이 높은 노인(치매

표 12-4 치매노인인구의 수

(단위: 천 명, %)

구분 \ 연도	2010	2013	2016	2019	2022	2040	2070
65세 이상 인구 수	535	604	678	739	901	1,715	1,727
65세 이상 치매노인 수	25.9	41.2	50.5	86.4	92.3	226	315
치매유병률(%)	5	7	7	11	10	13	17

출처: 통계청(2023.12.) 보도자료.

고위험군)이 상당수에 이르고 있다는 의미로 치매 예방·관리의 중요성을 보여주고 있다고 하겠다.

치매노인을 돌보는 간병인들의 절반이 자신이 돌보는 환자가 치매라고 생각하지 않은 것으로 조사되었다. 이는 치매환자들이 적절한 보호와 의료 서비스를 받지 못하고 있는 것을 의미하여 치매에 대한 올바른 정보 제공 및 인식 전환이 요구된다.

아울러 치매노인을 돌보는 간병인의 상당수가 자신이 돌보는 환자가 치매인지 알지 못하고 있어 치매에 대한 전문적인 교육과 홍보가 필요하다. 효과적인 치매 예방과 치료·관리를 위하여 의사 등 의료인력, 사회복지사, 요양보호사, 치매환자 가족 등을 대상으로 치매 전문 인력 양성교육을 실시한다. 또한 지역사회에서 치매에 대한 올바른 정보를 제공하고 부정적 인식을 전환하도록 홍보하는 치매 서포터즈 양성을 추진하고 있다.

2) 치매노인가족의 문제

(1) 수발 및 부양 부담의 문제

치매노인의 간병은 주로 가족 내에서 이루어지고 있는데 한국치매가족협회의 전화조사에 따르면 치매환자의 주 간호는 며느리가 43%로 가장 많았고, 다음으로 배우자 22%, 딸 14%, 아들 10.1%의 순으로 나타냈다. 즉 치매노인의 주 수발자는 가족 안에서 여성이 주로 담당하고 있으며 이들 대부분이 하루 5시간 이상의 가사활동도 병행하고 있지만 노인장기요양보험제도로 요양보호사 자격증을 가지고 가족 케어를 할 경우 정당한 근로자로 인정받고 있지 못하지만 자부심을 가지고 전문적인 지식과 기술을 익혀 가정에서 활용하고 있다. 그러나 제공된 서비스의 질적 향상과 부정적인 청구 등 많은 문제점이 나타나 2011년 8월 1일부터 가족 요양제도를 전면 개편하여 시행하고 있다. 이에 대하여 가족케어 담당 당사자인 요양보호사들의 반발과 관련 단체의 항의가 보건복지부에 빗발치고 있다.

(2) 부양의 어려움

① 경제적 측면

치매가족의 경우 치료와 간호에 대한 비용부담이 증가함으로써 가계가 압박을 받게 되며 이로 인해 수입 보전에 대한 요구가 증가하고, 소득 수준이 낮은 가족이 높은 수준의 재정적 부담을 경험하게 된다. 그리고 경제활동에 참여하는 노인의 부양자들은 부양과 경제활동에 따르는 요구를 동시에 충족시켜야 하기 때문에 역할 긴장을 경험한다.

② 심리·정서적 부담

치매노인 부양으로 인해 낮은 스트레스에도 쉽게 반응하며, 다른 사람에게 친절하게 대하지 못하고, 화가 한번 나면 자신을 통제할 수 없는 경우가 발생하기도 한다. 일에 대한 의욕이 상실되고, 생활에 흥미가 없어지며 자신이 처한 상황이 아무 희망도 없는 것처럼 여긴다. 또한 우울증과 신경쇠약에 걸리기도 한다. 그 외 불안감, 허무감, 죄의식, 구속감, 무력감, 소외감을 경험한다.

③ 개인·사회 활동적의 측면

치매노인의 부양으로 인해 사회적 역할 수행에 필요한 개인적 시간과 자유를 가질 수 없고, 친구를 만날 수 있는 시간을 내지 못한다. 치매노인이 의심하는 증상이 있는 경우에는 전화 접촉조차도 불가능하게 된다. 그리고 정신 질환에 대한 낙인을 두려워하고, 치매노인의 증상이나 문제 행동으로 인해 이웃에 피해를 입힐까 염려를 하게 됨으로써 자연히 이웃과의 접촉 기회도 줄어들게 된다. 부양 책임과 개인적 자유 사이에서 심한 심리적 갈등을 겪게 되므로 역할 피로와 자아상실을 경험하게 된다.

④ 신체적 측면

치매노인을 부양하는 가족은 신체적 질병이나 장애를 경험하는 비율이 더 높고, 다양한 역할을 수행하는 과정에서 신체적 피로를 경험할 가능성이 매우 높고, 수면 방해, 건강 유지 및 건강증진 활동을 위한 시간 부족, 건강에 대한 불안과 염려 등을 경험하게 된다.

⑤ 가족적 측면

치매가족의 가족관계는 치매 발병 이전에 비하여 친밀감이 증진되고, 결속력이 강화되는 등의 긍정적인 변화가 일어나는 경우도 있지만, 대부분 부정적 방향으로 변화하는 경우가 많다. 그리고 치매노인의 신체 및 정신장애 정도의 판정, 치매노인을 대하는 적절한 태도나 상호작용 유형, 부양자의 태도나 부양 전략에 대한 가족성원들의 의견 차이, 부양자들은 가족구성원들이 자신의 어려움을 이해해 주지 않는 것에 대한 섭섭함을 느낀다. 그리고 가족들이 노인을 돌볼 수 있는데도 도와주지 않는 것에 대한 부부 불화, 부모-자녀관계, 형제관계가 부정적인 변화를 경험하게 된다.

(3) 제도적 측면

① 예방 및 조기 발견 미흡

치매가 예방 가능하고 조기 발견할 경우 완치 및 중증화 지연이 가능하다는 사실을 인지하지 못하고 방치하는 경우가 허다하다. 60세 이상 노인 중 치매 예방 가능성에 대해 '불가능하다' 또는 '불가능한 편이다'라고 응답한 경우가 20%, '치매에 대한 상담, 교육, 캠페인 등을 접해본 적이 없다'는 경우가 66.5%로 나타났다(노인치매인식 정도 및 부양 기대감에 대한 조사, 울산사회조사연구원, 2007).

② 치료 및 관리체계 미비

첫째, 우리나라 치매노인은 약 50만 명(전체 노인의 10%, 통계청 2010)으로 추정되나, 의료기관에서 진료를 받는 치매환자는 약 33.5만 명(통계청, 2010)에 불과하다. 치매 진단자 중 의료기관에서 정기적으로 치료를 받는 경우는 25.5%, 부정기적인 치료를 받는 경우는 26.5%에 그치고 있다. 약 45% 이상이 치료를 받지 못하고 있다.

둘째, 치매로 진단받은 자에 대한 데이터베이스(DB)가 구축되지 않아 치매 진단자에 대한 지속적 관리가 이루어지지 못하고 있었으나 지속적인 관리와 지원을 통하여 개선해 나가고 있다. 치매상담센터는 치매환자의 등록관리, 재택 치매환자에 대한 방문·관리, 치매의 예방 등을 실시하도록 되어 있다(노인복지법과 및 동법 시행규칙에 명시하고 있다).

셋째, 치매에 대한 전문 지식을 갖춘 의료 인력 등 전문 인력이 부족하다. 신경과 전문의 991명, 정신과 전문의가 2,295명이나(건강보험심사평가원 DB 전문 과목별 전문의 인력 현황, '08.7.) 치매를 전문적으로 다루지 않는 경우가 대부분이고 요양보호사에 대한 치매교육 또한 미흡하다.

넷째, 치매환자에 전문화·특성화된 요양·재가시설이 부족하다. 서비스 이용 수요는 많으나 일반 노인질환이나 뇌졸중 환자 등과 상당한 차이를 보이는 치매환자를 위한 치매 전문시설이 부족하다. 그리고 요양서비스의 직접 제공자인 요양보호사, 치매시설 운영자 및 종사자의 치매에 대한 정확한 이해와 관리 능력 등이 미흡하다.

③ 종합적·체계적 치매 예방·관리 시스템 부재

첫째, 중앙 - 지역사회 간 유기적·체계적인 치매관리 시스템이 없다. 치매 예방·관리정책의 연구 및 통계구축 사업을 전담할 기구가 없고 지역사회의 치매 예방·관리 업무가 부수적 업무로 취급되고 있는 경우가 많아 중앙과 지역 간 유기적·체계적 연계가 이루어지지 못하고 있다.

둘째, 치매의 예방·치료·관리 정책 수립·추진을 위한 중앙정부의 전담 조직 및 예산 투자가 선결 과제이며. 정책 수립 전담 부서가 설치되고 담당 인력이 충원되어 치매 관련 업무가 보건과 복지 분야 등으로 분리·수행되어 상호 연계가 되어야 한다. 암환자 수는 치매환자 수의 1.1배이나 암 사업 예산은 치매사업 예산의 94배로 치매 관련 사업에 대한 예산 투자가 미흡한 실정이다.

3) 치매노인가족에 대한 서비스 및 대책

(1) 재가노인복지시설과 노인의료복지시설

시설 종류로는 낮과 저녁에 보호하는 주야간 보호시설, 매월 15일 이내로 제한적 서비스를 제공하는 단기보호시설, 1일 최대 4시간 동안 케어하는 방문요양, 1주당 1회로 60분 이상 서비스를 제공하는 방문목욕, 방문간호 등의 재가서비스센터가 있다. 그리고 생활시설로 대상자 어르신들이 24시간 케어하는 생활시설이 있다. 식사, 배변 등 일상생활을 누군가의 도움 없이는 할 수 없는 중증 환자를 5만 명 이상으로 추정할 때 시설의 수요 공급을 계산하면 적당하지만 시설의 공실률과 이 시설을 이용하지 않으려는 대상자들로 인하여 시설 부족을 말할 수는 없다. 그러나 서민층이 주로 이용하려고 할 때에는 본인 일부 부담으로 시설의 입소를 꺼리는 경우도 있어 이에 따른 대책 마련이 있어야 한다. 시설은 비용부담 기준으로 기초생활보장 수급권자를 대상으로 하는 지자체 지원으로 무료로 입소한다. 노인장기요양보험은 세면 도움, 구강 관리, 머리 감기기, 몸단장, 옷 갈아입히기, 목욕 도움, 식사 도움, 체위 변경, 이동 도움, 신체 기능의 유지·증진, 화장실 이용하기 등이 있다.

신체 기능 유지·증진 — 관절구축 예방, 일어나 앉기 연습, 보행, 서 있기 연습,

보조기구 사용 운동 보조, 보장구 장치 도움(지켜보기 포함)이며 일상생활지원서비스는 취사, 청소 및 주변 정돈, 세탁(가사지원서비스 – 밥빨청)이다. 개인활동지원서비스는 외출 시 동행, 일상 업무 대행, 외출 시 동행 — 은행, 관공서, 병원 방문, 산책 시 부축(보행차량 이용 포함) 등이다. 일상 업무 대행은 물품 구매, 약 타기, 은행, 관공서 서비스 업무 대행이다.

정서지원서비스는 말벗, 격려, 위로, 생활상담, 의사소통 도움으로 책 읽기, 편지 대필, 구두 의사전달, 편지 및 신문전달, 콜벨 대처이다. 방문목욕서비스는 2명의 요양보호사가 방문목욕서비스를 제공한다. 기능회복 훈련서비스는 신체 기능 훈련, 기본동작 훈련, 일상생활동작 훈련, 물리치료 등이 있다.

(2) 재가노인지원센터

노인돌보미가 바우처 제도로 직접 가정을 방문하여 서비스를 제공하는 요양등급 외 A형과 B형을 돌보는 바우처 제도이다. 이 제도는 종전의 구법에 의한 가정봉사원 파견 사업과 유사하다. 훈련받은 노인돌보미(요양보호사 또는 가정봉사원)가 신체적·정신적 장애로 혼자서 일상생활을 영위하기 곤란한 노인의 가정을 방문하여 노인의 일상생활에 필요한 각종 편의를 제공함으로써 지역사회 안에서 건전하고 안정된 노후생활을 영위하도록 원조하는 프로그램이다. 노인돌보미사업은 무료 및 실비사업과 유료사업으로 구분된다. 무료사업은 65세 이상 국민기초생활보장 수급자와 국민기초생활보장 수급 노인이 아닌 65세 이상 노인이면서 동시에 부양의무자로부터 적절한 부양을 받지 못하는 자이다. 실비사업 대상은 도시근로자 월평균 소득 미만인 가구의 65세 이상 노인이며, 유료사업의 대상은 60세 이상 일반 노인이 가능하지만 유료가정봉사원제도는 원칙으로 중산층 이상의 유료 이용 노인에게 기본서비스와 특별 서비스를 제공하고 대상노인으로부터 직접 이용료를 받아야 하는데 한계가 있어 제도적 개선이 필요하다.

(3) 사회적 지원 서비스

① 치매노인가족협회

치매가족협회가 1991년 치매가족들에 의해 조직되어 현재 세계치매협회의 한국 대표로 활동하고 있으며 가족모임과 가족교육, 소식지 발간, 지부 운영, 배회구조 등록사업, 치매요양시설 안내, 알츠하이머 대학 등을 운영하고 있다. 이 외에도 치매 관련 서적 및 자료집을 발간하고 있으며, 자원봉사자 교육, 가정도우미·전문 간호사 양성교육, 치매 전문 가정도우미 파견 및 상담·간병 서비스 제공, 치매노인 그룹홈을 운영하고 있고 그 운영은 사업수입금과 회비로 주로 운영되고 있다.

② 한국치매협회

치매를 퇴치하기 위한 연구, 예방 및 치매관리의 발전에 기여하고 국가의 치매사업을 지원함을 목적으로 민간 주도로 치매사업을 실시하여 국가 치매사업에 적극 기여하고자 형성된 단체이다. 그 기능으로는 치매 예방, 진단 및 치료관리 사업 실시·지원, 치매에 관한 학술연구 활동 및 교육 실시·지원사업을 그 주축으로 한다.

③ 치매연구회

치매연구자 및 신경과 전문의들이 자발적으로 형성하여 현재 정회원 수는 59명이며, 치매질환 관련 분야에 관한 연구, 교육, 학술 교류, 회원 유대 강화를 통해 치매 분야를 발전시키고자 월례 집담회, 연수강좌, 심포지엄을 매년 개최하고 있다.

④ 알츠하이머 연구실

아주대 의과대 뇌질환연구센터의 알츠하이머 연구실 홈페이지로 최근 연구 동향과 논문, 게시판을 제공하고 있다.

4. 알코올중독자 가족

1) 알코올중독자 가족의 개념

알코올중독자 가족이란 가족 중 한 사람이 알코올중독자인 경우를 말한다. 대개 아버지나 어머니 두 사람 중 한 사람이 알코올중독자인 경우를 다루고 있다.

여기서 알코올 의존이란 '일반적으로 허용되는 양 이상의 음주를 하여 개인의 건강이상, 사회적·직업적 기능에 장애가 있음에도 불구하고 음주를 계속하는 경우'로 정의되는데, 이는 다시 알코올 의존과 알코올 남용 두 가지 개념이 포함된다.

① **알코올 의존**: 알코올의 금단 증상을 피하기 위해 알코올을 계속 사용하게 되는 신체적 의존과 알코올을 계속 사용함으로써 긴장과 감정적 불편을 해소하려는 심리적 의존 모두를 의미한다.

② **알코올 남용**: 사회적 또는 직업상의 기능장애를 초래하는 알코올의 병적인 사용을 사회적 음주와는 상관없이 알코올을 지속적으로 자주 마시는 것을 말한다.

그동안 알코올중독 가족은 가장의 알코올중독에 초점이 맞추어져 왔으나 청소년 자녀와 아내의 알코올중독도 문제로 나타나고 있다. 실제 한국인의 음주 실태에 관한 조사(여성부, 2001)에 의하면 음주 경험 비율이 1997년에 비해 2000년까지 12.1%로 증가했으며 여성 음주자는 54.5%에서 80.7%로 급격히 증가한 것으로 나타나고 있다.

우리나라 20세 이상 성인 남녀 중 음주 인구의 비율은 64.6%나 되고 있다. 음주 횟수를 보면 월 1회 이하가 31.7%, 월 2~4회가 39.6%, 주 2~4회가 21.3%, 거의 매일이 7.5%로 자주 마시는 비율도 상당하다. 음주량은 소주 두 잔 정도가 38.9%, 2홉 소주 반병이 29.8%, 소주 한 병이 25%인 것으로 나타났다.

표 12-5 우리나라 성인의 음주 실태

구분	합계	음주 인구 비율	음주 횟수				음주량				
			월 1회 이하	월 2~4회	주 2~4회	거의 매일	소주 2잔 정도	2홉 소주 반병	2홉 소주 한 병	2홉 소주 두 병	2홉 소주 세 병 이상
전국	100.0	64.6	31.7	39.6	21.3	7.5	38.9	29.8	25.0	5.5	0.9
여자	100.0	47.6	56.1	34.9	7.1	1.9	67.7	25.5	6.0	0.6	0.1
남자	100.0	82.9	16.6	42.5	30.0	10.9	21.1	32.5	36.7	8.5	1.3

출처 : 여성가족부(2008).

2) 알코올중독자 가족의 문제

알코올중독은 중독자 자신은 물론 가족들에게 심리적·사회적·생물학적으로 광범위한 영향을 미치고 있으며, 가장 많은 영향을 받게 되는 피해자가 바로 가족들이다.

가족들은 알코올중독자 환자로 인해 오랫동안 시달려서 환자나 가족 간에 무관심, 무시, 비난, 적대감, 죄의식 등의 복잡한 미해결된 심리·정서적 문제를 갖게 된다. 그뿐 아니라 환자에게는 가족구성원으로서 아무런 발언권과 선택권도 주지 않고, 심지어는 재산권도 박탈하려 한다. 알코올 의존 기간이 장기화될수록 환자는 더욱 가족관계를 회복하기 어려운 상황에 처하게 되고, 가족 속에서 자신의 지위와 역할을 인정받지 못함으로 인해 더욱 알코올에 의존하게 된다.

이처럼 일종의 가족병(family disease)으로서의 알코올 의존이 내포하는 의미는 알코올중독자가 단순히 단주(sobriety)를 함으로써 해결되는 문제가 아니라 가족 전체가 알코올중독자와 상호 관계를 형성하므로 그 가족의 전체 체계가 문제가 된다는 것이다.

(1) 알코올중독이 부부에게 끼치는 영향

알코올중독자 부부가 경험하는 문제는 크게 정서적인 측면, 경제적 측면, 성적인 측면과 폭력적인 측면으로 살펴볼 수 있다.

① 정서적인 측면

배우자의 알코올 의존은 상대 배우자로 하여금 편안하지 못하게 만들며 이로 인해 서로에게 신경질적이 되고 적대적인 반응을 하게 되는 공동의존(co-dependency)의 관계에 놓이게 된다. 공동의존은 '정체감이 덜 발달되어 있는, 배우자나 가족, 외모, 일이나 규칙 등의 외적인 자원에 의존적인 애착을 가짐으로 인해 허위 정체성(false identity)을 가지는 사람'으로 정의한다.

② 경제적인 측면

남편의 알코올중독이 악화 단계에 들어가면 직업을 일시적으로 상실하거나 중단하는 상황이 발생하며 이에 부인은 가정 경제를 전담하게 된다. 남편은 수입이 있으면 대부분 음주와 관련된 것으로 지출하며, 부인에게 위협과 폭력을 가하여 술값을 받아내는 등의 병리적 증상도 나타난다. 가계에 대한 책임의식이 사라져 부인은 자녀양육과 가계의 책임이라는 이중 부담을 지게 되고, 그만큼 가족의 경제력은 위축될 수밖에 없다.

③ 성적인 측면과 폭력적인 측면

의존적인 남성 알코올중독자는 성적 지배를 통해 자신의 위치를 되찾으려고 한다. 그렇지만 알코올에 중독되면 성적 욕구와 성기능이 오히려 약화된다. 이로 인해 남편은 열등감과 위축감이 심해지고, 자기 과장적 행동이나 고립된 행동 혹은 비이성적인 폭력을 휘두르는 등의 공격적 행동을 하게 된다. 이러한 행동은 결국 돌이킬 수 없는 가족불화와 갈등을 유발하는 원인이 된다.

(2) 알코올중독이 자녀에게 미치는 영향

① 정서적 측면

콜크(Cork, 1969)가 115명의 알코올중독자 자녀들을 대상으로 조사한 결과를 보면, 알코올중독자 자녀들은 가족의 문제에 너무 관여하여 문제를 해결해 나가는 능력이나 나이에 적합한 책임감을 자연스럽게 개발할 수 없고, 어린 나이에 어울리지 않는 어른들이 해야 하는 과업들을 수행하였으며 그리고 그것에 대해 불편한 감정을 표현하지 않았다(조홍식 외, 2002).

② 대인관계와 사회관계의 장애

알코올중독자 자녀는 알코올중독 문제를 가지고 있는 부모에 대한 수치심과 가족 내의 알코올중독의 문제를 은폐하려는 태도로 인하여 대인관계에 많은 어려움을 겪고 있다. 남을 잘 신뢰하지 못하는 불신감과 친구를 자연스럽게 집으로 데리고 올 수 없는 심리적 부담 등이 강하게 나타난다. 또한 공격적·과시적·불신적 성향이 많이 나타나는데 이로 인해 대인관계와 사회관계가 건전하고 자연스럽게 형성되지 못하는 경향이 있다(최경석 외, 2003).

3) 알코올중독자 가족에 대한 서비스 현황

우리나라에서는 정책적인 차원에서 알코올중독자 가족에 대해 다루어진 것이 없고 정신보건법에 의해 1998년부터 알코올과 약물중독자 관리를 실시하고 있다. 알코올중독자의 치료와 가족을 지원하는 서비스를 요약해 보면 다음과 같다.

(1) 단주친목(Alcoholics Anonymous : AA)

단주친목(AA)은 스스로 알코올중독자임을 인정하는 사람들이 모인 집단으로 중독자와 그 가족들이 회원이 되며, 회원들이 협력하여 자신의 문제를 해결하고 다른 알코올중독자들도 회복되도록 돕기 위해 서로 경험과 희망을 함께 나누는 자조(self-help)집단이다. 단주를 위한 다양한 정보를 교류하고 서로 격려하고 조언하며, 경험담을 나누거나 토론을 함으로써 중독자들이 이미 단주에 성공한 회원들과 동일시할 기회를 제공하고 중독자 스스로 회복에 대한 힘과 용기를 얻을 수 있게 되어 술을 끊게 되는 일종의 집단 치료과정이다.

(2) 입원치료

알코올중독자의 치료 중 제일 먼저 시작되어야 하는 것은 해독인데, 해독과정에서 심각한 금단증상이 발생할 수 있으므로 반드시 입원이 필요하다. 입원치료가 갖는 장점은 동반된 다른 정신적·신체적 질병을 치료하고, 심한 고통을 받아왔던 가족들에게 일시적으로 휴식을 제공할 수 있다. 환자로 하여금 술을 끊게 하고 정상적인 사회생활로 복귀하여 적응할 수 있도록 하는 치료와 재활을 돕는다. 치료를 받고 술을 끊어야겠다는 마음이 스스로 생기지 않는다면 언제든지 재발하거나 상습적인 음주 상태로 빠지며 재활은 기대하기 어렵다.

(3) 재활치료

재활이란 개인이 지나친 음주 유형의 연화에 직접적으로 영향을 미치고 다시 과거의 습관으로 돌아가지 않도록 설계된 모든 행동을 의미한다(Institute of Medicine, 1990). 재활치료의 경우, 단주치료 이후에도 나타나는 음주욕구나, 음주를 참아내야 하는 데서 오는 갈등과 스트레스 등을 치료에서 꼭 다루어야 하며, 단주하고자 하는 동기를 강화하는 데 중점을 두어야 한다. 알코올중독자들은 자신에게는 아무런 문제가 없다고 합리화하면서 가족이나 주변 사람들에 대해서는 비판적이어서 자신의 문제를 남의 탓으로 돌리려고 하는 특징이 있다. 그러므로 재활치료에서는 술로 인한 증상과 객관적인 현실을 환자로 하여금 인식시키고, 환자 스스로 알코올중독이 병이라는 사실과 자신은 술에 대해 무기력하고 조절 능력이 없음을 인정하도록 함으로써 인지재활훈련이 행해져야 한다.

4) 알코올중독자 가족을 위한 서비스 대책

알코올중독 예방 서비스에서 가장 우선해야 할 과제는 홍보다. 알코올중독이 음주 자 자신뿐만 아니라 가족 전체, 나아가 지역사회에 심각한 사회문제가 될 수 있음을 알릴 필요가 있다. 또한 알코올중독 가족에 대한 편견을 갖지 않고 지역사회 성원으로 지지해 줌으로써 그 가족이 고립되지 않도록 해야 한다. 이를 위해 정부 및 민간단체가 연계하여 알코올에 대한 올바른 이해와 문제 발생 시 대처할 수 있는 다차원적인 정보를 제공해야 한다. 미국의 경우 인구 5만 명당 알코올중독 정보·재활센터가 있는데 여기에서 정보 교환, 알코올 관련 중독자의 조기 발견, 적절한 치료센터에 의뢰 등의 기능을 수행하고 있다(윤명숙, 2000). 그러나 우리나라는 국가와 지역사회 차원에서 알코올중독 가족을 지원할 수 있는 전문적 치료시설, 교육 프로그램, 시설 간 연계체계 등 기본적인 서비스 전달체계가 매우 미흡한 실정이다. 그뿐만 아니라 정신보건 전문 인력과 사회복지 전문 인력도 부족한 실정이어서 이에 대한 좀 더 적극적인 지원과 투자가 이루어져야 할 것이다.

5. 호스피스 케어 가족

1) 호스피스의 이념과 철학

호스피스 운동은 과학기술의 급격한 발달로 인한 비인간화 문제, 사회 변화의 문제로 인한 노인 소외, 인종 간의 소홀과 가치관이나 윤리관의 변화에 따른 혼란에 대한 반응으로 나타난 것이다. 따라서 인간을 부분으로 나누어 연구하고 다루는 과학기술 위주의 의료 수혜에서 인간 존중과 인간 이해, 자기결정과 창의성을 중시하는 인도주의(humanism)와 인간을 전체로 이해하는 총체주의(holism), 즉 인간은 여러 부분의 합(合)이라는 사상을 기반으로 호스피스의 이론과 실제가 발전되었다. 총체적 인간관에서는 부분은 서로 상호 관련성 안에서 의미를 가지며, 각 부분과 과정도 중요하나 전체를 하나의 단위로 보는 것과 개체의 성장과 발달을 중요시한다. 즉, 인간은 신체적, 사회·심리적, 영적인 측면의 합 그 이상으로 소중하고 존엄한 존재라는 인간 존중의 정신이 그 바탕을 이루며 이러한 정신 위에 '돌봄'과 '사랑'의 개념이 자연스럽게 포함된다. 이러한 철학적 배경에서 다음과 같은 호스피스 철학과 원리가 탄생하였다(노유자 외, 1995).

(1) 호스피스의 철학

자연스럽게 인생을 마감할 수 있도록 환자의 삶을 연장 혹은 단축시키지 않는다. 더 고통일 수 있는 치료보다 보살핌이 중요하며 돌봄에 역점을 둔다. 호스피스 대상자의 증상과 통증을 조절하고 정신이 깨어 있고 몸을 편안하게 한다. 죽음을 삶의 한 과정으로 보고 죽음을 긍정적으로 수용하도록 돕는다. 호스피스의 어원은 주인(host)이 손님을 맞아 환대(hospitality)를 베푸는 장소인 호스피티움(hospitium)에서 유래 안식을 제공하는 공간인 호스텔(hostel)인데 돌봄을 제공하는 공간인 호스피탈(hospital, 병원)과 같은 어원 주인의 사랑이 넘치는 곳이란 뜻으로 고대에는 사용하였다.

중세의 호스피스는 '여행자를 위한 숙소 또는 병자, 가난한 사람들을 위한 집'으로 십자군 전쟁에 참여한 많은 병사들이 호스피스에서 임종을 맞으면서 임종간호의 의미를 가지게 되었고 크리스토퍼 호스피스 병원으로 불린다.

현대 호스피스의 시초는 영국의 성 크리스토퍼 호스피스 병원이다. 시실리 손더슨에 의해 건립되었고 현대 의학을 말기 암 환자에 접목시켜 크리스토퍼 호스피스 병원 등이 활동하고 있다. 우리나라의 호스피스는 1963년 마리아의 작은 자매회

수녀들에 의해 강원도 강릉에 갈바리의원이 세워졌다.

(2) 호스피스 환자들의 증상과 문제

1994년 세브란스 호스피스 환자 60명을 근거로 분석한 결과 호스피스 환자들이 호소하는 증상, 문제는 다음과 같다.

- **통증**: 장, 뼈, 신경
- **영양**: 오심, 구토, 식욕 상실, 소화불량
- **배설**: 변비, 설사, 장폐색, 복수, 문합술, 불편함, 정체, 무소변
- **근육**: 피로, 약함, 움직이지 못함
- **피부**: 구강 내 염증, 욕창, 상처궤양, 황달, 출혈, 탈모, 종양의 진전
- **신경**: 혼동, 망상, 진전, 어지러움, 안검하수
- **호흡**: 호흡곤란, 딸꾹질, 염증으로 인한 기침, 가래, 출혈
- **혈행**: 부종
- **성**: 친밀감, 신체상 변화, 외로움
- **정신**: 역할 상실로 인한 우울, 사회적 고립, 자살, 도움을 못 받음
- **가족**: 갈등, 지지 부족, 결정과정과 결정력 쇠진함
- **영적**: 분노, 죄책감, 불신감, 죽음에 대한 공포, 부작용, 부정, 인생의 의미와 목적의 상실, 용서함, 사랑과 관심 등

환자와 가족의 보살핌은 다음과 같다.

호스피스 케어는 환자뿐만 아니라 가족의 문제, 즉 가족 내에서의 역할 변화로 인한 심리적 갈등과 경제적 문제 등을 포함한 가족 전체가 케어의 대상이 된다. 환자의 가족을 돌보는 첫 단계는 가족구성원을 규명하고 환자와 가족들 각각의 관계를 파악하는 것이다. 이 관계가 밝혀짐에 따라 환자의 질환과 예후를 이해할 수 있도록 도와준다. 가족의 이해와 수용이 증가됨에 따라 가족을 치료팀의 일부로 활용

가능하게 된다. 호스피스 간호에서 가족은 환자의 죽음으로 끝나는 것이 아니라, 사별에 따르는 추후 관리가 중요하며, 가족의 고통, 슬픔을 완화해 주는 케어를 제공한다. 다양한 환경에서 가능한 내용은 다음과 같다.

임종환자를 돌보기 위해서는 환자의 요구에 가장 적절한 요양시설에서 다른 요양시설으로 옮겨간다 해도 24시간 연속적으로 케어를 받을 수 있도록 해야 한다. 대표적인 유형으로 독립기관, 가정, 그룹홈, 낮병원, 종합병원, 요양원 등이 있다.

2) 좋은 죽음을 위한 돌봄

(1) 통증 조절과 그의 증상 조절

환자의 성격과 인간사를 파악한다. 나약한 성격과 타인에 의존해서 살아 온 환자라면 병황을 알리지 않는 쪽이 좋다. 환자의 심리적 상황을 파악하면서 간격을 두고 서서히 위중한 상태를 알려 주는 원칙을 취하되, 환자가 놀라거나 불안해하면 일단 통보하는 것을 중지한다. 가족에게는 물론 처음부터 알린다.

통증은 암의 가장 흔하면서도 괴로운 증상 중의 하나로, 암 환자들은 암 진단 당시 약 35%가 중증도 이상의 통증을 경험하며 진행성 암인 경우에는 약 70%의 환자들이, 말기 암의 경우는 80~90%의 환자들이 통증을 경험하는 것으로 알려져 있다. 1997년 통계청 자료에 따르면 한해에 약 10만 명이 새로이 암으로 진단되며 약 5만 명 이상이 암으로 사망하기 때문에 약 4만여 명이 통증을 경험한다고 할 수 있다. 이러한 통증은 말기 환자에게 극심한 고통을 줄 뿐만 아니라 개인의 삶의 질을 저하시킨다.

(2) 통증 사정

통증은 PQRST system에 의해 사정한다. 이 밖에 처방된 통증 약물, 투여방법,

시간 간격, 우울, 불안 정도, 수면장애, 식욕, 변비, 근심, 걱정, 영적 갈등, 가족갈등 등을 동시에 조사한다.

- P - **악화원인/완화원인(provoke/palliative)**
  통증이 악화되거나 완화되는 원인들에 대해 사정하면서 통증을 체성통증(칼로 쑤시는 것 같은 국소적인 통증), 내장성통증(심부통증 및 경련), 신경병성통증(burning, sharp, numb, itchy)으로 구분한다.
- Q - **통증의 양상(Quality)**
  환자가 표현하는 단어, 부위, 표정, 몸짓을 동시에 파악한다.
- R - **통증의 부위(Region/Radiation)**
  통증이 유발되는 위치를 확인하고 방사통이 있는지를 확인한다.
- S는 **통증의 정도(Severity)**
  Visual Analogue Scale(VAS)에 의해 측정할 수 있다. VAS는 간단하여 통증 사정에 도움이 되며 노인인 경우 큰 자로 확대하여 더 잘 보이도록 하는 배려가 필요하다.
- T - **통증 지속 시간(Timing)**
  통증이 지속적인지 간헐적인지를 파악한다.

(3) 약물요법

통증 완화를 위한 약물 투여 시 의사와의 협의하에 항우울제나 스테로이드를 함께 투여하면 진통 효과를 강화해 마약의 용량을 증가시키지 않아도 된다.

WHO는 통증 관리에 관해 여러 문제를 규명하고 유용한 접근 방식을 제시해 왔다. 효과적인 통증 관리를 위해서는 총체적 접근 방법이 절대적으로 필요하다. 그것은 통증이 단순히 신체적 증상이 아니라 정신적·사회적·영적 고통을 포함하기 때문이다. 통증에 대한 간호중재로는 약물요법과 비약물요법이 있다. 약물요법은 통증 조절에 있어 가장 기본적인 방법으로, 간호사의 역할은 다음과 같다.

① 투여된 약물의 통증 완화 효과와 부작용을 지속적으로 사정한다.

② 통증이 불안, 우울을 유발시키며 불안이나 우울은 또한 통증을 가속화하는 원인이 될 수 있음을 가족에게 교육하여 환자의 통증 완화를 최대한 도울 수 있는 방안을 모색한다.

③ 환자와 가족들이 가지고 있는 약물에 대한 그릇된 생각들("마약은 중독을 일으킨다, 통증은 참아야 한다, 꼭 필요시에만 되도록 적게 약을 복용해야 한다. 통증을 통해 영적으로 강건함을 얻는다" 등)을 수정할 수 있도록 교육한다.

(4) 비약물요법

비약물요법은 보완요법이 있는데 그 목적은 죽음 직전까지 증상 완화와 이완을 통해 긍정적인 상태를 유지시킬 수 있도록 하는 것이다. 종류로는 열과 냉요법, 마사지, 향기요법, 기도, 명상, 이완요법, 치료적 접촉(therapeutic touch) 등이 있다. 이러한 보완요법과 동시에 치료적 환경 조성이 필수적인데, 집 같이 안락한 환경과 향기와 음악이 흐르는 안정된 분위기는 자신에게 숨겨져 있는 두려움과 불안 등을 표출하도록 하기 때문이다.

(5) 임종 단계

임종 단계는 몸에서 영혼이 빠져나가는 현상이 있다고 하지만 과학적 근거는 희박하며 죽음은 심장의 멈춤으로 사망 선고를 하고 있다.

신체적 변화는 몸이 스스로 정지하려는 것을 준비하는 정상적이고 자연스런 과정이므로 편안하게 그 과정을 받아들이며, 의학적인 응급조치가 필요하지는 않은 조용한 과정을 거치게 한다.

임종과정에서 나타나는 신체적 증상과 적당한 대응책을 마련한다.

① 차가워짐

• 환자의 손과 발부터 시작해서 팔과 다리의 순서로 점차 싸늘해지면서 피부의 색깔도 변한다(하얗게 혹은 파랗게).
• 혈액순환의 저하가 사지로부터 점차 몸의 중요한 기관으로 이행되는 것은 정상적인 순서이다.
• 이때 환자에게 담요를 씌워 주어서 따뜻하게 해 주는 것은 좋으나 전기기구는 사용하지 말아야 한다.

② 수면

• 환자는 점차 잠자는 시간이 많아지게 되며 의사소통하기 어렵고 반응하지 못하게 된다. 이러한 변화는 신진대사 변화의 일부로 생기는 정상적인 상태이다.
• 환자 옆에 앉아서 그의 손을 잡은 채 흔들거나 큰 소리로 말하지 말고 부드럽고 자연스럽게 이야기하는 것이 바람직하다.
• 환자 앞에서 환자가 없는 것 같이 말하지 말고 환자가 반응하지 못한다 하더라도 정상인에게 말하는 것과 같이 이야기하는 것이 좋다.

③ 혼돈

• 시간, 장소, 자기 주위에 있는 사람이 누구인가에 대해 혼돈(지남력 상실)이다. 이 역시 신진대사가 변화함으로 인해 생기는 결과이다. 내가 누구냐고 묻기보다 내가 누구라고 이름을 밝혀 주는 것이 좋다.
• 필요하면 "지금은 약 드실 시간입니다."와 같이 부드러우면서도 분명하고 확신에 찬 어조로 말하는 것이 환자의 안위를 위해 중요하다.

④ 실금 또는 실변

• 근육이 무력해짐으로 인해 대소변을 조절하지 못하고 실금 또는 실변이 나타난

다. 이때는 환자와 침상을 청결하고 편안하게 유지해 주는 것이 필요하다.

- 침상에는 홑이불 밑에 비닐을 씌우고 환자에게는 기저귀와 같은 것을 채워주면 도움이 된다.

⑤ 울혈

- 환자의 가슴에서 돌 구르는 것과 같은 가래 끓는 소리가 난다. 이는 수분 섭취가 적어지고 정상적인 분비물을 기침으로 내보내는 능력이 저하되면서 나타나는 정상적인 변화이다. 이때는 환자의 고개를 옆으로 부드럽게 돌려주어 배액이 잘 되도록 해주고, 젖은 헝겊으로 입 안을 닦아준다.

⑥ 불안정

- 환자는 불안정해지고 같은 동작을 반복한다. 이러한 현상은 자주 일어나며 뇌에 산소공급이 부족해지고 신진대사가 변화하면서 발생한다. 이때 억지로 그런 동작을 하지 못하도록 방해하거나 억제하기보다 환자의 이마를 가볍게 문질러 주거나 책을 읽어 주던가, 혹은 진정시킬 수 있는 음악을 들려주는 것이 환자를 차분하게 만드는 데 효과적인 임종이 된다.

3) 한국 호스피스의 해결 과제

한국 호스피스의 문제점은 공급구조의 비체계성, 제도적 지지 미흡, 호스피스 프로그램의 비표준화를 들 수 있다.

① 공급구조의 비체계성

호스피스는 말기 환자를 대상으로 하고 있다. 그러나 우리나라의 1년간 암 사망자 수가 5만여 명임을 감안할 때 현재의 호스피스 기관으로는 필요에 미치지 못한다고 할 수 있다.

호스피스는 고도의 치료기술을 요하지 않고 통증 및 증상 조절을 위한 완화의료를 제공하므로 3차 진료기관이 아닌 의원급 의료기관에서 충분히 관리가 가능하다. 그러나 우리나라 호스피스 기관 중 3차 진료기관이 1/4에 가까운 비중을 차지하므로 호스피스가 양적으로 팽창하였음에도 불구하고 의료자원의 효율적 이용에는 크게 기여하지 못한다고 할 수 있다. 그러므로 기존 의료체계와의 조화와 상호보완적 모델이 개발되어야 한다.

② 제도적 지지 미흡

우리나라의 호스피스 활동이 주로 종교적 이념에 의해 봉사적 차원에서 시작되었기 때문에 호스피스 활동에 대한 재정적 지원체계가 미흡하며 법적으로 호스피스 프로그램이 정의되지 못하였고 의료보험 수가에도 상징적인 언급만이 있을 뿐 구체적인 수가가 개발되어 있지 않다. 또한 호스피스는 주로 통증이 심한 말기 암환자를 대상으로 하는데, 통증 완화를 위한 마약의 사용에서 마약법의 제약을 받는다.

③ 호스피스 프로그램의 비표준화

우리나라에 호스피스 개념이 도입된 지 30년이 지났으나 그간의 활동은 각 기관의 자발적 의지에 따라 진행되어 왔다. 제도의 영역 밖에 놓임으로써 호스피스 활동이 각 기관의 조건에 의하여 그 범위나 내용을 규정받게 되어 각 기관마다 활동 인력이나 구성, 훈련 사항, 환자 구성, 서비스 내용 및 평가에서 큰 차이를 보이게 되었다.

CHAPTER 13

가족복지를 위한 건강가정요소

1. 건강가정의 특징과 양성평등한 가족관계
2. 의사소통과 바람직한 부모의 역할
3. 가족 공동여가 및 일과 가정의 조화
4. 스티넷의 튼튼한 가족

1. 건강가정의 특징과 양성평등한 가족관계

1) 건강가정의 요소

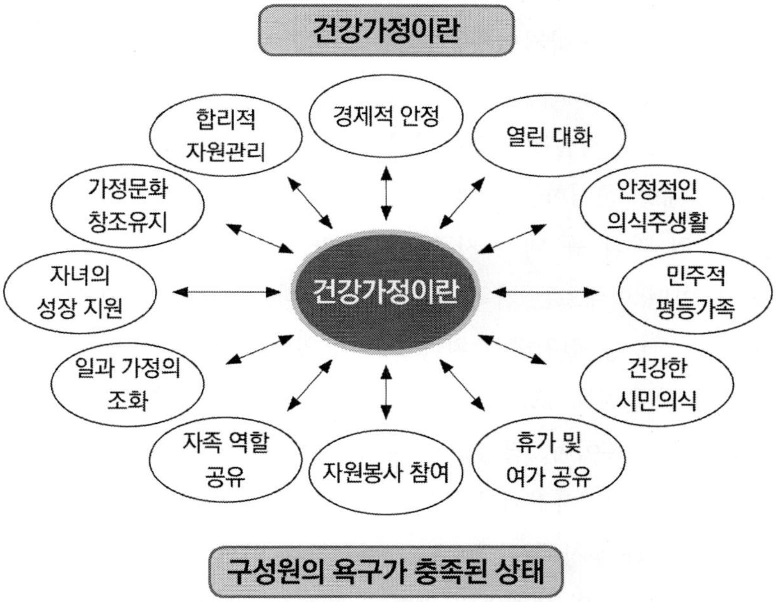

그림 13-1 건강가정의 요소

2) 사랑과 애정

가족은 우리들 모두가 최초로 경험하는 생활공동체이다. 즉 가족구성원 간의 사랑과 신뢰로 이루어지는 관계 맺음은 가족구성원들의 전인적 성장과 성숙을 가능하게 하여 가족구성원들이 건강한 사회 성원이 될 수 있도록 한다. 이때 사랑은 현대의 가족생활에 필수적인 요소이다.

결혼의 목적이 개인의 행복과 자유 추구에 있게 되면서 결혼의 전제조건은 사랑이 되어야만 하고, 결혼 생활의 유지 역시 사랑이 있을 때 가능하게 되었다.

부부간의 사랑 그리고 부모-자녀 간의 사랑, 형제간의 사랑 등 가족구성원 모두가 사랑을 나누는 것이 건강한 가정의 뿌리라고 할 수 있다. 따라서 항상 감사하는 마음을 갖고 서로 인정하고 지지해 줌으로써 애정을 표현할 수 있도록 해야 한다.

심리학자이며 정신분석학자이자 인문주의 철학자인 에리히 프롬(E. Fromm)[1]은 『사랑의 기술(The Art of Loving)』(1956)에서 사랑의 요소를 상대방이 성장하도록 배려하는 마음인 관심(배려), 자발적으로 우러나오는 책임감, 상대의 개성과 인격을 존중해주는 존경, 상대를 존경하는 데에 절대적으로 필요한 것으로, 누군가를 제대로 알기 위한 노력의 지식 등 네 가지로 구분했다.

우리는 모두 어떤 형태로든 가족생활을 영위한다. 그 가족이 행복하고 건강하기 위해서는 성숙한 사랑을 실천하기 위한 노력이 있어야만 하며, 관계의 향상을 위한 지속적인 배움을 게을리해서도 안 된다. 사랑의 요소들을 갖추기 위해 노력하는 가족이 바로 건강한 가족이며, 건강한 가족이 건강한 사회를 만드는 초석이 된다.

에리히 프롬(Fromm)은 "사랑이란, 인간 상호 간의 일치와 타인과의 융합이고, 사랑하는 사람의 생명과 성장에 적극적으로 관계하는 일이며, 어떤 하나의 대상에 대해서가 아니라 전체로서의 세계와의 관계를 결정짓는 태도이자 성격의 방향이다."라고 역설했다.

에리히 프롬(Erich Fromm, 1900~1980)은 그의 대표작인 『자유로부터의 도피』에서는 파시즘의 심리학적 기원을 밝혀, 민주주의 사회가 나아갈 방향을 밝히고 있다(wikipedia).

1) 에리히 프롬(Erich Fromm, 1900~1980)은 세계적으로 유명한 유태인 독일계 미국인 사회심리학자이면서 정신분석학자, 인문주의 철학자이다. 프롬의 사상의 특징은, 프로이트 이후의 정신분석이론을 사회 정세 전반에 적응한 것에 있다. 그의 대표작인 『자유로부터의 도피』에서는 파시즘의 심리학적 기원을 밝혀, 민주주의 사회가 나아갈 방향을 밝히고 있다(wikipedia).

① **관심**(보호) : 상대방이 성장하도록 배려하는 마음을 말한다. 즉 사랑하는 사람의 생명과 성장에 대한 적극적인 관심을 뜻한다. 가족구성원이 서로의 성장에 관심을 기울이고 격려하여 가족구성원 모두 발전적인 방향으로 나아가도록 하는 힘이 바로 사랑이라고 할 수 있다.

가족생활을 통해 가족구성원이 성숙하고 발전을 경험하기도 하지만 도리어 성장에 장애가 되어 퇴보하는 가족이 많기 때문에, 관심과 배려가 부족한지 점검해 보고 보완해야 한다.

② **책임**: 자발적으로 우러나오는 책임감을 말한다. (↔외부로부터 강제 부과된 의무)

즉 가계 부양자의 역할과 부모 역할 등 가족구성원으로서 수행해야 하는 다양한 역할을 감사하면서 기꺼이 수행하는 것을 의미한다. 이러한 자발적 책임의식은 가족들이 서로를 더 많이 배려하고 존중하게 한다.

③ **존경**: 상대의 개성과 인격을 존중해 주는 것을 말한다. 즉 가족구성원을 '내가 하는 대로'가 아니라 '그 사람의 있는 그대로' 받아들여야 함을 의미한다. 나와 배우자의 차이를 인정하며, 자녀를 나와 동등한 인격체로 대하고 그들의 결정을 인정하는 부모가 되어야 한다.

가족이 아닌 다른 집단에서는 억지로라도 상대방에게 예의를 갖추고 존경을 표현하기 위해 노력하지만, 도리어 가족끼리는 그렇지 못한다.

부부간에 자신과 배우자와의 차이를 문제로 여기고, 부모가 자녀의 적성과 재능을 무시한 채 자녀의 진로를 일방적으로 결정하는 등 가족 안에서 도리어 '존경'을 찾아보기 더 어려워진다.

④ **지식**: 상대를 존경하는 데에 절대적으로 필요한 것으로, 누군가를 제대로 알기 위한 노력을 말한다. 즉 가족구성원을 그대로 받아들이기 위해서는 그 사람을 제대로 알아야 함을 의미한다. 사랑은 기술이기 때문에 사랑을 제대로 이해하기 위해서는 지식과 기술이 필요함을 의미한다. 사랑을 표현하는 기술을 배워서 사랑하는 마음을 가족들에게 행동으로 보여줘야 한다.

우리는 모두 어떤 형태로든 가족생활을 영위한다. 그 가족이 행복하고 건강하기 위해서는 성숙한 사랑을 실천하기 위한 노력이 있어야만 하며, 관계의 향상을 위한 지속적인 배움을 게을리해서도 안 된다. 사랑의 요소들을 갖추기 위해 노력하는 가족이 바로 건강한 가족이며, 건강한 가족이 건강한 사회를 만드는 초석이 된다.

3) 민주적이고 양성평등한 가족 관계

부부관계는 가장 행복하고 지속적인 관계일 수도 있지만, 반면에 가장 절망적이고 갈등적인 관계일 수도 있다.

부부관계는 가족의 중심축으로, 부부 관계의 행복 여부가 가족 전체의 행복 여부에 영향을 미친다. 그리고 더 나아가 가족의 행복, 건강성의 여부가 곧 사회의 안녕, 건강성과 직결된다.

따라서 건강하고 행복한 가족, 건강한 사회를 이루기 위해서는 다른 무엇보다도 부부간의 평등이 전제되어야 하며 이를 위한 노력이 절대적으로 필요하다.

부부간의 평등은 자녀들의 사회화에 결정적인 영향을 미쳐서 사회의 평등을 구현하는 첫걸음이 되어 건강한 사회를 이룩하는 데 이바지한다. 그러나 우리 사회의 가족은 여전히 가부장적 이데올로기가 잔존하여 부부간에 불평등이 계속되고 있다. 어느 일방의 희생이 요구되는 부부관계는 서로를 존중하는 마음을 사라지게 하고 결국 관계가 오래 지속되지도 못한다.

부부가 서로를 존중하고 인격체로 대할 때 바람직한 부모-자녀 관계도 형성될 수 있다.

구체적으로 부부간의 불평등은 자녀 중심의 가족관계를 지향하게 만들어 자녀가 성장하여 독립하게 되면, 부부는 서로 남남으로 생활하거나 심지어는 황혼 이혼을 경험하기도 한다.

① **평등한 부부관계**: 동반자적 가족(partnership family)으로, 민주적 가족과 같은 의미이다. 남성(부양자), 여성(가사전담자)의 이분법적 성역할의 경계가 아닌 동료처럼 돕는 부부관계를 말한다.

② **권위적 가족(dominating family)**: 위계질서에 기초를 둔 억압적 가족을 말한다.

평등한 부부는 각자가 자신의 잠재능력을 발휘할 수 있어서 진정한 의미의 자아실현이 가능하여 개인의 삶의 질이 향상될 수 있으며, 환경에 효과적으로 대처하여, 어떤 상황에서도 높은 적응력을 보인다. 또한 자녀들도 두 명의 부모를 진정으로 접할 수 있어서 양성성을 발휘할 수 있게 된다. 민주적 가족과 권위적 가족을 비교하면 〈표 13-1〉과 같다(한경혜, 1994).

표 13-1 민주적 가족과 권위적 가족 비교

민주적 가족 = 평등부부	권위적 가족
• 평등한 권리와 권력	• 한 사람에게 집중된 권력
• 성역할 개념의 융통성	• 성별에 따른 엄격한 분리
• 함께하는 가족 활동	• 가족 공동 활동이 없음
• 가사노동의 공평한 분배	• 성역할 분업에 의한 가사노동
• 경제적 책임의 공유	• 남성의 경제적 책임
• 자녀 양육의 공동 책임	• 성역할 분업에 의한 자녀 양육
• 공동의 의사결정	• 성역할 분업에 의한 의사결정
• 변화에 대한 개방성	• 변화에 저항적인 가족

평등한 가족을 이룩하기 위해서는 가족 모두가 권리와 책임을 공유하고, 서로 개방적인 대화를 하며, 상하 관계가 아닌 1:1의 동료적 관계를 맺으며, 서로의 존재를 있는 그대로 인정하여 인격체로서 존중하고 여가와 취미 생활을 공유하기 위해 노력해야 한다.

이와 관련하여 올슨(Olson, 1986)은 행복한 부부와 불행한 부부의 차이로 부부의 의사소통, 유연성, 친밀감을 들고 있다. 유연성은 상황에 따라 부부가 권력과 책임을 교환하는 것으로 역할의 융통성을 말한다.

행복한 부부는 전통적인 성역할 고정관념에서 벗어나 상황에 따라 역할을 공유하거나 전환하면서 능동적으로 역할을 수행한 반면, 불행한 부부는 전통적인 성역할 수행만을 고집한다(21세기 가족문화연구소 편역, 2003).

부부는 서로에게 도움을 주며 함께 일하는 한 팀이라고 할 수 있다.

평등한 가사 분담은 부부 관계에 긍정적 영향을 주며 자녀에게는 건전한 역할모델이 된다. 또한 양성성을 발휘하는 부부가 전형적인 성역할 분담 부부보다 배우자 사망 후에 오래 산다는 보고가 있다.

부부간의 친밀감은 부부가 책임을 함께 나누며 의사결정을 함께할 때 높게 나타난다.

권력 유형이 평등한 부부들은 그렇지 않은 유형의 부부들보다 배우자와 더 친밀하고 결혼 만족도 역시 높다고 한다. 즉 서로의 행복에 대해 보다 많은 책임감을 갖기 때문에 상대방을 탓하거나 상대방에게 책임을 전가시키지 않으며, 그들은 두 사람의 지혜와 견해를 바탕으로 의사결정을 하기 때문에 보다 현명한 결정을 하게 된다.

결론적으로 민주적이고 양성평등한 가족 관계는 융통성 있는 역할 수행과 가족 일을 결정할 때는 가족구성원의 합의하에 결정하고, 가정에 대한 관심과 책임감을 갖는 것이라고 할 수 있다.

2. 의사소통과 바람직한 부모의 역할

1) 열린 대화

진정한 의미의 가정의 핵심은 가족 간의 열린 의사소통(대화)에 있다. 왜냐하면 대부분의 가족 문제는 가족 간에 대화가 부족하거나 제대로 하지 못해서 발생하기 때문이다.

인간관계의 시작과 끝은 의사소통을 통해서 이루어진다고 할 수 있는데, 왜냐하면 인간은 의사소통을 통해 서로 공통된 의미를 형성하고 또한 서로의 행동에 영향을 미침으로써 사회생활을 영위해 나가게 되기 때문이다.

의사소통에는 언어적 의사소통과 비언어적 의사소통이 있는데, 비언어적 의사소통이 전체 의사소통의 60~70%를 차지한다. 여기서 의사소통이란, 유기체들이 서로의 생각, 감정, 태도 등의 메시지를 언어·비언어적인 수단으로 공통된 의미를 수립하고 서로의 행동에 영향을 미치는 인간관계 과정이다.

미국의 학자 메라비언(Mehrabian)은 그의 저서에서 메라비언 법칙(The Law of Mehrabian)을 제시한다. 사람들 간의 대화는 언어적 표현과 비언어적 표현으로 구성되는데, 한 사람이 상대로부터 받는 이미지는 시각(몸짓) 55%, 청각(목소리, 음색, 억양 등) 38%, 언어(내용) 7%로 영향력을 미친다고 한다고 하였다.

이러한 의사소통을 할 때 중요한 자세는 눈 맞추기이다. 더불어 적극적인 경청, 신뢰, 존중, 감정이입, 공감 등은 효율적 의사소통을 가능하게 하지만, 상대방에 대한 불신이나 선입견(편견), 이중 메시지[2] 등은 의사소통에 장애가 될 수 있다.

2) 이중구속의 개념은 베이트슨 연구진이 정신분열증 환자 가족의 의사소통에 관한 프로젝트 수행 결과를 1956년 학술지에 발표하면서 처음 소개되었다. 이중구속(Double bind) 상황에 처한 사람은 상대방에게서 언어적 메시지와 비언어적 메시지가 서로 일치하지 않고 모순되는 메시지를 받는다. 따라서 어떠한 메시지가 진짜 메시지인지 분간하지 못하기 때문에 어떠한 수준의 메시지에 반응하더라도 결코 적절한 반응이 될 수 없는 상황에 처하게 된다.

(1) 가족의 의사소통을 향상시키기 위한 일곱 가지 지침[3)]

① 서로의 장점에 초점을 맞춰라

인간관계에서 장점보다는 단점을 발견하는 데 익숙하며, 특히 가족 안에서 더 그런 경향을 보인다.

그러나 단점 몇 가지로 그 사람 전체를 평가하지 말아야 한다. 가트만(Gorrman)은 행복한 부부가 배우자에게 느끼는 긍정적인 감정과 부정적인 감정의 비율은 5:1이고, 이혼을 앞둔 불행한 부부가 배우자에게 느끼는 감정의 비율은 1:1.25라고 주장했다(김준기, 2007). 즉 부정적인 감정을 긍정적인 감정보다 조금만 더 많이 느껴도 불행한 부부가 될 수 있다는 것을 보여준다.

② 서로 자주 칭찬하라

단점을 보느라 놓친 가족구성원의 수십 가지의 장점을 찾아내서 칭찬해야 한다. 이러한 칭찬의 생활화를 통해 돈을 들이지 않고도 부부관계, 부모-자녀 관계, 나아가 가족관계 전체를 향상시킬 수 있다. 더 나아가 자녀의 경우 칭찬을 많이 듣고 자란 아이와 꾸중을 많이 듣고 자란 아이는 자존감과 사회생활 적응에서도 차이를 보일 수밖에 없다.

③ 경청하라

가족구성원에 대한 선입견이나 편견을 버리고 진심으로 마음의 문을 열고 들어야 한다. 왜냐하면 선입견이나 편견이 개입되면 그 어떤 대화도 진정한 소통일 수 없기 때문이다. 즉 비판하거나 꼬투리 잡기 위해서가 아니라 상대방의 입장에서 보려고 노력해야 한다. 제대로 들어준다는 것은 상대방을 존중하는 것으로, 상대방을

3) (사)가정을 건강하게 하는 시민의 모임(2008).

존중하면 상대방은 자신의 생각이나 감정을 더 많이 표현하게 되어 가족 간의 친밀감을 높이게 된다.

④ 자기 주장적이 되어라

가족들에게 당신이 원하는 것이 무엇인지 확실히 전해야 하며, 이중 메시지를 보내지 말고 솔직하게 마음을 드러내야 상대방이 제대로 이해할 수 있다.

⑤ 메시지의 의미를 확인하라

불명확한 메시지에 대한 부정확한 해석은 오해와 갈등의 원인이 되므로, 정확히 이해가 안 될 때에는 상대방에게 되물어서 메시지의 의미를 정확하게 파악해야 한다.

⑥ 자기 노출을 하라

가족 간의 친밀감을 높이고 대화를 증진시키는 한 가지 방법은 자기 노출이라고 할 수 있다. 자기 노출이란 상대방이 잘 모르는 자신의 내면을 있는 그대로 드러내는 것이다. 자신의 내면을 가족들과 나눔으로써 가족 간의 친밀감을 높일 수 있고 관계를 더 향상시킬 수 있다.

⑦ 존경과 배려하는 마음을 가져라

서로 동등할 때 열린 대화가 이루어지기 때문에 한 사람이 다른 사람을 지배하면 결코 열린 대화가 될 수 없다. 따라서 내가 싫은 것은 상대방도 싫다는 점을 명심하고, 자신이 먼저 경청, 이해, 공감하려고 노력하면 상대방도 그렇게 대한다는 것을 기억해야 한다.

(2) 대화 시 피해야 할 사항과 그 대안[4)]

표 13-2 대화 시 피해야 할 사항과 그 대안

대화 시 피해야 할 사항	대 안
상대방의 자존심을 깎아내리는 대화 (바보, 형편없는, 멍청이)	자신의 감정을 말로 설명하라.
과거의 사실을 계속 들추는 대화 현재에 초점을 두어라.	'항상', '전혀', '언제나'의 용어는 피하라. '대부분', '가끔'으로 얘기하라.
상대방의 마음을 단정(추측)하는 대화	자세히 물어라
비판적이고 평가적인 대화	그냥 지지자가 되어라. 그리고 구체적이고 건전한 대안을 제시하라.
상대방과 시선을 피하는 대화	서로 시선을 맞추고 대화하라.
'당신은', '너 때문에' 등 책임 전가의 대화	자신의 책임을 인정하고 '내 의견인데', '내 생각에는' 식으로 대화하라.
기분 나쁜 억양, 표정, 자세	부정적인 감정을 말로 표현하고 원하는 것을 분명히 밝혀라.
인신 공격성의 대화	구체적으로 상대방의 행동을 지적하라.

(3) 좋은 의사소통의 세 가지 요소[5)]

좋은 의사소통의 요소 세 가지는 잘 귀담아듣기(공감), 효과적인 자기표현(주장), 존중하기가 있다. 나쁜 의사소통은 귀담아듣지 않기, 자기감정 나타내지 않기, 배려나 존중심을 보이지 않기 등이 있다.

공감이란 다른 사람의 눈으로 세상일을 듣고 보려는 태도를 뜻한다. 즉 상대방의 비판이 부당하고 상대방의 관점이 자신과 다를지언정, 그 사람의 말에서 일말의 진실을 찾아내는 것이다. 또 상대방의 말에 입각해서, 그 사람의 생각과 감정을 인정해주는 것도 공감이라 할 수 있다.

4) 채규만(2006).
5) 데이비드 번즈(2015).

자기표현은 "내 기분은 이러저러해."라는 말로, 즉 "나는 지금 조금 마음이 불편해." 혹은 "슬퍼."처럼 자신의 감정을 직접 솔직하게 표현하는 것이다. 더 나아가 다른 사람이 위축되거나 면박당하거나 무시당한다고 느끼지 않도록 자신의 감정을 요령 있게 전달하는 것도 포함된다. 좋은 의사소통의 또 다른 특징은 존중이다. 즉 상대방 때문에 갑갑하고 짜증스러워도 친절, 보살핌, 존중의 자세로 다른 사람을 대해주는 것이다(〈표 13-3〉).

표 13-3 좋은 의사소통과 나쁜 의사소통

	좋은 의사소통	나쁜 의사소통
공감 Empathy	상대방의 감정을 인정하고 그 사람의 말 속에서 일말의 진실을 찾는다.	상대방의 감정을 인정하지 않으며, 그 사람의 말 말 속에 일말의 진실이 담겨 있는지 찾으려 노력하지 않는다.
자기표현 Assertiveness	"내 기분은 이러저러해"라고 말함으로써, 자신의 감정을 직접 솔직하고 요령 있게 표현한다.	방어적인 태도로 말싸움을 벌이거나 상대방을 공격 한다.
존중 Respect	상대방 때문에 속상하고 짜증나더라도 배려와 존중심을 보인다.	상대방을 무시하가나, 차갑고 경쟁적이며 생색내는 태도로 대한다.

2) 바람직한 부모 역할 - 자녀의 사회화

부모와 자녀의 관계는 평생 동안 계속 상호작용을 하는 관계이다. 사회의 발달에 따라 다양한 사회 기관들이 자녀의 성장과 인격 형성에 많은 영향을 미치지만 특히 부모는 자녀가 제일 먼저 그리고 가장 많이 접하게 되는 중요 인물로, 자녀의 인격 형성과 성역할 발달에 지대한 영향을 미친다.

'자녀(부모의 2세, 가족구성원, 사회 성원인)는 부모의 거울이다.'라는 말이 있다. 즉 부모의 일거수일투족이 그대로 자녀에게 반영된다는 것이다. 자녀를 올바르게 키우는 것은 자녀 자신 삶의 질, 부모의 행복, 건강한 사회를 위해 매우 의미 있고 중요한 일이라고 할 수 있다.

과거에는 자녀 출산이 우주나 자연의 섭리로 숙명적인 일이었지만, 현대사회에서는 부모가 선택하기도 하며 선택에는 반드시 책임이 따른다. 이와 관련하여 부모의 자녀에 대한 책임이 양극단으로 치우쳐서 과잉보호와 방임이라는 사회문제를 낳고 있기도 하다. 즉 자녀에 대한 지나친 보호와 관심은 자녀들의 자립과 삶에 대한 책임 의식 부재를 낳아, 어른이어도 여전히 아이인 '마마걸', '마마보이'를 양산하게 된다. 또한 반대로 자녀에게 기본적인 책임과 관심도 보이지 않고 자녀를 학대하거나 방치하는 부모들도 문제가 되고 있다.

표 13-4 자녀 양육 방식의 유형

민주적인 자녀 양육	• 이 유형의 부모는 자녀에 대한 규칙과 기대를 확실하게 설정하고 자녀들과 그것들에 대해 함께 논의한다. • 이 가족은 정서적으로 건강하고 행복하며, 자녀들은 매우 적극적이며 독립적이고, 타인에 대해 우호적이며 쾌활하고, 스트레스를 잘 극복하며 성취 지향적이다. • 적당한 유연성, 적당한 친밀감이 있는 유형이라 할 수 있다.
권위적인 자녀 양육	• 이 유형의 부모는 자녀에 대한 규칙과 기대가 매우 엄격하며, 확실하게 시행하려고 한다. • 또한 자녀의 복종을 기대하고 요구한다. • 부모의 양육 방식이 지나치게 권위적이면 반항적인 청소년기에 문제가 된다. • 이 유형의 자녀들은 화를 잘 내며, 변덕스럽고, 스트레스에 약하며, 자신이 불행하다고 느끼는 경향이 있다. • 유연성은 경직되고, 지나친 친밀감(밀착)을 형성하는 유형이다.
허용적인 자녀 양육	• 이 유형의 부모는 자신들의 생각보다 자녀의 선호를 우선시하 며, 자신의 기준을 자녀에게 강요하지 않는다. • 부모가 허용적일 때 자녀들은 충동적이며, 공격적인 행동을 보이고, 반항적이며, 성취동기가 낮은 경향을 보인다. • 지나친 친밀감(밀착)을 형성하며, 지나친 유연성(혼동)을 보인다.
거부적인 자녀 양육	• 이 유형의 부모는 자녀의 요구에 관심을 보이지 않으며, 자녀는 자신이 부모의 관심 대상이라고 느끼지 못한다. • 자녀는 부모의 엄격한 규칙에 따르도록 강요당한다. • 자녀는 미성숙하며 정서적인 문제들을 겪게 된다. • 유연성은 경직되고, 너무 약한 친밀성(분리)을 형성한다.

방임적인 자녀 양육	• 이 유형의 부모는 자녀를 방치하고, 자신들의 생각과 자녀의 생각이 충돌하지 않는 한 자녀들의 생각을 우선시한다. • 부모는 자녀에 대한 규칙과 기대에 일관성이 없고, 자녀는 부모의 정서적 지원을 받지 못하므로 자녀에게 문제가 생길 수 있다. • 자녀는 고립되어 지내며 성취 욕구가 낮은 경향을 보인다. 또한 지나친 유연성(혼동)을 보이며 자녀가 부모와 분리되어 친밀감 거의 없다.

부모의 민주적인 양육 방식이 자녀를 건강하게 성장시키므로 부부와 함께 민주적인 양육방식을 지향해야 한다. 이때 부부가 반드시 인식해야 할 점은 부부가 한 팀으로 부모 역할을 수행해야 한다는 점이라고 할 수 있다. 즉 자녀 양육에 관한 공통된 가치관과 공동의 책임의식이 전제되어야 자녀가 혼동을 겪지 않고 건강하게 자랄 수 있다.

한 사람이 아니라 부모 두 사람의 관심과 헌신이 자녀를 건강하게 성장하게 하는 데에 필수적이며, 부부의 자녀 양육에의 공동 참여는 자녀들의 양성적 사회화를 이끌어 내고, 이는 곧 우리 사회의 성 불평등을 해소하는 첩경이 된다.

3. 가족 공동여가 및 일과 가정의 조화

1) 가족 공동여가

(1) 여가의 정의

여가란 일하고 남은 시간에서 생리적 필수시간을 제외한 자유 시간을 의미하며 직업상의 일, 필수적인 가사일, 수업 등과 같은 의무적인 활동 이외에, 스포츠 취미 휴양 등의 활동에 할애되는 개인이 자기 뜻대로 자유롭게 이용할 수 있는 시간을 뜻한다. 이때 시간이란 노동 시간, 생활 필수 시간을 제외한 자유로운 시간을 의미한다. 활동이란 자유 시간에 행해지는 자발적인 활동을 의미한다. 또한 주관적 심리적이란 자유로운 마음의 상태를 의미한다.

(2) 국민여가활동조사 결과[6]

2018년 조사 결과에 따르면, 대한민국 국민들의 평일과 휴일 여가시간은 각각 3.3시간, 5.3시간으로 2016년에 비해 모두 증가하였고, 월평균 여가비용 역시 15만 1천 원으로 2016년에 비해 1만 5천 원 상승한 것으로 나타났다. 지난 1년간 국민들이 가장 많이 한 개별 여가활동(1순위 기준)은 여전히 텔레비전 시청이었으나, 그 비중은 매년 감소하고 있는 것으로 나타났다('14년 51.4%→'16년 46.4%→'18년 45.7%).

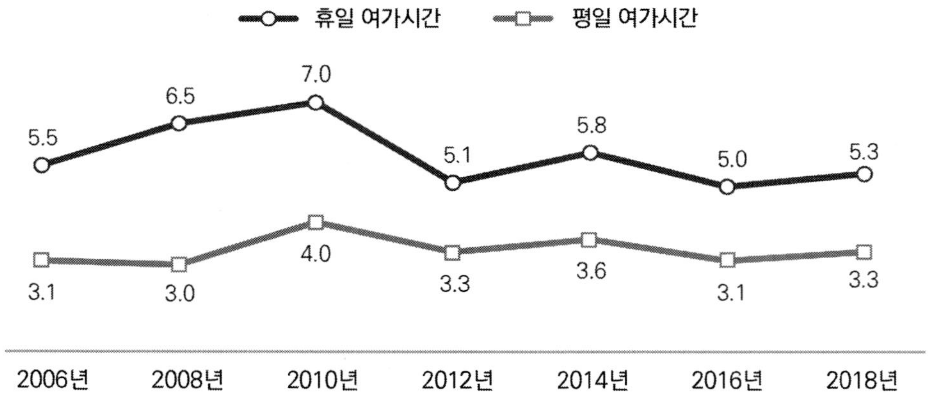

그림 13-2 여가시간 추이

여가활동을 유형별로 살펴보아도 휴식 활동(86.0%)이 처음으로 취미·오락 활동(90.5%)보다 적게 조사되어 과거보다 소극적 여가활동의 비율이 점차 감소하는 것으로 나타났다.

6) 문화체육관광부(2019).

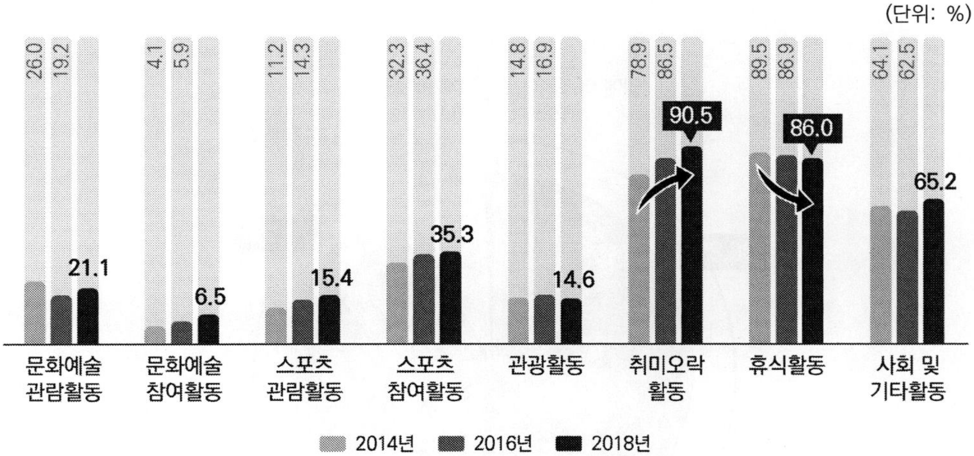

그림 13-3 여가활동 비교(1순위)

지난 1년간 국민들이 한 번 이상 참여한 개별 여가활동은 1인 평균 19개로서, 우리 국민들은 2016년에(17.2개) 비해 다양한 여가활동을 한 것으로 조사되었다. 하지만 가구소득에 따라 여가활동의 개수, 지속적·반복적 여가활동, 휴가 경험 등에 차이가 있어 여가활동의 격차는 여전히 존재하는 것으로 나타났다.

2018년 현재 자신의 삶에서 일과 여가생활 간 균형이 잘 이루어지고 있다고 응답한 비율은 37.3%였고, 일에 더 집중한다는 응답은 36.8%, 여가에 더 집중한다는 응답은 25.9%로 나타났다. 이 세 가지 응답별 행복 수준 조사 결과에 따르면, 여가에 집중할수록 행복 수준은 더 높은 것으로 나타났다. 조사 결과를 살펴보면, 여가에 대한 국민들의 관심이 높아짐에 따라 여가활동에 할애하는 시간과 비용이 증가(2016년 대비)하고, 참여하는 여가활동의 종류가 다양해졌으며, 여가에 집중할수록 행복 수준도 높아졌다. 하지만 가구소득에 따른 여가활동의 격차는 여전히 존재했다.

(단위: %)

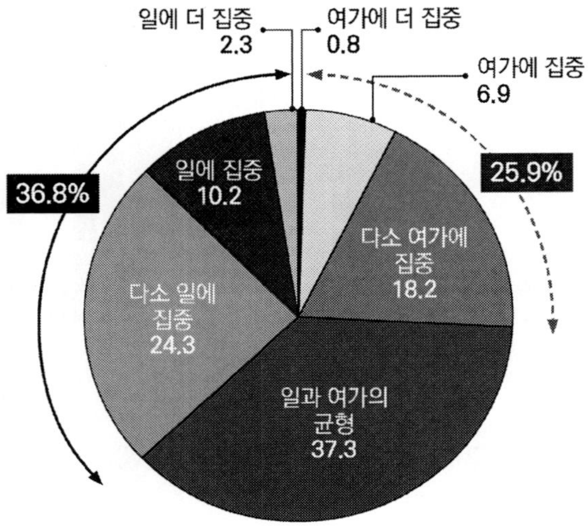

그림 13-4 일과 여가생활 간 균형

단위: 점(10점 척도)

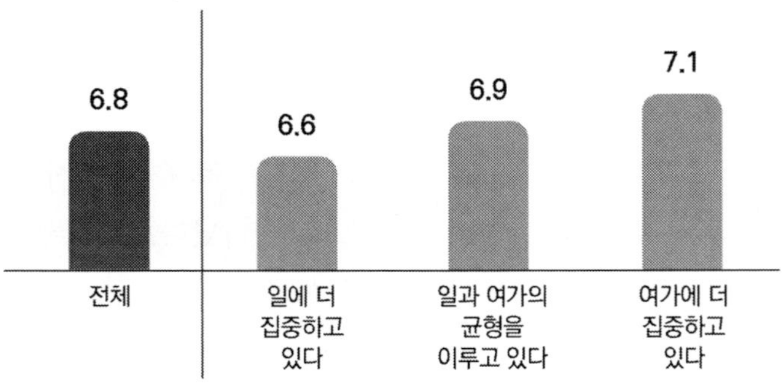

그림 13-5 여가균형 응답별 행복 수준

(3) 가족여가의 정의

부모와 그들의 자녀가 함께 참여하는 여가 활동을 뜻한다. 구체적으로 가족이 단위가 되어 휴식과 재충전을 위해 수행하는 문화적 활동 소비활동 및 휴식 상태를 의미한다.

(4) 가족여가의 기능

예를 들어 건강가정지원센터의 가족 봉사단 프로그램을 통해 가족이 함께 봉사활동에 참여함으로써 가족구성원 간의 친밀감을 높일 수 있을 뿐 아니라 지역사회의 독거노인이나 시설 아동들에게 실제적인 서비스와 심리적 지지 등을 제공하여 지역사회가 보다 건강한 공동체 문화를 조성하는 데 기여하고 있다. 또한 가족 공통의 만족감, 가족 간의 상호작용, 가족의 안정성에 기여하며 자녀에 대한 교육적 효과도 기대할 수 있다. 그리고 사회생활에서의 긴장 스트레스, 갈등 등을 해소시키는 회복 기능도 하며 가족 간의 결속력 단합 유지 기능도 있다. 마지막으로 지역사회의 공동체 의식 함양 및 사회 통합에 기여한다.

(5) 여가 활동의 유형

① **문화예술 관람활동**: 전시회 관람, 박물관 관람, 음악연주회 관람, 전통예술 공연 관람, 연극 및 무용공연 관람, 영화보기 연예공연 관람 등이 있다.

② **문화예술 참여활동**: 문화예술 공연, 창작활동, 미술, 연주 등에 직접 참여하는 활동을 말한다. 문학행사 참여, 글짓기, 독서토론 하기, 미술활동, 악기연주, 노래교실 참여하기, 전통예술 배우기, 사진 촬영하기, 춤 무용 배우기 등이 있다.

③ **스포츠 관람활동**: 농구, 야구, 축구, 복싱, 격투기 등 각종 경기를 관람, 구경만 하는 활동을 말한다. 스포츠경기 직접관람, 간접 관람활동, 온라인게임경기, TV, DMB, 현장관람 등이 있다.

④ **스포츠 참여활동**: 심신의 단련이나 교제를 목적으로 스포츠 활동에 실제 참여하는 경우를 말한다. 농구, 배구, 야구, 축구, 족구, 테니스, 볼링, 당구, 포켓볼, 골프, 수영, 헬스, 보디빌딩, 에어로빅, 요가, 필라테스, 댄스스포츠 등이 있다.

⑤ **관광활동**: 즐거움을 목적으로 일상 생활권을 일시적으로 떠나는 활동을 말한다. 상주목적이거나 영리추구 목적은 제외되며 낯선 지역의 풍경, 풍습, 문물 등을 보거나 체험해 보는 일을 일컫는다. 문화유적방문, 자연명승 및 풍경관람, 소풍, 야유회, 온천, 해수욕, 국내캠핑, 해외여행, 지역축제 참가, 자동차 드라이브 등이 있다.

⑥ **취미오락활동**: 전문성보다는 자신의 흥미에 중점을 두고 자유 시간에 즐기는 다양한 활동을 말한다. 수집활동, 생활 공예, 등산, 낚시, 미니홈피, 블로그 제작관리, 인터넷 검색, 채팅 인터넷 게임, UCC(User Created Contents), SNS(Social Networking Service), 바둑, 장기, 체스, 쇼핑, 외식 등이 있다.

⑦ **휴식**: 일상생활에 피로해진 심신을 정상적인 상태로 회복하기 위하여 하는 기분전환 활동을 말한다. 산책 및 걷기, 목욕, 사우나, 찜질방, 낮잠, 시청 음악감상, 신문·잡지 보기, 아무것도 안 하기 등이 있다.

⑧ **사회 및 기타활동**: 봉사활동, 친구만남 등 사회공헌이나 사교를 목적으로 하는 활동을 말한다. 사회봉사활동, 종교활동, 가족 및 친지방문 친구만남 동호회 동창회 모임 등이 있다.

(6) 행복한 가족을 만들기 위한 가족 여가 실천 방법

가족이 가장 즐거워하는 일을 알아보자.

① 가족을 하나의 동호회로 만들자.

② 가족끼리 의사소통을 잘 하는 방법을 익히자.

③ 상대방의 눈높이에 맞추자.

④ 생색내지 말자 행복해지는 것은 강제로 이루어지는 것이 아니다.
⑤ 따로 또 같이 노는 것도 가족 여가이다.
⑥ 집에서 뒹구는 것도 여가 활동이다.
⑦ 여가 생활 가계부를 가족이 함께 쓰자.
⑧ 함께하기의 원칙을 반드시 세우자.
⑨ 사회적 여가에 눈을 돌리자.
⑩ 가족이 함께 봉사 활동을 하면 공동체가 살고 공동체가 살면 가정도 함께 잘 살게 된다.

2) 일과 가정의 조화

요즘 우리 사회에서 일과 생활의 균형을 추구하는 움직임이 본격화되고 있다. 이는 여성의 경제활동 참여를 증진시키고 남성의 가족생활 참여를 지원하여 남녀가 일터와 가정에서 평등한 생활을 할 수 있는 가족 친화적인 사회 문화를 조성하는 것이라고 볼 수 있다. 일과 가정의 조화를 위해 육아 휴직제 대기업의 가족친화경영[7]을 위한 다양한 '사원 복지 프로그램 꿈나무 어린이집, 한국네슬레 육아데이, 건강가정지원센터의 아이 '돌보미 사업' 등 사회적 및 제도적 노력을 하고 있으며, 가족친화 사회환경의 조성촉진에 관한 법률이 제정되어(2008) 가족친화제도[8]로는 '탄력적 근무제도, 시차 출퇴근제, 재택근무제, 시간제(근로자 지원제도 근로자 건강교육상담 프로그램), 자녀의 출산양육 및 교육지원 제도(배우자 출산 휴가제 육아 휴직제 직장 보육지원 자녀

7) 가족친화경영이란 가족친화 사회환경의 조성 촉진에 관한 법률에 따라 2008년 도입된 제도로 저출산·고령화 및 여성의 경제활동 증가 등 사회 환경 변화에 따라 가정생활과 직장생활을 조화롭게 병행하여 근로자는 물론 근로자 가족의 삶의 질을 높여 기업의 경쟁력을 향상시키기 위해 마련된 제도이다.
8) 가족친화 사회환경이란 일과 가정생활을 조화롭게 병행할 수 있고 아동양육 및 가족부양 등에 대한 책임을 사회적으로 분담할 수 있는 제반 환경을 말한다.

교육지원 프로그램 등), (부양가족 지원 제도부모 돌봄 서비스 가족 간호 휴직제) 등이 있다.

기업의 가족친화경영 국가의 정책적인 지원, 개개인의 가족에 대한 소중한 인식 등이 합쳐져서 가정생활과 직장생활의 조화가 이루어질 때 남성과 여성 개개인의 행복한 삶, 건강한 가족, 나아가 건강한 사회가 이룩될 수 있다.

3) 경제적 안정과 안정적인 의식주 생활

건강한 가정은 기본적으로 물적 토대인 가정의 경제적 안정과 안정적인 의식주 생활을 바탕으로 한다. 의식주 생활이 해결되지 않으면 인간의 가장 기본적인 욕구가 충족되지 못하고 인간다운 삶이 보장되지 않으므로 안정적인 의식주 생활을 위한 전제조건이 경제적 안정이라고 할 수 있다. 가정 내 갈등을 유발하는 여러 가지 문제 중 가장 흔히 발생하는 문제가 경제문제이다. 따라서 저축과 소비 유형의 차이 돈에 대한 견해 차이 등 경제문제나 논쟁을 해결하기 위해 재정 관리가 필요하다. 이러한 재정 관리를 위해 가족생활주기 예측을 통해 장단기 재정 목표를 설정하고 이를 실행해야 한다.

(1) 가계 재정 관리

가계 재정 관리란 가족이 소유하고 있는 경제적 자원을 보다 효율적으로 사용할 수 있도록 사전에 준비하고 계획하여 실행하는 과정이다. 즉 가족 간 의사소통을 통해 개인이나 가족의 목표 달성에 초점을 두면서 현재의 욕구 및 미래의 욕구까지 충족시킬 수 있도록 일생 동안 지속해야 하는 과정이라 할 수 있다.

(2) 가계 재정 관리의 필요성

일생 동안의 소비 만족을 극대화하고 경제적 여유시기에 지출이 많을 시기를 대비할 수 있다.

① 예기치 못한 사고로 인한 가계의 안정성 위기에 대한 대비를 할 수 있다.
② 평균 수명 연장과 가족제도의 변화에 대처할 수 있다.
③ 경제 환경의 변화, 인플레이션 금리 변화, 경기 변동 등에 대한 대비를 할 수 있다.
④ 재정 목표 설정과 예산은 경제적 어려움을 사전에 예방하고 불필요한 지출방지 해준다.
⑤ 예산을 세울 때는 가족이 원하는 것과 필요한 것을 구분하는 것이 중요하다.

즉, 우리의 건강한 의식주 생활 문화를 어떻게 유지하고 발전시킬 것인가에 대해서 많은 관심을 보여야 하고, 보다 거시적인 시각을 가져야 한다.

(3) 의식주 생활

문화의 급격한 변화 여성의 사회참여 증가 및 서비스 산업의 발달은 가사노동의 사회화를 촉진하였고, 외식산업의 증가, 패스트푸드의 급증, 일회용품 사용의 증가 등 의식주 생활의 상당 부분이 사회로 이전되었음을 보여준다. 이와 관련하여 의식주 관련 상품 및 서비스가 다양화되면서 그로 인한 가계지출의 증가 천연자원의 고갈, 자원 낭비와 환경오염 등의 문제가 발생하고 있다. 따라서 의식주 생활과 관련하여 기술적인 측면에 대한 중요성보다 환경 친화적인 시각을 가질 필요가 있다. 즉 자원의 유한성, 가정과 환경과의 밀접한 상호관계 등 생태학적 시각이 절대적으로 필요하다.

4. 스티넷의 튼튼한 가족

스티넷(S. Stinnett) 등에 의하면, 건강가족은 헌신, 감사와 애정, 긍정적 의사소통, 함께 보냄, 영성적 성장, 스트레스와 위기에 대한 대처 능력의 여섯 가지 특징을 가진다. 무엇보다도 흥미 있는 사실은 문화권이 다르더라도 정서적으로 건강한 가족의 기본적인 특성은 유사하다는 사실이다. 전 세계의 각 가족 및 각 문화권은 모두 독특한 특징을 가지고 있음에도 건강한 가족은 차이점보다 유사점이 더 많다는 사실은 건강가족이 보편적인 특성을 가진다는 것을 의미한다(제석봉, 박경 역, 2004: 28).

건강가족에 대한 대표적 연구라고 할 수 있는 스티넷 등의 튼튼한 가족을 중심으로 건강한 가족의 구성 요소와 그 실천 전략을 살펴보고자 한다.

1) 스티넷 등의 튼튼한 가족의 개념

'성공적인', '균형 잡힌', '건강한', '기능적인', '좋은', '튼튼한' 등 건강가족을 표현하는 단어는 많다. 스티넷 등은 이런 단어 중에서 '튼튼한(strong)'이라는 용어를 시용하였는데, 이 단어가 분명하고 직선적이고 꿈적이기 때문이다.

스티넷 등은 '튼튼한(strong) 가족이란 어떤 가족인가?'에 대하여 다음과 같이 설명한다. 건강한 가족이라 해서 문제가 없는 가정은 아니다. 튼튼한 가족도 얼마든지 문제가 있을 수 있다. 튼튼한 가족도 고통을 겪는다. 그러나 튼튼한 가족은 문제와 이에 따른 고통을 겪으면서도 서로 배려하는 방법을 배운 덕분에 즐겁고 긍정적인 자세를 가지고 산다. 가족구성원은 서로 지지하고 사랑하며 정성을 다한다. 그들은 서로 대화를 나누며 즐긴다. 튼튼한 가족의 구성원은 서로 하나의 단위 또는 팀으로서 자신에 대한 좋은 감정을 가지고 산다. '우리'라는 소속감을 가지고 있지만, 그렇다고 해서 서로 얽어매려 하지 않고, 각자 자신의 기능성을 발휘하도록 격려한다. 튼튼한 가족은 위기를 극복할 수 있는 나름대로의 능력을 가지고 있으며, 위기에 직면할 때 합심하여 대처하는 효율적인 문제 해결자다(제석봉, 박경 역, 2004: 29-30).

2) 튼튼한 가족의 구성 요소

스티넷 등에 의하면, 튼튼한 가족은 〈표 13-5〉에 제시된 여섯 가지 구성 요소를 지닌다.

표 13-5 스티넷 등의 튼튼한 가족의 구성 요소

1. 헌신(commitment): 튼튼한 가족의 구성원은 서로 복지와 행복을 촉진하기 위해 헌신할 줄 안다. 그들은 가족이라는 단위에 가치를 부여한다.
2. 감사와 애정(appreciation & affection): 튼튼한 가족의 구성원은 서로 상대방의 진가를 인정하고 고마움을 표할 줄 안다. 그들은 가족이 얼마나 좋은지 느끼고 있다.
3. 긍정적 의사소통(positive communication): 좋은 가족구성원은 의사소통 기술이 뛰어나고 대화하는 시간을 많이 갖는다.
4. 함께 보내기(time together): 튼튼한 가족의 구성원은 서로 함께 보내는 시간을 많이 갖는다. 함께 보내는 시간이 양적으로도 충분하고 질적 수준도 높다.
5. 영성적 성장(spritual well-bang): 신앙을 가지고 있든 가지고 있지 않든, 튼튼한 가족은 삶에 대한 비전을 가지고 있다. 이러한 비전과 신념에서 강점과 목적이 나온다.
6. 스트레스와 위기에 대한 대처 능력(ability to cope With stress and crisis): 튼튼한 가족의 구성원은 스트레스나 위기를 성장의 기회로 삼는다.

(1) 헌신

헌신은 따뜻하고 애정이 넘치며 가족이 성장할 수 있는 환경을 만든다. 그리고 헌신은 가족구성원이 두려움과 분노, 거절, 고독 같은 것으로부터 보호받을 수 있는 안식처가 된다. 또한 헌신은 다른 모든 것의 토대를 이룬다.

가족이 서로 헌신할 때 다른 주요 구성 요소들이 발달하기 쉽다. 건강가족은 서로 간의 행복과 복지를 증진시키는 데 헌신적인 가족이다.

① 부부간의 헌신

부부간의 헌신은 가족을 전제한 헌신의 기초를 이룬다. 먼저 부부끼리 서로 헌신할 수 있어야 가족 모두를 위해 헌신할 수 있다.

사이먼(K. Simon)은 자신의 연구가 끝나갈 무렵 드프레인 박사에게 물었다. "아버지가 자녀에게 줄 수 있는 가장 좋은 선물이 무엇인지 아십니까?" 드프레인 박사는 골몰히 생각하다 "아버지가 아이에게 줄 수 있는 가장 훌륭한 선물은 시간, 사랑, 그리고 자녀에게 최상의 자기 존중감을 발달시켜 주려는 노력이겠지요."라고 말했다. "저런, 틀렸습니다. 아버지가 자녀에게 줄 수 있는 최상의 선물은 부부가 행복하게 사는 모습이지요." 하고 사이먼은 웃으며 말했다. 사이먼은 부부 관계가 얼마나 튼튼한가 하는 것이 자녀의 행복과 안녕에 지대한 영향을 미친다는 사실을 깨닫고 있었다. 부부가 불행하다면 바로 자녀의 삶에 직접적인 영향을 미친다는 것이다(제석봉, 박경 역, 2004: 41).

자녀는 부모가 서로 사랑하고 매일 서로 헌신하는 모습을 보여줄 때 최상의 발달을 해 나갈 수 있다. 서로 사랑하는 부모를 볼 수 있는 자녀는 자기 가정이 영원히 이어질 것이라는 안정감을 갖는다. 부모가 서로에게 헌신할 때, 자녀와 가족 전제에 헌신할 수 있음을 보여줄 수 있다.

② 개인에 대한 헌신

튼튼한 가족구성원은 다른 구성원에게 자신의 헌신을 표현한다. 말뿐만 아니라 시간과 에너지의 투자를 통해서 그들의 헌신을 행동으로 보여준다.

우리는 하나의 팀을 이루고 있습니다. 가족은 우리 사고의 중심이자 심장이죠. 우리 중에 누가 고통을 겪으면 서로 나누고자 합니다. 한 사람이 고통을 받으면 우리 모두에게 상처를 주지요. 우리 한 사람 한 사람 모두 가 다 중요합니다. 우리의 목표는 각자 자신의 일을 충실히 하면서, 일이 끝나면 함께 즐기는 것이지요(제석봉, 박경 역, 2004: 54).

③ 중요한 일에 먼저 헌신하기

튼튼한 가족은 가족이 먼저이며, 다른 것은 아무리 중요해 보여도 가족에 대한 헌신을 희석시킬 수 없다는 점을 인식하고 있다. 일 때문에 가족생활이 어려움에 처할 때, 튼튼한 가족은 어떻게 할까? 튼튼한 가족이라도 일을 모두 포기하지는 않을 것이다. 이들이 할 수 있는 것 중의 하나는 가정이 일이나 경력이나 위신보다 더 중요하다는 사실을 일깨우는 것이다. 양쪽 배우자가 모두 일하기를 그만둘 수 없을 때 튼튼한 가족은 가정과 일의 균형을 맞춤으로써 직장의 압력을 조정한다. 많은 부부는 양육과 가사를 좀 더 균등하게 분배함으로써 이 문제를 해결한다.

하루에 쓸 수 있는 에너지가 10개가 있다면 사용계획을 짭니다. 그냥 일에만 묶이면 일하는 데 에너지의 아홉 개 반을 소모하게 되지요. 그래서 일에는 다섯 개 정도의 에너지를 사용하고 자녀들에게 세 개 그리고 나와 남편에게 둘을 씁니다. 바쁠 때에는 회사 일에 여덟 개를 쓰고 집에서 쓸 둘을 남겨 두지요. 이렇게 항상 시용계획을 수립하여, 가정을 위한 에너지를 남겨 둡니다(제석봉, 박경 역, 2004: 61).

(2) 감사와 애정의 표현

튼튼한 가족은 서로 인정하고 감사하고 애정을 표현한다. 모든 개인은 인정받고자 하는 기본적 욕구가 있다. 건강가족은 서로에게서 좋은 자질을 발견하고 이를 인정해 주는 가족이다. 모든 사람은 강점과 긍정적 자질을 가지고 있으며, 가족은 이를 확인시켜 주는 일차적 장소다. 건강한 가족은 긍정성에 초점을 두고 있다.

감사의 표현은 감정 없이 순수한 지적 자원에서 이루어질 수 있다. 우리는 때로 어떤 이득을 위해 다른 사람에게 감사하다는 말을 한다. 그러나 애정은 그 이상의 것이다. 애정에는 정서적 반응이 따른다. 애정이라는 정서적 요소가 가미된 감사

표현은 더욱 강력한 힘을 발휘한다.

한 사람이 다른 사람을 인정하거나 감사를 표할 때, 그 속에는 '당신은 가치 있고 소중한 사람이다. 나는 당신에게 관심이 있고 당신의 좋은 점을 잘 알고 있다'는 메시지가 숨어 있다. 우리가 다른 사람으로부터 인정을 받을 때 '자기가치(self-worth)'가 강화된다. 감사와 애정의 표현은 가족의 자기 존중감을 높여 가족구성원을 성장시키고 삶을 풍요롭게 한다. 다음에서는 감사와 애정을 활성화하는 실천 전략을 살펴보고자 한다.

① 다이아몬드를 캐내라

감사와 애정의 아낌없는 표현은 가족생활을 개선하고 강화시키기에 충분하다. 그러나 사람은 서로 인정하고 고마움을 표현하는 데 어려움을 겪는다. 다이아몬드를 캐내는 광부는 소량의 다이아몬드를 찾기 위해 수천 톤의 돌과 먼지 속에서 일한다. 비록 소량의 다이아몬드라 하더라도 수천 톤의 돌과 먼지 속에서 일한 수고를 갚고도 남을 만큼 가치 있다는 것을 알기 때문이다. 그러나 대부분의 가정은 이와 반대로 살고 있다. 다이아몬드는 다 쓸어내 버리고 먼지만 열심히 찾고 있는 것이다. 그러나 행복한 가정의 구성원은 다이아몬드를 캐내는 전문가들이다. 그들은 서로에게서 좋은 점을 찾으려고 한다. 심리학자들은 '자기 충족적 예언(self-fulfilling prophecies)'에 대해 이야기를 많이 한다. 인생에서 긍정적으로 생각할수록 얻는 것이 많다는 것이다. 가족에게서도 나쁜 점만을 찾는다면 불행한 삶만 보일 것이다. 그러나 가족에게서 좋은 점을 찾는다면 행복한 삶이 보일 것이다(제석봉, 박경 역, 2004: 91).

② 자녀에게 말로 확인시켜라

가정 안에서 애정과 감사의 분위기를 조성하는 가장 좋은 방법은 자녀가 태어나는 날부터 그들이 가진 가지를 가르치는 것이다. 우리는 감사와 인정을 통해 자기

존중감을 가르친다. 진정한 애정이 넘치는 가정으로 만들려면 자녀가 얼마나 사랑스럽고 특별한 존재인지 말로 확인시켜 주어야 한다.

> 우리가 살고 있는 순간순간은 과거에도 없었고 앞으로도 다시 없을 소중한 순간입니다. 그런데 우리는 학교에서 어린이에게 무엇을 가르칩니까? 우리는 어린이에게 둘 더하기 둘은 넷이라고 가르치고 프랑스의 수도는 파리라고 가르칩니다. 그런데 어린이에게 어떤 사람이 될 것인지 가르치고 있습니까?
> 우리는 어린이에게 "너는 어떤 인물이 될지 알고 있니? 너는 경이로운 존재란다. 이 세상에 하나밖에 없는 특별한 존재야. 이 세상에는 너와 똑같은 사람은 단 한 사람도 없단다. 그리고 네 몸을 보렴. 얼마나 멋지니? 네 다리, 네 팔, 네 손가락, 네 동작 하나하나, 너는 셰익스피어도 될 수 있고 미켈란젤로도 될 수 있고, 베토벤도 될 수 있어. 너는 그 어떤 것이든 할 수 있는 능력을 가지고 있어."라고 가르쳐야 합니다(제석봉, 박경 역, 2004: 96).

③ 자녀를 애정이 넘치고 감사할 줄 알도록 가르쳐라

좋은 가족이 가진 또 하나의 특징은 자녀에게 어릴 적부터 애정을 표현하는 법을 가르친다는 점이다. 아동은 부모를 모델로 삼아 타인에게 고마움을 표현하는 것을 배워 나간다. 이렇게 이동은 차츰 다른 사람들의 장점을 볼 줄 알고 이를 칭찬함으로써 안락감을 느끼는 토대를 구축해 나간다.

> 제가 아주 어렸을 때 우리 부모님은 저에게 메모장을 주셨어요. 전 부모님이 카드에 청개구리 그림이나 그리라는 줄 알았지만 감사 노트로 쓰라고 주신 것이었어요, 저는 선물을 받을 때마다 저에게 선물을 준 사람에게 감사 노트를 썼어요, 만약 친구의 부모님이 동물원이나 서커스에 데려가 주시면 노트에 꼭 적어요(제석봉, 박경 역, 2004: 97).

④ 유머를 사용하며 즐겨라

유머의 사용과 즐김은 애정과 감사 표현의 중요한 측면이다. 튼튼한 가족은 '긍정적'으로 유머를 사용한다. 튼튼한 가족은 함께하기를 즐기고, 잘 웃고 이야기하기를 좋아하며, 함께 놀기를 즐기고, 부드러운 유머로 애정을 표현한다. 그러나 상대방을 비꼬거나 깎아내리는 유머는 사용하지 않는다. 부정적인 유머는 버리고, 따뜻하고 유쾌하고 재미있는 유머를 찾아야 한다. 중요한 것은 함께 웃는 것이고, 즐겁고 행복한 시간을 보내는 것이며, 아무리 사소한 것이라도 상대방을 깎아내리거나 수치스럽게 하는 말은 피해야 한다는 것이다(제석봉, 박경 역, 2004: 99).

⑤ 의도적으로라도 애정과 감사를 표현하라

가족 간에 정기적으로 감사와 애정을 표현하라는 법안을 통과시킬 수 있다면 우리의 삶은 한결 단순해질 것이다. 그러나 이것은 불가능한 일이다. 하지만 튼튼한 가족의 구성원은 감사와 애정의 표현을 촉진하는 방법을 안다.

> 결혼 후 첫 두 해 동안 남편은 기념일이나 내 생일을 잘 기억했어요. 하지만 이후엔 점점 희미해지기 시작했어요. 그가 세 번째 결혼기념일을 잊어버렸을 때 나는 매우 당황했고 밤새 울었어요. 그 후 몇 년 동안 남편은 기념일과 생일을 여러 번 잊었고, 나는 울고 화를 냈고 남편은 나중에 꽃이나 다른 선물을 들고 왔어요. 친구의 제안대로 나는 다른 방법을 써 보기로 했어요. 이젠 그날을 앞두면 특별한 이벤트에 관해 언질을 주기 시작하지요. 그냥 자연스럽고 장난기 어린 투로 "다음 주 우리 결혼기념일에는 새로 생긴 이탈리아 식당에 가는 게 좋을 것 같은데."라거나 "곧 다가올 내 생일에 아이들을 어머니께 맡기고 좀 색다른 일을 하면 어떨까?"라고 말을 걸죠. 내가 전술을 바꾼 후로 남편은 생일이나 기념일을 잊은 적이 없어요(제석봉, 박경 역, 2004: 100).

(3) 긍정적 의사소통

건강가족은 좋은 의사소통 패턴을 가지고 있고, 서로 대화를 할 뿐 아니라 서로 경청해 주기 때문에 상호 존중을 표현할 수 있다. 좋은 의사소통은 가족으로 하여금 문제를 효율적으로 해결하게 하여 일상생활의 좌절을 잘 해결할 수 있도록 도와

준다.

가족끼리 긍정적인 의사소통을 많이 할수록 정신건강은 촉진될 수 있다. 자신의 생각과 감정을 나누면 다른 각도에서 볼 수 있는 여유가 생기고, 타인과 긍정적인 상호작용도 가능하다. 진실하고 상호작용적인 의사소통을 통해 상대방에게 수용되고 있다는 느낌을 가질 때 자신에 대한 좋은 이미지와 자기 가치를 발견할 수 있다. 사랑은 말로 나누고, 존중과 수용을 통해 나누는 것이다. 다음에서는 좋은 의사소통을 위한 규칙을 구체적으로 살펴보고자 한다.

① 충분한 시간을 주라

튼튼한 가족은 가족끼리 의사소통하는 데 많은 시간을 보낸다. 어떤 가족은 저녁 식사 시간을 이용하여 그날 있었던 재미있는 일에 대해 이야기를 나누곤 한다. 또 어떤 가족은 구성원이 겪었던 일이나 문제나 관심사에 대해 이야기를 나누기 위해 특별한 시간을 정하거나 가족회의 시간을 갖기도 한다.

② 경청하라

경청은 상대방을 따뜻하게 배려하고 존중한다는 메시지를 전달하기 때문에 관계를 강화시켜 준다. 튼튼한 가정에서는 적극적 경청을 통해 상호 이해를 증진시킨다. 적극적 경청이란 상대방의 말뿐 아니라 표정, 제스처, 목소리 톤까지 다 듣는다는 것을 의미한다.

③ 이따금 점검해 보라

불명확한 메시지의 의미를 한 번씩 점검하는 것도 의사소통의 중요한 기법이다. “무슨 뜻으로 말씀하셨는지 잘 모르겠군요.”, “제가 이해하기로는 했는데 맞는지 모르겠군요.”라고 말함으로써 모호한 메시지의 의미를 분명하게 밝힐 수 있다.

④ 상대방의 세계로 들어가 보라

우리는 각자 자기의 고유한 세계 안에서 살아간다. 아무도 인생을 똑같은 방법으로 바라보지 않는다. 사람이 상황을 바라보는 눈은 지금까지 살아온 과거의 경험, 자신이 가지고 있는 가치, 성격적 특징에 따라 다르다. 각자 다른 세계에서, 다른 각도로 보기 때문이다. 의사소통을 잘하는 사람은 상대방의 세계에 들어가 상대방의 입장에서 볼 줄 아는 능력이 있다. 이것을 공감(empathy)이라고 부른다.

(4) 함께 시간 보내기

건강한 가족은 서로 함께하는 시간을 진정으로 즐길 수 있는 가족이다. 가족이 시간을 함께하는 것은 저절로 되는 것이 아니라 미리 계획하고 조직할 필요가 있으며, 건강한 가족은 이를 능숙하게 해낸다.

> "가족을 행복하게 만드는 것은 무엇이라고 생각합니까?" 이 질문에 어린이들이 답한 지혜로운 대답은 우리를 놀라게 한다. 그들이 가장 우선으로 꼽은 것은 돈, 차, 좋은 집, 텔레비전이 아니라 함께 보내는 것이다(제석봉, 박경 역, 2004: 146).

가족과 함께 시간을 보낼 때 고독과 소외가 사라지고, 관계가 강화되며, 가족 정체성이 발달된다. 가족이 함께 시간을 보내면 행복한 추억을 만들 수 있다. 어린 시절의 소중한 감동이나 추억은 돈으로 살 수 없는 것이다. 아이에게는 부모가 선물이다. 가족이 함께 시간을 보내면 고립이나 고독이나 소외가 자리 잡을 틈이 없다. 튼튼한 가족은 나무나 아기가 자라듯이 관계를 발달시켜 나가야 한다는 사실을 거듭해서 강조한다. 그렇게 하지 않으면 관계는 성장하지 못한다. 좋은 가족은 함께 지내면서 관계를 강화시켜 나간다. 다음에서는 가족이 함께 보내는 시간의 특성에 대해 살펴보고자 한다.

① 시간의 양과 질

튼튼한 가족은 함께 지내는 시간의 양과 질이 다 중요하다는 사실을 강조한다. 함께 보내는 시간은 당연히 좋은 시간이어야 한다. 말다툼이나 논쟁으로 지내고 싶은 사람은 없을 것이다. 양도 충분해야 한다.

② 충분하지만 숨 막히지 않는 시간

튼튼한 가족은 함께 일하고, 놀며, 여행을 가고, 외식을 한다. 그러나 함께 보낸다고 해서 상대방을 숨 막히게 하지 않는다. 왜냐하면 개인마다 경계를 가지고 있기 때문이다. 개인은 집단 안에서 자신을 상실해서는 안 된다. 튼튼한 가족은 개성과 동질성 간의 균형을 유지한다. 튼튼한 가족은 어느 한쪽으로 치우치지 않고 균형을 유지할 줄 안다.

> 우리 가족은 함께하는 일도 많지만 모든 활동을 다 함께하는 것은 아닙니다. 저와 딸이 쇼핑을 가거나 아이들끼리 도서관을 가는 것도 함께하는 일이지요. 저와 남편은 둘이서 시간을 보내기도 합니다. 그때 아이들은 자기들끼리 놀지요. 우리 네 식구가 모두 함께하는 일도 있지만, 둘이나 셋이서 하는 일도 있습니다. 우리는 가족이 다 함께 지내려고 하지만, 두 사람씩-모녀, 부녀, 모자, 부부, 형제나 자매끼리-함께하는 것도 중요합니다(제석봉, 박경 역, 2004: 159).

③ 계획적이지만 기계적이지 않은 시간

튼튼한 가족구성원은 가족과 함께 시간을 보낼 때 삶이 더욱 풍요로워진다는 사실을 깨닫고 있다. 함께하는 시간을 계획하기도 하지만, 특별한 일이 없더라도 함께 시간 보내는 것을 걱정하지 않는다. 튼튼한 가족은 서로가 함께하는 것을 기뻐해서 서로에게 많은 시간을 투자한다.

> 부모가 되자 가족이 함께 보낼 시간이 저절로 생기는 것은 아니라는 것을 깨달았습

니다. 함께 보낼 수 있는 시간은 계획해서 만들어야 됩니다. 조심하지 않으면 각자 자기 일에 파묻혀 버리고 말 겁니다. 일주일에 하루를 가족의 날로 삼아 함께 보내기를 권합니다. 우리는 월요일을 가족의 날로 잡았습니다. 가족의 밤이 의례적이거나 지루한 시간이 되지 않도록 하기 위해서 다양한 일을 하려고 합니다(제석봉, 박경 역, 2004: 159).

(5) 종교적 지향

흥미롭게도 건강가족은 높은 수준의 종교적 지향을 가진다고 지적되고 있는데, 이 종교적 지향은 단순히 교회나 절에 가는 것이나 종교 행사에 참여하는 것 이상을 의미한다. 스티넷 등은 많은 가족에게서 위대한 힘에 대한 인식이 목적과 강점에 대한 인식을 고취하는 것을 발견하였다. 또한 가족관계의 측면에서 이런 인식은 가족구성원 서로가 인내하고, 용서하며, 분노를 극복하고, 긍정적이며, 지지적이 되도록 돕는다.

튼튼한 가족은 '영성(spirituality)'과 '보다 높은 자원'에 대한 깊은 관심을 가지고 있었다. 비록 문화권이 다르더라도 전 세계의 튼튼한 가족은 외부의 어떤 초월적 힘을 느끼고 있었다(제석봉, 박경 역, 2004: 177). 튼튼한 가정을 건설하기 위해서는 영성적인 측면을 무시할 수 없다. 자신을 초월한 어떤 힘에 대한 믿음과 의지는 가족을 묶어주고 튼튼하게 만드는 접착제와 같은 역할을 한다.

(6) 스트레스와 위기 대처

우리는 매일 스트레스를 받으며 살아간다. 스트레스를 받으면 아드레날린이 분비되고, 혈압이 올라가며, 심장 박동이 빨라진다.

스트레스는 일상생활의 한 부분이기 때문에 그 심각한 결과를 무시하기 쉽다. 그러나 스트레스는 우리도 모르는 사이에 치명적인 영향을 미치기 때문에 소리 없는 살인자라 불리기도 한다. 건강한 가족은 일상생활에서 겪는 스트레스를 잘 관리해 나가는 법을 알고 있었다. 그들은 스트레스를 제거하지는 못해도 심신이 고갈될 정도로 방치하지는 않았다.

만성질병, 죽음, 해고, 화재, 이혼, 배우자의 부정, 지진, 파산 등을 겪을 수도 있다. 그러나 나쁜 소식은 스트레스가 우리를 죽일 수도 있다는 것, 그것을 매일 겪어야 한다는 것, 그리고 그것으로부터 벗어날 수 없다는 점이다. 좋은 소식은 우리가 스트레스에 굴복당하지 않을 수 있다는 점이다. 우리는 스트레스에 대처할 여러 가지 행동을 취할 수 있다. 튼튼한 가정은 다음과 같은 스트레스 대처 전략을 성공적으로 활용한다.

① 균형 잡힌 시각으로 바라보라

스트레스를 최소화하기 위해 튼튼한 가족이 사용하는 가장 중요한 방법 중 하나는 균형 잡힌 시각으로 바라보고, 스트레스가 일상생활의 한 부분임을 깨닫는 것이다. 테일러(J. Talor)는 우울을 경험하지 않는 사람은 없다고 말했으며, 튼튼한 가족도 이를 인정한다. 나 혼자만 겪는 것이 아니라는 사실을 알면 용기가 생기고 이겨낼 수 있는 힘이 생긴다.

> 누구에게나 어려운 시기가 있습니다. 주차위반 스티커가 붙고, 상사와 부딪치고, 교통이 막히고, 세탁기가 고장 나고, 이러한 일을 경험하지 않는 사람이 어디 있겠습니까. 저는 어려움을 겪는 사람이 저 혼자가 아니고 수없이 많다는 생각을 합니다. 이러한 생각이 스트레스를 이겨내는 데 도움이 됩니다(제석봉, 박경 역, 2004: 210).

② 자신보다 더 큰 것에 초점을 맞추라

사명감이나 목적을 갖거나 우리 자신보다 더 큰 것으로 눈을 돌릴 때 일상생활에서 받는 스트레스에 대처하는 데 도움이 될 수 있는 안정감이나 신뢰, 평온함을 얻을 수 있다.

③ 한 번에 한 걸음씩

한꺼번에 많은 일에 시달리다 보면 몸과 마음이 지친다. 이렇게 지친 상태에 오래 놓여 있으면 쇠약해져 죽을 수도 있고, 가족에게 피해를 줄 수도 있다. 인간의 몸을 공격하려고 바이러스나 박테리아가 잠복하듯이 이 세상에는 가족을 공격하는 것도 있다. 튼튼한 신체가 대부분 세균 침입을 막아 내듯이 튼튼한 가족도 그것을 이겨낸다. 일이 지나치게 많을 때는 한 번에 해야 할 일을 줄이는 것이 좋은 방법이 될 수 있다.

> 나는 내 일을 여러 부분으로 쪼개어 한 번에 한 가지씩만 합니다. 오직 그것 한 가지에만 집중하고 나머지 것에 대해서는 신경 쓰지 않습니다. 이것이 압박감에서 벗어나는 좋은 방법입니다. 덤으로 한 가지 일이 끝날 때마다 성취감도 느낄 수 있고요 (제석봉, 박경 역, 2004: 217).

④ 기분 전환과 재충전

우리는 몸과 마음과 정신을 이따금 재충전할 필요가 있다. 튼튼한 가족은 정기적으로 즐겁고 편안한 활동에 참여함으로써 휴식과 재충전을 추구한다.

> 우리는 일 년에 한두 번 정도는 '특별한 계획을 세우지 않고' 여행을 합니다. 그렇게 멀지 않은 장소를 택해서 애써 준비하지 않고 편안하게 떠납니다. 고속도로든 국도든 드라이브하기 좋은 곳으로 갑니다. 가다가 박물관에도 들리고, 지방의 특별한 상점이나 노점상에 들리기도 합니다(제석봉, 박경 역, 2004: 220).

3) 튼튼한 가족 만들기

(1) 튼튼한 가족 만들기 실천 아이디어

스티넷 등은 튼튼한 가족 만들기를 위한 실천 아이디어를 구성 요소에 따라 각각 다음과 같이 제시한다.

① 헌신

- 정기적으로 가족회의를 개최하여 가족의 목표가 가족구성원들에게 어떤 일을 하는지, 무엇이 필요한지, 가족의 목표가 무엇인지 물어본다.
- 헌신하고자 하는 마음을 다질 수 있도록 결혼서약을 다시 한다.
- 스케줄을 재조정한다.
- 부부관계에 어떤 위험신호는 없는지 이따금 점검한다.
- 함께 좋은 책을 읽는다.
- 가족 간의 헌신을 다룬 영화를 함께 보고 이야기를 나눈다.

② 감사와 애정의 표현

- 배우자 또는 가족구성원에게서 좋아하는 점을 열 가지씩 적고 함께 읽는다.
- 부정적이고 비판적인 말을 긍정적인 말로 바꾸어 가정을 긍정적이고 즐거운 환경으로 만든다.
- 우리 자신이나 타인에게서 발견되는 흠에서도 긍정적인 면을 찾아 상황을 재정의해 본다.
- 감사를 표할 때 이를 고맙게 받아들임으로써 감사 표현을 촉진한다.
- 가족에게 하루에 하나씩 칭찬하는 것을 매일의 목표로 삼는다. 차트를 만들어 매일 칭찬한 목록을 정리해 둔다.
- 생일날 사랑의 편지를 쓴다.

③ 긍정적 의사소통

- 매일 가족과 이야기하는 시간(15~30분 정도)을 마련해 본다.
- 자신의 의사소통 습관을 객관적인 입장에서 검토해 본다.
- 식사 시간을 대화의 장으로 삼는다. 모든 가족이 함께 모일 수 있는 시간을 정해 아침식사 때는 그날의 계획을 이야기하고, 저녁엔 그날 있었던 가장 재미있

는 이야기를 나눈다.

- 가족의 의례나 전통(잠자기 전에 서로 안아주기, 토요일 저녁에는 팝콘을 먹으며 게임하기, 매년 7월에 가족여행가기, 특정 기념일에 부부끼리 호텔 같은 곳에서 보내기, 가족의 특별한 날에는 꽃을 보내기 등)을 세운다.
- 가족에게 있었던 재미있는 이야기나 가슴 뭉클한 사연들을 적어 가족의 일기나 잡지를 만들어 모아 둔다.
- 생일날에 축하하는 장면을 동영상으로 찍어 기념한다. 아이들이 좋아하거나 싫어하는 음식, 집안일, 과목을 질문하고, 좋아하는 옷을 입고 노래를 부르거나 동화책 읽는 모습 등을 찍어 보관한다.

④ 함께 시간 보내기

- 눈을 감고 어린 시절을 돌이켜 보며 행복한 추억 여행을 떠난다.
- 아이들이 학교에서 돌아왔을 때 간식을 먹으며 이야기를 나눌 15분 정도의 시간을 마련한다.
- 가족에게 추억이 될 벽이나 방을 정해 사진, 기념품 등으로 장식한다. 이는 당신의 가족을 기념하는 것으로 가족의 정체성을 느낄 수 있게 해 줄 것이다.
- 가족의 상징이나 로고를 함께 디자인해 본다. 티셔츠나 재킷에 그것을 프린트해서 가족 티를 입어 본다.
- 가족 역시를 기록하거나 녹화해 둔다.
- 일대일 관계를 위한 기회(아버지는 아들과 영화를 본다, 엄마는 아이들과 요리를 한다. 아이들은 같이 컴퓨터 게임을 한다)를 계획한다. 이런 시간은 개별적 관계를 만들 수 있는 기회가 된다.

⑤ 영성적 성장

- 매일 15분에서 30분 정도 기도와 묵상을 할 시간을 마련한다.

- 종교적 주제, 가치와 관련된 문제, 철학적 문제를 다루는 토론 그룹에 참여한다.
- 삶에서 가장 중요한 것이 무엇인지 함께 토의해 본다.
- 약점과 강점을 찾는다. 약점을 어떻게 고칠 것인지 계획을 짜보고, 강점을 더욱 발달시킬 방법을 찾아본다.
- 개인으로나 가족 단위로 이웃을 위한 봉사에 시간과 돈과 정력을 투자한다.

⑥ 스트레스와 위기 대처

- 생활상의 스트레스를 측정해 본다.
- 운동을 열심히 하고 유머감각을 키운다.
- 기분을 전환시켜 주거나 상쾌하게 만드는 취미를 갖는다.
- 텔레비전이나 영화 장면을 가족 대화의 촉매제로 삼아 다른 사람의 위기를 보고 가족과 '나 같으면 무엇을 할 수 있겠는가? 도와줄 사람은 누구인가?'에 대해 대화한다.

(2) 튼튼한 가족 만들기 행동 단계

① 행동 단계 1: 가족강점을 평가한다.

'가족강점 척도'를 사용하여 자기 가족의 '강점(strength)'이 무엇인지 찾는다. 또한 성장이 필요한 부분이 어디이며 어떤 점을 고쳐야 할지 파악한다. 이 척도는 자기 가족이 이미 가지고 있는 강점을 발견하고, 앞으로 발달시켜 나가야 할 강점을 찾는 데 사용한다.

② 행동 단계 2: 가족의 꿈을 펼쳐본다.

가족이 모두 모여 조용히 명상을 하면서 어떤 가족이 되기를 바라는지 이상적인 가족의 모습을 그려본다. 그다음 가족 각자 돌아가며 자신이 내다본 아름다운 가정의 모습은 어떤 것인지 발표한다. 이때 어떤 말을 하든 따뜻하고 수용하는 자세로 들어준다.

③ 행동 단계 3: 구체적인 목표를 선정한다.

가족이 모두 모여 꿈을 이야기하는 동안 가족이 이룰 수 있는 목표와 목록을 함께 작성한다. 이 목록 중에서 가족 모두가 동의하는 열 가지 목록을 작성한 뒤, 그것을 달성할 날짜를 기입한다.

④ 행동 단계 4: 가족행동계획을 수립한다.

가족 모두가 동의한 목표를 달성할 수 있는 행동계획을 수립한다. 예를 들어, '가족이 함께 모여 즐기는 것'이라는 목표를 정했다면 이를 위한 활동에는 어떤 것이 있는지 생각해 본다. 이때 브레인스토밍이 도움이 될 것이다. 가족행동계획을 이끌어 갈 '담당관'을 정하는 것도 좋은 방법이다.

⑤ 행동 단계 5: 외부 자원을 활용한다.

때로 외부 자원으로부터의 강화와 격려가 필요할 경우도 있다. 부부성장, 자녀양육, 건강한 가족 만들기 등의 세미나나 강연이 있으면 가족이 함께 참여하면 도움이 될 것이다.

⑥ 행동 단계 6: 충실하게 참여한다.

튼튼한 가족 만들기는 '사건'이 아니라 계속 이어져야 할 '과정'이다. 따라서 이를 오랜 세월 동안 지속해 나가는 자세가 필요하다(제석봉, 박경 역, 2004: 254-258).

CHAPTER

14 가족복지의 전망과 과제

1. 다양한 가족생활 유형
2. 가족의 건강성을 회복시키는 가족탄력성
3. 가족복지의 전망과 과제

인류의 역사가 시작된 태초부터 인간은 남성과 여성의 만남으로서의 혼인 제도를 지녔으며, 세계에 존재하는 많은 문화들은 갖가지 가족 제도들을 발달시켜 왔다. 그러나 오늘날 결혼의 거부와 실패, 노동 본질의 변화, 출산 통제의 증가, 양성 간의 관계 변화, 직업과 교육 경향의 변화 및 생물학의 급속한 발전(Keller, 1985) 등으로 가족의 계속성을 위협하는 요소들이 출현하여 많은 사람들은 가족에 대한 중요한 질문들을 한다. 발달된 산업사회에서 핵가족이 이상적이고 운명적인 가족 형태라고 과연 말할 수 있을까? 오늘날 가족이 실제로 해체되는가? 혹은 또 하나의 새로운 형태로 변화하는가? 가족은 존속시킬 가치가 없는가? 가족의 미래란 있는가? 정말 미래가 있을 수 있으며 실현 가능한가? 그것은 과연 현재의 가족문제를 해결할 수 있는가? 이러한 의문들을 상쇄시켜 줄 만한 미래의 가족에 대한 대안으로서 새로운 가족 유형들을 보고자 한다.

1. 다양한 가족생활 유형

1) 가족구조의 다양화

(1) 독신자(Singlehood)

산업화 이후 뚜렷한 추세를 보이고 있는 가족 형태 중의 하나는 1인 가족의 증가이다. 우리나라는 과거로부터 결혼하지 않은 남녀가 죽으면 가장 무서운 귀신이 된다는 말이 있을 정도로 독신 금기 사회였다. 그러나 결혼 중심의 우리 사회에 존재하는 독신에 대한 부정적 이미지와 고정관념에도 불구하고 독신의 삶을 선택하는 사람의 수는 계속해서 증가하고 있다.

(2) 자발적 무자녀 가족(Voluntary Childlessness Family)

다양한 사회에서 선택의 여지가 높아짐에 따라 자발적으로 무자녀 결혼을 선택할 수 있다. 자발적으로 무자녀를 선택한 결혼은 첫째, 결혼하기 전에 부모의 역할을 하지 않겠다고 약속하는 경우가 있고, 둘째, 자녀를 가지는 것을 연기하다가 무자녀 가족으로 남게 되는 경우가 있다.

두 번째 경우는 좀 더 복잡한 과정을 통하게 되는데, 1단계는 결혼생활 시작 시 설정한 목표를 성취하기 위해 확정된 기간 동안 아기 갖는 것을 연기한다. 2단계는 한정된 기간에서 무한정 연기로 옮겨 간다. 3단계는 영원히 무자녀로 남을 수도 있다는 사고의 질적인 변화를 가져와 아이 없이 지내는 것과 관련된 많은 사회적·개인적·경제적 이익을 경험할 기회를 가지게 된다. 마지막 4단계에서는 무자녀의 영원한 상태를 결심하는 단계로 발전한다(Houseknecht, 1986).

(3) 한부모가족(Single Parent Family)

이혼, 별거 및 미혼모의 증가로 자녀만 데리고 사는 여성이 증가하고 있으며, 편부도 소수이긴 하지만 증가하고 있다. 특히 서구 사회에서 1967년 서독에서 처음으로 채택한 쌍방 무책임 이혼(no-fault divorce)이 확대되고 여성의 직장 생활이 증가함에 따라 이러한 가족 형태는 급속히 늘어나고 있다.

우리나라의 경우 한부모가족은 1985년 9.7%, 1990년 8.7%, 1995년 8.6%, 2000년 9.4%로 나타나고 있으며, 이 중 부자가족이 18%, 모자가족이 82%를 차지하고 있어 모자가족이 부자가족보다 약 4배 많은 것으로 나타났다(통계청, 1996, 2003).

(4) 계부모가족(Step-parent Family)

계부모가족이란 2명의 성인과 그들 중 한쪽 혹은 양쪽에서 나온 자녀들로 이루어진 다양한 유형의 가족을 말하는데, 2000년 총 혼인에 대한 재혼비율은 여자

14.5%, 남자 13.1%로 나타나고 있다. 특히 여성의 재혼율도 과거에 비해 높아지고 있다. 또 여성 재혼 - 남성 초혼의 비율이 1991년 2.5%에서 2000년 4.9%로 2배 가까이 상승한 반면, 남성 재혼 - 여성 초혼은 3.5%로 10년 전과 같다. 여성의 재혼 건수가 높아지고, 연하남이나 초혼남과 재혼하는 비율도 높아지는 등 재혼의 양상이 많이 달라지고 있다. 계부모가족은 다음과 같은 특징을 가지고 있다.

1. 가족은 처음부터 부부 두 사람으로 시작하지 않고 과거의 배우자와의 관계에서 이미 이루어진 부모 - 자녀관계에서 출발한다.
2. 한 사람 또는 두 사람의 친부모가 계부모가족에 영향을 준다.
3. 자녀는 두 가정의 구성원으로서 기능하기도 한다.
4. 가족은 복잡하고 확장된 가족관계망을 갖는다.
5. 계부모가족에 영향을 주는 친부모, 즉 이전의 배우자와 관련된 강력한 삼각관계가 존재한다.
6. 계부모와 의붓 자녀 간에는 법적 관계가 없다.

하나의 계부모가족이 형성될 때에는 이전의 결혼이 끝나고 전혀 새로운 체계가 생기는 것이 아니다. 사망이나 이혼은 체계를 해체한다기보다는 변경시키는 것이다.

이혼 이후 가족구성원들이 오랫동안 과거와 크기는 같으나 변형된 체계 속에서 생활하게 되는 경우가 있는데, 이런 체계도 여전히 자녀문제, 금전문제 중심으로 기능한다. 계부모가족의 관계는 단순히 결혼에 의한 결합이 아니라 개인들 간의 상호작용에서 특정적으로 나타나는 관계를 발전시켜 나가기 때문에 이러한 가정에서의 생활상의 문제점은 복잡 다양하다. 아직 이런 형태의 가족의 역할이나 관계를 적절히 표현하는 용어도 없다. 사회가 이러한 새로운 형태의 가족을 좀 더 잘 받아들일 수 있을 때, 이러한 가족에 관해 서술하는 효과적인 표현 방식을 개발할 수 있을 것이다.

(5) 수정확대가족 또는 수정핵가족(Modified Extended Family or Modified Nuclear Family)

서스맨(Sussman), 깁슨(Gibson), 리트와(Litwak) 등은 현대사회의 전형적인 가족구조로서 핵가족 대신 수정확대가족, 친족망과 같은 개념을 제안하고 더 나아가서 부부나 친족관계의 결속이라기보다는 구성원 상호 간의 정서적 유대가 강조되는 '친밀한 환경으로서의 가구'를 주장하며 이러한 형태가 현대 가족의 고립을 피할 수 있다고 주장한다(Skolnick, 1983).

수정확대가족은 부모, 자녀 가족이 각기 별개의 가구를 마련하지만, 근거리에 살면서 실제로는 한 집과 같은 왕래와 협조를 하며 사는 것을 의미한다. 이 방식들은 절충적인 방법으로서, 양측의 프라이버시를 비교적 방해하지 않고 자녀에게 큰 부담을 주지 않으면서 친밀한 유대를 이룩하고자 하는 것이다. 그러나 우리나라에서는 시가 근처에 거주하면서 시부모의 간섭과 영향을 받아야 하는 가부장제 특성이 앞으로도 상당 기간 잔류할 것으로 보이므로 이를 극복하기 위해서는 자녀와 부모세대의 경제적·정신적 독립이 우선되어야 한다고 본다.

수정핵가족은 외형상으로는 한 울타리 안에 거주하지만 내용적으로는 안채, 바깥채 혹은 위층, 아래층 또는 같은 집에 살아도 한 끼는 다 같이, 아침식사는 각각 등 어느 정도 서로 프라이버시를 유지하며 동거하는 방식이다. 3세대 가족구조가 현대 산업화 사회에 적합한 가족의 기능을 수행할 수 있고 안정된 가족관계를 가질 수 있도록 가족의 구조, 기능 및 관계의 상호역동성이 충분히 연구되면 우리 사회에 정착될 수 있는 좋은 모델이 될 수 있을 것이다.

(6) 4세대 가족

인간의 수명이 계속 연장됨에 따라 가족구조 형태는 앞으로 3세대 가족에서 4세대 가족으로 전환하게 된다. 만일 노인을 가족이 부양하는 현존 제도가 앞으로 그대로 존속된다면, 40대의 직장인은 실제로 60대의 부모와 80대의 조부모 등 4인의 노인을 모셔야 하고, 밑으로는 고등학교, 대학교에 재학하는 자녀양육에 소요되는 비용을 동시에 부담해야 하는 책임이 있다. 이러한 가족 구성 형태에서는 80대의 조부모는 소득원을 상실한 지 20년이 넘고, 60대 부모 역시 이미 정년퇴직을 하고 자녀에게 의존하고 있는 상태이다. 4세대 가족, 즉 8인으로 구성되는 이러한 가족 형태에서 소득이 있는 사람은 40대의 장년인 손자뿐이다. 자유경제체제 아래에서의 임금 구조는 가족을 부양하기에 적합하도록 책정되어 있는 관계이므로, 한 명의 봉급생활자가 위로 4명의 고령자를 부양, 책임진다는 것은 가계지출 면에서도 문제가 된다. 4세대 가족에서는 40대의 며느리가 60대 부모와 80대 조부모의 취사, 몸시중, 병간호 등의 일도 겸해야 한다. 80대 노인 중에는 중풍, 노망 등으로 대소변을 받아내야 하는 경우도 적지 않다. 4세대 가족에서는 주거 문제도 있다. 이러한 가족구성 형태에서도 방 4개가 있는 주택이 필요한데 봉급생활자들의 능력으로는 주택구입비의 문제가 뒤따른다. 따라서 앞으로의 사회에서 노후 생활을 해야 할 노년층은 노후를 스스로 책임지든가 사회 부양에 의존하는 비중이 높아질 수밖에 없고, 그렇게 하기 위해서는 해당자 모두가 미래 생활에 대처해 나가기 위한 사전 준비, 사전계획을 소홀히 할 수 없을 것으로 본다.

2) 가족 기능의 다양화

오늘날과 같이 정보화사회가 출현하기까지 가족은 경제적·교육적·종교적·오락적·보호적인 여러 기능을 갖고 있었으나, 현대 가족은 재화나 의류의 생산은 가정 밖에서, 때로는 식사까지도 외식으로 해결한다든가, 교육은 학교나 학원, 오락은 영화, 텔레비전, 보호 기능은 사회복지기관, 보험회사, 경찰, 병원에 의해 대행되고 있다. 이러한 가족의 기능적인 면의 변화는 몇몇 다양한 가족 형태를 초래할 수 있다. 현대사회에 적용할 수 있는 방법은 직면한 문제들을 개인이나 가족이 개별적이라기보다는 광범위한 조직체로서 협동적으로 해결해야 한다는 측면에서 공동체 가족을 시도하고 있다. 19세기 사회학자들은 공동체를 재발견하고 사회에서 가장 소중한 것들인 사랑, 헌신, 우정, 협동, 유대 등이 공동체로부터 산출된다는 것을 밝혔으며 미래 사회가 공동체적 사회로 건설되어야 한다는 전망을 확고히 정립해 주었다(정해은, 1992).

공동체 운동이 필요하게 된 이유는 다음과 같다.

① **세대 간의 문제:** 젊은 세대가 기존 질서(기존 세대)를 배격하고 그 대신 새로운 질서, 새로운 사회를 동경하면서 현실 사회에 대한 대안으로 새로운 공동체를 만들어 보자는 심각한 고민이 제기되었다.

② **가부장적 권위 문제:** 가부장적 권위주의가 자녀의 인격이나 인권을 침해하고 자유를 박탈하고 있으며, 부부관계에 있어서도 서로가 서로에게 사랑을 빙자해서 소유하고 있다.

③ **생산과 소비의 활성화 문제:** 가족은 생산과 소비의 공동 단위가 되어야만 여성이 참여 의식을 가질 수 있으나 핵가족에서 여성은 생산에서 소외당하고 있다. 가사노동은 여성을 중심으로 할 것이 아니라 공적 분야(지역사회)를 중심으로 의식주의 소비생활이 이루어져야만 여성이 가사노동에서 해방되어 생산에 참여할 수 있다. 특히 미혼모의 증가로 편모가족이 증가하므로 이를 위한 공동체의 필요성을 가지게 되었다.

④ **놀이와 일의 가치문제:** 19세기 유토피아론자는 육체적인 노동은 인간의 창조적인 삶 그 자체라고 묘사하고 있다. 그러나 현대 자본주의 사회는 소득 자체에만 더 매달리게 되어 오락과 휴식 등 건전한 놀이가 없다. 공동체 생활에서는 취미가 비슷한 사람끼리 모여 참여할 수 있으므로 놀이도 일만큼 중요해질 수 있다.

⑤ **정체감의 문제:** 분화, 경쟁적, 전문화된 사회에서 개인은 자기가 맡은 일이 부분적인 기능밖에 수행하지 못함을 알기 때문에 자아정체감이 뚜렷하지 못

하다. 그러므로 확고하고 뚜렷한 공동체 멤버로서 소속감, 이해 타산적이 아닌 자연스런 사랑과 존경이 필요하게 되었다.

⑥ **인간 혁명의 필요성 문제:** 비대해진 관료조직, 권력제도 앞에서 무기력한 인간을 어떻게 새롭게 만들 수 있는가? 창의력과 새로운 의욕을 어떻게 소생시킬 수 있는가? 하는 물음은 인간 혁명의 필요성을 야기했다.

이러한 여섯 가지의 이유로 동장한 초기 공동체는 피난처와 희망이라는 유토피아적 신념을 가지고 유토피아적 갈망을 성취하기 위해 모인 형태였다.

공동체가족으로서 들꽃 피는 마을은 부모로부터 버림받은 어린이들이 소규모 그룹으로 나뉘어 생활하는 공동체로서, 45명의 어린이와 청소년들이 경기 안산시, 충북 진천군, 전북 장수군 등의 열 가구에 나뉘어 함께 생활하고 있다(한국일보, 2001. 1. 2.). 이와 같이 가족적 역할을 보충해 주는 공동체 가족이 많이 생겨나고 있으며, 그 외에도 다양한 목적을 위한 공동체가족이 형성되어 있다. 공동체의 성격에 따라 다섯 가지 유형, 즉 가족모임 공동체, 합동가족 공동체, 협동조합 공동체, 이웃사랑 공동체, 사회변혁 공동체로 나누어진다. 가족이기주의에서 벗어나 이웃 가족과의 관계를 회복하여 건강한 가족을 이루고, 사회 전반에 관심을 가지자는 취지의 모임의 '가족모임 공동체'로 대표적으로는 〈좋은 아버지가 되려는 사람들의 모임〉, 〈한부모 모임〉 등이 있다.

3) 가족 합법성의 다양화

가족은 결혼이라는 합법적 절차를 거쳐서 성립되는 형식적 제도이다. 현대에 이르러 가족의 성립에 있어 합법성을 부여하는 기준이 어느 정도 융통성을 가져야 하는가에 대해 논란이 제기되는 동거가족, 독신부모가족 및 동성애가족이 증가하고 있다.

(1) 동거가족(Cohabitation)

동거가족은 결혼식의 여부에 상관없이 법적인 혼인신고가 되어 있지 않은 가족으로 흔히 '사실혼'이라고 한다. 이러한 동거는 결혼하지 않은 남녀가 같은 주거지에서 함께 생활을 하는 것으로 법적인 절차와 같은 복잡함이나 상대, 상대의 가족이나 자녀에 대한 책임감과 같은 구속을 원하지 않고 단순히 두 사람만의 관계를 원하는 사람들(주로 젊은 세대들)이 선택하는 삶의 유형이다. 동거는 미래에 결혼을 하기 위한 준비의 과정이나 시험결혼의 과정일 수도 있고, 전통적인 결혼을 대신하는 영구적인 형태일 수도 있다.

서구의 경우 동거는 급속하게 증가하고 있다. 유럽인에게 동거는 시험결혼의 성격을 띠나 정상 결혼의 유형으로 나타나고 있는데, 스웨덴에서는 함께 사는 부부의 75%가 동거부부이며, 자녀의 55% 이상이 법적으로 결혼하지 않은 부모를 가지고 있는 것으로 보고된다. 혼전동거가 보편화된 프랑스에서는 결혼하는 100명 중에서 87명이 동거를 경험한 것으로 나타나고 있는데, 동거가 보편화되면서 1999년 '모든 형태의 동거커플에게' 결혼한 부부와 똑같은 사회적·법적 세제상의 복지혜택을 보장하는, 결혼도 동거도 아닌 새로운 제도인 시민연대협약(PACS) 법안이 통과되었다(이기숙 외, 2002). 즉 결혼도 동거도 아닌 '제3의 길'과 같은 이른바 '연대민권계약, 줄여서 '팍스(PACS)'라고 부르는 제도이다. '서류화된 계약결혼'쯤으로 번역될 팍스는 결혼과 동거의 중간 형태인데, 결혼보다는 책임이 덜 따르고 동거보다는 강한 유대를 형성한다는 게 특징이다. 성당과 시청에 혼인식을 두 번 해야 하는 결혼과는 달리 팍스는 양자가 서명한 계약서를 법원에 제출하면 부부로서의 효력이 발생한다. 모든 가재도구는 결혼 때처럼 양자의 공유 재산이 되고 주택 등의 소유권을 어느 한쪽이 갖기를 원하면 팍스 계약서에 명기하면 된다. 과거엔 동거가 개별 과세 때문에 절세수단으로 애용돼 왔지만 이제는 세금공제에 상한선이 많이 생겨 별로 유리한 것도 없다.

(2) 독신부모가족

결혼하지 않은 채 자녀를 가지는 경우로서 미혼모가 미혼부보다 훨씬 많다. 이것은 현대 여성에게서 자치성의 욕구가 증대하면서 남편 없이 자녀와 가족을 이루는 것을 의도적으로 선택하는 경향이 늘어나는 현상을 반영하는 것이다. 즉, 원하지 않은 실수의 임신이거나 또는 강제에 의한 경우보다는 새로운 형태의 삶을 사는 방법으로 미혼모가 되거나 동거하다가 남자와 헤어진 후에도 그대로 자녀를 키우고 혼자 사는 경우이다.

(3) 동성애가족

대부분 동성애 부부들은 이성의 배우자들의 경우보다 더욱더 개인의 욕구를 충족시키기 위해 서로에게 의존할 수밖에 없다. 대인 관계상의 도움이 한정된 동성애 부부들은 사회적 지원을 전혀 받지 못하기 때문이다. 부부들의 금전, 직장, 성을 중심으로 한 대부분의 연구에서 이성부부와 동성애 부부간에 그리고 남성동성애 부부와 여성동성애 부부간에 많은 차이점이 있음이 밝혀졌다. 여성동성애 부부를 제외하고는 모든 부부에서 돈이 관계 내의 권력 유형에 영향을 준다고 하였다. 남성동성애 부부에 있어 수입은 배우자의 권력을 결정하는 데 매우 중요한 영향력을 행사한다. 이 부부들이 배우자가 가진 돈의 액수에 대해서 실망할 때 전반적인 관계의 만족도가 낮아진다고 느끼지만 여성동성애 부부들은 예외이다. 직장에 대한 문제에서 동성애 부부들은 직업상 필요에도 불구하고 그들의 관계를 함께 유지해 나가는 문제를 우선적으로 고려한다고 하였다. 이것은 여성부부들이 누가 일할 권리를 갖느냐에 관심을 보이는 것과는 대조된다. 동성애 부부가 가족에서 차지하는 비중은 작지만 남성동성애자 사이에서 장기간의 관계가 존재한다는 사회의 인식이 커지고 있기 때문에 가족 형태의 하나로 간주되고 있다.

2. 가족의 건강성을 회복시키는 가족탄력성

앞서 스티넷 등은 건강가족이라고 해서 문제가 없는 가족은 아니라고 했다. 이와 같이 대다수 가족은 살면서 어려움에 봉착하게 된다. 그렇다면 어떤 가족이 이런 어려움을 잘 극복하고 어려움을 통해 더욱 단단해질까? 문헌에서는 위기와 역경 속에서도 잘 견디며 회복하는 가족을 탄력적인 가족 또는 적응 유연적 가족이라고 부른다. 가족탄력성(family resilience) 개념은 심각한 위험과 스트레스 상황에서조차 긍정적인 적용을 하는 가족에 대해 연구하는 과정에서 발견한 새로운 개념이다.

가족탄력성에 대한 접근은 가족이 파괴적인 도전으로부터 다시 일어서서 삶을 지탱해 가는 주요 상호과정들을 규명하고 강화하는 데 목적이 있다. 그리고 문제해결과 성상을 위한 가족의 잠재력을 확신하고, 고통 받는 가족을 문제 있는 가족이 아닌 도전받고 있는 가족으로 보는 관점의 전환을 가져온다. 이 접근은 개인과 가족의 강점은 급작스러운 위기나 계속되는 역경을 다루는 협동적 노력을 통해 발전할 수 있다는 확신에 기초하고 있다(양옥경, 김미옥, 최명민 역, 2002: 32). 이 절에서는 가족탄력성에 대해 살펴보고자 한다.

1) 가족탄력성의 정의

탄력성(resilience)이란 '탄성', '회복력' 등을 뜻하는 말로, 역경으로부터 다시 일어나 강해지고 자원을 더 풍부하게 할 수 있는 능력으로 정의될 수 있다. 이는 위기와 도전에 대한 반응으로 인내하고, 자정하며, 성장해 가는 역동적 과정을 말한다. 이러한 탄력성의 개념은 정신병리가 예상되는 역경적 상황에 노출되었음에도 유능하게 기능하는 아동에 대한 연구로부터 일차적으로 출발하였다(Garmezy, 1991: Mastern, 1994: Rutter, 1987: Patterson, 2002: 양옥경, 김인수, 2002: 126 재인용).

가족탄력성은 강점관심, 생태체계 관점 그리고 발달적 관점을 기반으로 하고 있으며, 가족을 위기와 스트레스를 극복할 수 있는 내적·외적 자원을 가진 체계로서, 그리고 삶의 도전을 성공적으로 극복하고 성장을 이루는 잠재력을 가진 존재로서 이해한다. 즉 건강한 가족이란 문제가 없는 가족이 아니라 위기 상황에 함께 대처하고 문제 해결 능력이 있는 가족을 말하며, 가족은 이런 대처 노력과정을 통해 더욱 강화될 수 있다고 보는 것이다(양옥경, 김인수, 2002: 126).

2) 가족탄력성 요인

대개 가족은 위기 시에 도움을 받으러 온다. 이때 가족은 위기에 압도당한 상태인데, 탄력성에 근거한 준거들은 개입을 위한 긍정적이고 실용적인 초점을 제공해 준다.

월시는 가족탄력성의 개념적 틀을 〈표 14-1〉과 같이 신념체계, 조직유형, 의사소통 과정으로 조직화하였으며, 이 세 가지 구성 요인이 상호작용하면서 가족탄력성은 시너지 효과를 갖게 된다고 하였다.

표 14-1 가족탄력성의 핵심과정

주요 요소		핵심과정
신념체계	역경에 대한 의미부여	• 제휴가치: 관계에 기초한 탄력성 • 가족생활주기 오리엔테이션: 역경과 고통의 정상화 및 개념화 • 결속력: 의미 있고 이해할 수 있으며, 관리할 만한 도전으로서의 위기 • 위기, 고통, 회복의 평가: 활성화 대 강요된 신념
	긍정적 시각	• 적극적 주도성과 인내 • 용기와 격려하기 희망과 낙관적 관점의 유지: 불평등을 극복하는 자신감 • 강점과 잠재력에 초점 두기 • 기능성 정복하기: 변화할 수 없는 것 수용하기
	초월과 영성	• 보다 큰 가치와 목적 • 영성, 믿음, 친교, 의식들 • 영감: 새로운 기능성 계획하기, 창조성, 영웅들 • 변화: 역경으로부터 학습과 성장

주요 요소		핵심과정
조직 유형	융통성	• 변화 능력: 시간의 경과에 따른 도전에 적합한 복귀, 재조직, 적응하기 • 안정성에 의한 평형: 혼란을 통한 지속성, 의존성
	연결성	• 상호지지, 상호협력, 책임 • 개인적 욕구, 차이, 경계의 존중 • 강력한 리더십: 아동과 상처 입기 쉬운 가족구성원에 대한 양육, 보호 안내
	사회 및 경제적 자원	• 확대가족과 사회적 지지의 이동: 지역사회망 • 재정적 안정성 확립: 직장과 가족 긴장의 조화
의사 소통 과정	명료성	• 명확하고 지속적인 메시지(말과 행동들) • 애매한 상황의 명료화: 진실 찾기/진실 말하기
	개방적 정서표현	• 감정의 범위 공유(기쁨과 고통: 희망과 공포) • 상호 감정이입: 차이에 대한 관용 • 자신의 감정·행동에 대한 책임감: 비난 피하기 • 유쾌한 상호작용: 유머
	상호 협력적 문제해결	• 창조적인 브레인스토밍: 자원 • 공유된 의사결정: 협상, 공정성, 상호관계 • 갈등 해결 • 목적에 초점 두기: 구체적인 단계 밟기 • 실패로부터 배우기 • 예방적 자세: 문제, 위기예방, 미래에 대한 준비

출처: 양옥경 외 역(2002: 216) 재구성.

(1) 신념체계

신념체계(belief system)란 경험에 의미를 부여하고 삶의 과정에서 세계를 바라보는 렌즈로서 가치, 확신, 태도, 편견, 가정 등을 포함한다. 신념체계는 가족에게 응집력을 제공하고, 가족구성원이 위기상황과 역경을 해석하고 행동을 결정하는 데 커다란 영향을 미친다. 가족탄력성의 핵심 신념체계는 역경에 대한 의미부여, 긍정적 시각, 초월과 영성의 세 가지로 구성된다.

첫째, '역경에 대한 의미부여'란 가족이 위기 상황을 어떻게 이해하고 해석하는가를 의미하며 탄력성의 중요한 요소다. 역경의 의미는 가족의 상호작용을 통하여 여과되며, 가족이 위기 상황에 대한 공유된 해석을 하는 것이 중요하다. 이를 위해서 가족의 강한 신뢰와 결속감이 필요하다.

둘째, '긍정적 시각'은 역경의 상황에서 가족이 불굴의 인내심을 가지고, 상호 간에 용기와 격려를 주며, 희망을 유지하고, 삶에 대해 낙관적인 태도를 취하는 것을 말한다. 또한 유머의 사용은 가족이 어려운 상황에 잘 대처하고 긴장감을 감소시키는 데 도움을 준다. 가족은 변화시킬 수 없는 것은 수용하되, 변화 가능한 것에 최선을 다함으로써 수용과 극복에 대한 균형을 찾는다.

셋째, '초월과 영성'은 역경을 뛰어넘는 삶의 의미와 목적을 제공함으로써 고통 속에서 위안을 주며, 가족을 경험과 지식의 한계를 초월하는 더 큰 체계에 연결한다.

(2) 조직 유형

조직 유형(organizational patterns)은 가족이 하나의 단위 체계로 통합되어 있는 정도를 의미하며, 위기와 역경을 다루기 위해 자원을 동원하고, 스트레스를 중재하며, 변화하는 상황에 적합하도록 가족의 구조를 재조직하는 능력을 뜻한다. 여기에는 융통성, 연결성 그리고 사회 및 경제적 자원의 요소가 포함된다.

첫째, '융통성'이란 가족이 삶 속에서 안정과 변화의 균형을 이루는 것을 말한다. 특히 융통성은 가족생활주기의 주요한 전환점이나 혼란의 시기에 중요하다. 탄력적인 가족은 위기와 변화의 상황에 직면하면 기존의 가족 규칙이나 역할을 변경하여 새로운 적응과 안정성을 이루는 능력을 가진다.

둘째, '연결성'이란 가족구성원 상호 간의 연합, 지지, 협력하는 능력을 말한다. 건강한 가족에서 구성원들은 분화되어 있는 동시에 상호 연결되어 있다. 이를 위해서 부모는 관심, 인정, 승인을 통해 자녀의 성공을 지지하고, 규칙을 정해 이를 일관성 있게 적용하며, 효과적인 통제 방법을 시용하고, 따뜻함과 확고함을 바탕으로 자녀를 보호·양육해야 한다. 또한 부부관계에서는 상호 간에 애정과 존중을 바탕으로 한 등등한 파트너로서의 역할이 중요하다.

셋째, '사회 및 경제적 자원'이란 가족이 외부의 자원을 동원하고 활용하는 것을 의미한다. 탄력적인 가족은 위기와 도전에 직면하면 적극적으로 외부에게 도움을 구한다. 가족이 지역사회 내의 자원 체계와 연결되어 있다.

(3) 의사소통 과정

좋은 의사소통이 가족 기능에 필수적이라는 것은 언급할 필요조차 없다. 가족탄력성의 핵심을 이루는 의사소통 과정(communication process)은 명료성, 개방적인 정서표현, 상호 협력적 문제 해결로 구성된다.

첫째, 의사소통의 '명료성'이란 명확하고 일관성 있는 말과 행동을 의미하는 것이다. 특히 위기나 스트레스 하에서 가족구성원 상호 간에 상황에 대한 명료한 의사소통을 하는 것이 중요하다.

둘째, '개방적 정서표현'이란 가족구성원이 기쁨과 고통뿐만 아니라 희망과 두려움까지 공유하는 것이다. 탄력적인 가족은 자신의 감정을 솔직하게 이야기할 뿐 아니라 서로의 의견 차이를 이해하고, 수용하며, 상호 간의 사랑·감사·존중 등의 긍정적인 감정의 개방적 표현이 활발하다.

셋째, '상호 협력적 문제 해결'이란 가족이 창조적인 브레인스토밍 과정과 공유된 의사소통 과정을 통하여 함께 문제와 갈등을 해결해 나가는 것을 말한다. 탄력적인 가족은 이러한 문제해결 기술이 있는 가족이며, 성공적인 문제 해결의 경험은 가족이 문제를 예방하고 미래의 위기와 도전에 대비하는 데 도움이 된다.

3) 가족탄력성을 적용한 부모교육 프로그램

양옥경과 김연수는 강점관점에 기반을 두고 월시의 가족탄력성 개념을 기본틀로 하여 부모의 자녀 양육을 지원하고 가족의 탄력성을 증진시킬 수 있는 부모 역할 훈련 프로그램을 〈표 14-2〉와 같이 개발하였다.

표 14-2 증진을 위한 부모 역할 프로그램

가족탄력성의 구성 요소		프로그램 내용	구체적 정보 및 기술 활용
신념 체계	• 역경에 대한 의미부여 • 긍정적 시각 • 초월과 영성	• 가족 역사를 통한 가족 강점 찾기 • 긍정적 시각 • 자녀의 발달 단계 이해와 행동에 대한 해석	• 가족 역사의 탐색. 가계도 그리기. 가족강점 찾기 • 삶에 대한 시각 조명. 유머의 사용 • 자녀의 발달 단계에 대한 정보 제공. 현실적 기대감
조직 유형	• 융통성 • 연결성 • 사회 및 경제적 자원	• 가족 규칙 • 역할의 탐색 • 가족관계의 향상 • 부모의 리더십 강화 • 부모 자신 돌보기 및 확대가족과 사회적 지지의 활용	• 가족 규칙 및 역할 분담표 작성/필요한 규칙 및 역할의 변화 • 함께 시간 보내기, 칭찬·격려의 사용 • 기본 규칙 정하기. 부부의 일관성 있는 자녀양육 • 부모의 스트레스 관리/스트레스 대처법 목록 작성 • 생태도 그리기, 확대가족·지역사회 자원 탐색 및 구체적 연계
의사 소통 과정	• 명료성 • 개방적 정서 표현 • 상호협력적 문제 해결	• 명확한 의사소통하기 • 개방적인 대화하기 • 상호 협력적 문제 해결하기	• 명확한 지침 주기 • 사랑, 감사의 표현 (반영적 경청법, 나 전달법) • 문제 해결의 6단계 • 가족회의 실시

출처: 양옥경, 김인수(2002).

3. 가족복지의 전망과 과제

일반적으로 가족복지는 가족의 욕구와 요구에 대한 사회적 서비스라고 보며, 사적 보호에서 공적 보호로 나아갈 때 사회복지가 발달되었다고 본다. 이는 가족복지에서도 적용될 수 있으므로 가족복지의 발달이라는 차원에서 볼 때, 국가의 역할은 크다. 이미 우리나라 가족복지의 과제로서 가족복지에서의 국가 및 민간과 가족의 역할을 제시하면 다음과 같다(이소희 외, 2000).

첫째, 정부의 사회정책은 '강한 가족(strong family)'을 강화하는 정책을 펴야 한다. 여기서 강한 가족이란 전통적인 가부장적 가족을 의미하는 것이 아니라 변화하는 사회에서 가족생태학적 시각에서 가족구성원 간의 배려, 상호 의존, 친밀성을 높이고, 가족구성원의 자율성을 신장하고, 발단을 조장하는 정책이어야 하고 동시에 이웃관계를 강화하는 방안을 모색하여야 한다.

둘째, 공적 보호로서의 가족복지는 법적 근거에 의해 실시된다. 즉 가족구성원의 문제를 가족의 내부적인 기능 분담을 통해서 해결하는 것은 가족의 자율성을 보장한다는 점에서 헌법상의 가족 이념과 조화를 이루지만, 가족관계를 둘러싼 제1차적 법률관계를 통해서 오늘날 당면하고 있는 가족문제를 해결하는 데에는 제한이 있다. 따라서 국가는 이혼, 재혼, 입양 등의 복잡하고 다양화되는 가족관계에서 법적인 문제를 개개인의 인권은 물론 복지권과 함께 논의해야 하므로 전반적인 가족복지를 향상시킬 수 있는 법체제의 마련이 필요하다.

셋째, 법체계를 고려하여 가족복지정책의 방향을 확실하게 설정할 필요가 있다. 즉 '가족에 의한' 또는 '가족을 통한' 복지정책을 강화할 것인지, '가족을 위한' 정부의 정책을 강화할 것인가 하는 것이다. 물론 여기서 고려해야 할 것은 가족에 의한 정책 강화가 국가 책임의 축소로 오도되어서는 안 된다는 것이며, 만약 가족에 의한 정책을 지향할 때 국민적 공감대 형성을 기본 전제로 해야 한다는 것이다.

넷째, '가족에 의한', '가족을 통한', '가족을 위한' 복지의 어느 형태이든지 복지는 막대한 재정을 필요로 한다. 그러나 조세 의존에 의한 재정 확보는 국민의 부담을 증가시키므로 국민의 부담이 클 가능성이 많다. 따라서 민간자원이 정부 재정과 연계되는 것을 가족복지를 포함한 한국 사회의 복지 발전에 기여하는 것으로 보므로 가족과 국가가 상호 보완적으로 연결되는 것이 필요하다.

다섯째, 합의에 이른 가족의 개념과 가족복지 관련 법의 체계화 및 가족복지정책 방향이 설정되면 이에 맞는 가족복지 프로그램이 개발·실시되어야 한다. 여기서 프로그램이란 가족의 욕구에 기초한 가족문제 발생을 예방하는 프로그램 및 이미 발생한 가족문제에 대응하는 프로그램이 함께 개발되어야 한다.

여섯째, 개발된 가족복지 프로그램은 가족복지적 접근이 용이한 전문가족복지사에 의해 실시되어야 한다. 여기서 전문가족복지사란 현행 사회복지사가 종전처럼 개별 대상 중심의 복지서비스를 실시하는 것이 아니라, 가족에 대한 통합적 접근을 실시하는 것을 말한다.

우리나라의 가족복지정책은 명시적으로 가족복지 영역으로 한정하여 제시된 내용도 없고 그 한계도 매우 모호하지만, 일반적으로 가족복지 내용에 포함될 수 있다고 보는 공적 부조나 아동·부녀자·노인복지제도 등이 사회복지정책의 일부 분야로 시행되고 있어 결과적으로 가족에게 영향을 미치는 비의도적 정책이라고 할 수 있다. 그러나 가족복지의 기본 개념에 들어맞는, 즉 가족 전체를 지향하고 목적으로 하는 제도적이고 정책적인 대안 수립이 이루어지지 않고 있고, 실제적으로도 가족의 기능 강화를 꾀할 수 있는 체계적이고 포괄적인 실천적 사업들이 이루어지지 못하고 있는 실정이다. 더구나 행정적으로 아동·부녀·노인 등 대상자의 특성에 따라 분리되는 체제를 유지하고 있어 가족복지의 목적에 접근하기 어려운 문제를 안고 있다.

따라서 앞으로 우리나라에서 가족복지 이념이 충실히 수행되기 위해서는 전문가족복지 요원의 확충 등을 통해 전체로서의 가족을 다룰 수 있는 조직을 강화해야 하고, 가족생활교육, 가족상담 등을 통해서 가족의 변화 양상에 탄력적으로 적용될 수 있는 정책의 예방적·치료적 기능이 강화되어야 할 것이다.

참고문헌

(사)가정을 건강하게 하는 시민의 모임(2008).

건강가정기본법(2004년 2월 9일 법률 제716호).

고용노동부(2023). 육아휴직 현황.

고용노동부(2024). 육아휴직 현황.

고정자(1999). **오늘날의 결혼과 가족.** 형설출판사.

공세권(1994). 가족정책의 기본 골격과 접근 방안. **한국보건사회연구원 세미나 자료집.** 보건복지부.

공세권(1995). **가족 결손의 유형별 특징과 가족정책의 접근 방안.** 한국인구보건연구원.

교육인적자원부 외(2006). 여성 결혼이민자 가족의 사회통합 지원대책.

권육상, 이태희(2010). **최신 가족복지론.** 유풍출판사.

김경호(2003). 노인학대의 예방과 개입 등 법적 근거 마련을 위한 노력. **노인학대 예방과 개입을 위한 토론회 자료집.** 노인학대상담센터 전문위원회.

김두헌(1969). **한국가족제도연구.** 서울대학교 출판부.

김성천(2000). **가족복지의 개념과 범주.** 보건복지부.

김성천, 윤혜미(2000). **가족복지 증진을 위한 정책 대안 연구.** 보건복지부.

김수정(2002). 복지국가 가족지원체계의 구조 변화에 관한 일 연구. 서울대학교 대학원 박사학위논문.

김연옥(2005). **가족복지론.** 나남출판사.

김영모(2001). **한국 가족복지정책 연구.** 한국복지정책연구소 출판부.

김영화, 이진숙, 이옥희(2006). **성 인지적 가족복지론.** 양서원.

김유숙(1998). **가족치료 - 이론과 실제.** 학지사.

김정옥, 박경규(1993). 이혼의 사회적 배경 고찰. **대한가정학회지, 31**(4).

김진(2003). 여성 알코올 중독자의 사회적 지지망과 사회적응에 관한 연구. 강남대학교 대학원 석사학위논문.

김진욱, 박찬용(2000). 경제위기에 따른 빈곤 변화에 관한 연구. **공공경제, 제5권 제2호.**

김진환 외(2004). **가족복지학.** 학지사.

김창엽(2000). 국민복지 기본선 확보를 위한 빈곤층 건강대책. 새로운 시대 빈곤층 건강 대책. 건강연대 국민기초생활보장연대회의.

김태현(1996). **노년학.** 교문사.

김태현, 전길양, 이영자, 임선영(2004). **현대가족복지론.** 하우.

김혜경 외(2006). **가족복지론.** 공동체.

김혜경(2003). 케어노동의 성격과 여성주의적 쟁점. 서울여대, 한국여성개발원 공동 심포지엄-여성의 관점에서 본 보호노동의 쟁점과 과제.

김혜연 외(2000). 외국의 여성복지 서비스에 관한 연구. 한국여성개발원 2000년 연구보고서.

남상만, 나운환, 유명화, 이준상(2004). **21세기 장애인 복지론.** 홍익재.

노인장기요양보호정책기획단(2000). 노인장기요양보호의 종합 대책 수립방안 연구. 한국보건사회연구원.

대한가족복지협회(1999). 가정 기능 회복 상담실적 결과 단항별 집계 종합보고서.

대한민국 정책브리핑.

데이비드 번즈(2015). **관계수업.** 흐름출판.

도미향, 정은미(2001). 10대 미혼모의 문제와 복지대책에 관한 연구. **청소년복지연구, 제3권 제2호.**

류종훈(2004). **가족치료와 가정상담.** 도서출판 동인.

류종훈(2004). **최신정신건강론.** 청목출판사.

류종훈(2006). **최신가족복지론.** 학현사.

류종훈(2010). **사회복지 실천기술론.** 유풍출판사.

류종훈(2011). **사회복지발달사.** 정민사.

류종훈(2011). **사회복지총론.** 유풍출판사.

문정희(1985). 정신지체아 어머니가 받는 사회적 지지와 스트레스에 관한 연구. 이화여자대학교 대학원 석사학위논문.

문화관광부(2002). 청소년백서.

문화체육관광부(2019). 2018 국민여가활동조사.

문화체육관광부(2022). 한국인의 의식·가치관 조사결과.

문화체육관광부(2023). 국민여가활동조사.

박성석 외(2010). **가족복지론.** 양서원.

박숙자(2001). 여성정책으로서의 가족정책 조명. 여성복지 증진을 위한 가족정책세미나. 한국여성개발원, 100-105.

박영란, 황정임, 정재훈(2001). **외국의 여성복지서비스에 관한 연구.** 한국여성개발원.

박종한, 고효진(1991). 경북 영일군 어느 면 지역 노인들에서 치매의 원인적 분류 및 주요 치매의 상대적 유병률. **신경정신학, 30,** 885-891.

배영미, 이형실(2002). 청소년 미혼모와 일반 청소년의 자아 상태, 인생 태도 및 가족체계에 관한 연구. **대한가정학회, 제40권 제6호.**
변화순(1996). **이혼가족을 위한 대책연구.** 한국여성개발원.
보건복지부(2005). 보건사회백서.
보건복지부(2006). 여성복지사업 지침.
보건복지부(2007). 보건복지부백서.
보건복지부(2008a). 보건복지부백서.
보건복지부(2008b). 보육사업안내.
보건복지부(2008c). 여성복지사업안내.
보건복지부(2009). 보건복지백서.
보건복지부(2010a). 2010년 국민기초생활보장사업 안내.
보건복지부(2010b). 여성보건복지과 내부자료.
보건복지부(2011a). 2009, 2010년도 장애인 실태조사.
보건복지부(2011b). 2011년 국민기초생활보장사업 안내.
보건복지부(2023). 2022년 보호대상아동 현황
서동인, 정한숙(1994). 가족생활주기에 따른 도시가족의 부부관계. 한국도시가족의 부부문제 연구, 한국가족상담당교육연구소 개소 1주년 기념 학술대회 논문.
서울대학교 지역의료체계 시범사업단(1994). 치매환자 관리사업 개발.
서울시가정상담소(2000). 상담 현황.
서울특별시(2001a). 2001년 여성복지 사업안내.
서울특별시(2001b). 사회복지관 우수 프로그램 모음집.
성정현, 우국희, 최승희, 이세희, 김희주(2020). **가족복지론.** 양서원.
손승영(2001). 가족정책의 새로운 방향. **여성과 가족정책 세미나: 가족정책의 새로운 전망 자료집.**
송성자(2001). **한국 문화와 가족치료: 해결중심접근.** 법문사.
송정아, 전영자, 김득성(2001). **가족생활교육론.** 교문사.
신은주(2000). 가정폭력과 공적전달체계. **가정폭력 대응전략 수립을 위한 대토론회 자료집.** 보건복지부.
양옥경, 김연수(2002). 가족탄력성 증진을 위한 부모역할 프로그램 개발연구. **사회과학 연구 논총, 제11집**, 115-147.
여성가족부(2006a). 가족정책토론회.
여성가족부(2006b). 제2차 여성정책기본계획 2005년도 시행실적 및 2006년도 시행계획.

여성가족부(2008). 여성백서.

여성가족부(2024). 청소년한부모 자립지원.

여성가족부(2003). 전국가족조사 및 한국가족보고서.

원석조(2002). **사회문제론.** 양서원.

유계숙, 임춘희, 전춘애, 천혜정(1998). 또 하나의 우리, 재혼가족: 재혼가족에 대한 실태 연구와 재혼준비교육 프로그램 모형 개발. 한국가족상담 교육연구소 개소 5주년 기념 학술대회.

유영주 외(1996). **가족관계학.** 교문사.

윤명숙(2000). 한국 알코올중독의 현황과 재활방안, 한국의 알코올중독 현황과 재활대책. 서울가톨릭사회복지회 가칭 '가톨릭알코올중독재활단체협의회' 준비위원회.

이가옥 외(1991). **가정봉사원제도의 정착화 방안.** 한국보건사회연구원.

이가옥 외(1994). **노인생활 실태 분석 및 정책과제.** 한국보건사회연구원.

이기숙 외(2001). **결혼의 기술.** 신정.

이소희 외(2000). **현대가족복지론.** 양서원.

이영분, 양심영(2000). 사랑의 전화 상담분석, 한국의 가족문제: 사회변화에 따른 추이. 한국가족치료학회 국제학술대회.

이영실 외(2010). **가족복지론.** 양서원.

이원숙(2004). **가족복지론.** 학지사.

이종복 외(2001). **가족복지.** 도서출판 나눔의 집.

이진숙(2000). 사회과학적 토의에 비추어진 독일의 가족제도와 가족정책: 가족보고서를 중심으로. **가족과 문화, 제12집 제1호.**

이진숙(2001). 가족 내 간병과 간병보험의 복지정책적 합의. **한국인구학, 제24권 제1호.**

이진숙(2002). 독일 가족정책의 변천에 대한 연구 - 주요 정당의 정책 이념과 정책 수단의 변화를 중심으로. **한국인구학, 제25권 제1호.**

임지향(2000). 정신지체아 부모가 지각한 가족 기능과 일상 스트레스 대처방식. 대구대학교 대학원 석사학위논문.

장혜경 외(2002). **외국의 가족정책과 한국의 가족정책 및 전담 부서의 체계화 방안 연구.** 한국여성개발원.

전준우(1988). **가족복지론.** 홍익출판사.

정완립, 오정화, 임광혁, 최인하, 김지아, 김정숙, 장미(2024). **건강가정론.** 정민사.

정현숙, 유계숙(2001). **가족관계.** 신정.

제갈광철(2000). 정신지체아 어머니의 자아존중감과 스트레스에 관한 연구. 대구대학교 대학원 석사학위논문.
조추용 외(2001). **가족복지론.** 창지사.
조홍식 외(2002). **가족복지학.** 학지사.
채규만(2006). **심리학자들이 쓴 행복한 결혼의 심리학**. 집문당.
최경석 외(2003). **한국 가족복지의 이해.** 도서출판 인간과 복지.
최성재(1994). **현대사회와 가족.** 교육과학사.
통계청(2008). 통계로 본 대한민국 60년대의 경제·사회상 변화.
통계청(2009a). 2009 경제활동인구연구.
통계청(2009b). 인구동태통계연보.
통계청(2009c). 혼인·이혼통계결과.
통계청(2010a). 2010 경제활동인구연구.
통계청(2010b). 사회지표.
통계청(2010c). 사회통계조사결과(가족, 복지, 노동 부문).
통계청(2010d). 인구동태통계연보.
통계청(2010e). 인구주택총조사. 각 연도.
통계청(2015). 통계로 본 광복 70년 한국사회의 변화.
통계청(2017). 장래가구추계: 2015~2045년.
통계청(2018). 인구주택총조사 및 장래가구추계.
통계청(2022). 출신 국적별 혼인 건수 및 비중.
통계청(2023a). 세계 국가별 명목 GDP 순위.
통계청(2023b). 2023 고용조사.
통계청(2023c). 2023 다문화현황.
통계청(2024a). 경제활동인구조사.
통계청(2024b). 2023년 혼인·이혼통계.
통계청(2024c). 입양현황.
통계청(2024d). 인구주택총조사.
통계청(2024e). 장애인현황 2024
통계청(2024f). 출입국·외국인정책 통계연보.
통계청(2024g). Ipsos 세계 행복 보고서.
한국보건사회연구원(1998). 한국 가정폭력의 개념 정립과 실태에 관한 연구.
한국보건사회연구원(2010). 보건통계연보.
한국복지패널(2022). 한국복지패널 조사 자료.

한국성폭력상담소(2004). 2003년도 상담 현황. **나눔터 제46호.**

한국아동학대예방협회(2000). 한국의 아동학대 실태 및 후유증. **한국아동학대예방협회 23회 세미나 자료집.**

한국여성개발원(2009). 한국 가족의 변화와 여성의 역할 및 지위에 관한 연구.

한국여성개발원(2010a). **여성과 가족정책 세미나: 가족정책의 새로운 전망 자료집.**

한국여성개발원(2010b). 여성정책동향.

한국여성복지연구회(2005). **가족복지론.** 청목출판사.

한국여성정책연구원(2006). 가족 내 돌봄노동 실태조사.

한도숙(2000). **북구 국가들의 여성정책.** 한국조세연구원.

홍숙자(2009). **노년학 개론.** 하우.

Aldous & Durnan(1990). Occupational characteristics and males role performance in the family. *Journal of Marriage and the Family, Vol.52*(4).

Alessi, J. J., H.(1998). Group treatment of children in shelters for battered women. In Hobens, A. R.(2nd ed.), *Battered women and their families: Invention strategies and treatment programs*. Springer Publishing Company, Inc.

Ambert(1986). Being a step parent: Living and visiting stepchildren. *Journal of Marriage and the Family*, *48*, pp.795-804.

Babor(1987). *Alcoholic typologies in alcoholism: Origin and outcome*. Raven Press.

Boat, B. W., & Everson, M. D.(1988). Interviewing young children with anatomical dolls. *Child Welfare*, 337-352.

Bograd, M.(1988). Feminist perspectives on wife abuse: An introduction. In Yllo, & Bograd(Eds.), *Feminist perspectives on wife abuse*. Sage Publications.

Caffaro, J. V., & Conn-CaFFaro, A.(1998). *Sibling abuse trauma: Assessment and intervention strategies for children, families, and adults*. The Haworth Press, Inc.

Collins, D., Jordan, C., & Coleman, H.(1999). *An introduction to family social work*. F. E. Peacock Publishers, Inc.

Doyle, C.(1990). *Working with abused children*. MacMillan Education LTD.

Doyle, C.(1994). *Child sexual abuse: A guide for health professionals*. Chapman & Hall.

Emery, R. E.(1999). *Marriage, divorce, and children's adjustment*(2nd ed.). Sage Publications, Inc.

Esping-Anderson, G.(1999). *Social foundation of postindustrial economics*. Oxford

University Press.

Figley, C. R.(1983). Catastropes: An overview of family reactions. In Figley, C. R., & McCubbin, H. I.(Eds.), *Stress and the family*. Brunner/Mazel Publishers.

Gauthier, A. H.(1996). *The state and the family*. Oxford University Press.

Gilbert, N.(1979). An initial agenda for family policy. *Social Work, Vol.24*, No.6, 447-450.

Goldenberg, H., & Goldenberg, I.(1998). *Counseling today's families*(3rd ed.). Brooks/Cole Publishing Company.

Hagan, J. L., & Early, T. J.(1994). Social services for battered women: Are they adequate, accessible, and appropriate? *Social Work, Vol.39,* No.6, 695-704.

Harding, L. F.(1966). The quest for family policy. *Family, State and Social Policy*. London: MacMillan.

Harding, L. F.(1996). *Family, State and social policy*. MacMillan Press.

Hetherington, E. M., & Kelly, J.(2002). *For better or for worse: Divorce Reconsidered*. W.W. Norton & Company.

Kamerman, S., & Kahn, A.(Eds.)(1997). *Family treatment in social word practice*(3rd ed.). Peacock Publishers.

Kemp, A.(1998). *Abuse in the family: An introduction*. Brooks/Cole Publishing Company.

Leon, A. M.(1999). Family support model: Integrating service delivery in the twenty-first century. *Families in Society*, 14-24.

Moroney, R. M.(1976). *The family and the state considerations for social policy*. Longman.

Patterson, J. M., & McCuhhin, H. I.(1983). Chronic illness: Family stress and Coping. In Figley, C. R., & McCubbin, H. I.(Eds.), *Stress and the family*. Mazel Publishers.

Porter, F. S., Blick, L. C., & Sgroi, S. M.(1985). Treatment of the sexual abused child. In Sgroi, S. M.(Ed.), *Handbook of clinical intervention in child sexual abuse*. D.C. Heathe and Company.

Reedman, R. I.(1995). Developmental disabilities: Direct practice. *Encyclopedia of Social Work*(19th eds.). NASW. Washington, DC, 721-729.

Roberts, A. R., & Roberts, B. S.(2002). A comprehensive model for crisis intervention with battered women and their children. In Roberts, A. R.(Ed.),

Handbook of domestic violence intervention strategies: Policies, programs and legal remedies. Oxford University Press.

Sager, C. J., Brown, H. S., Crohn, H., Engel, T., Rodstein, E., & Walker, L.(1983). *Treating remarried family*. Brunner/Mazel, Inc.

Singer, G. H. S., Irvin, B., Hawkins, N., Hegreness, J., & Jackson, R.(1993). Helping families adapt positively to disability: Overcoming demoralization through community supports. In Singer, G. H. S., & Powers, L. E., *Families, disability, and empowerment: Active coping skills and strategies for family interventions*. Paul H. Brooks Publishing Co. 67-84.

Thomas, E. J., & Agcr, R. D.(1993). Unilateral family therapy with spouses of uncooperative alcohol abusers. In O'Farrell, T. J.(Ed.), *Treating alcohol problems: marital and family interventions*. The Guilford Press.

Walker, L. E.(1988). The battered woman syndrome. In Hotaling, G. T., Finkelhor, D., Kirkpatrick, J. T., & Straus, M. A.(Eds.), *Family abuse and its consequences: New directions in research*. Sage Publications.

Whalen, M.(1996). *Counseling to end violence against women: A subversive model*. Sage Publications.

Zimmerman, S. L.(1983). *The reconstructured welfare state and the fate of family policy*. Social Casework. Oct.

Zimmerman, S. L.(1988). *Understanding family policy: Theoretical approaches*. Sage Publications.

찾아보기

저자 약력

- 정완립

  서정대학교 사회복지상담과 특임교수(전, 전임교수)

- 오정화

  김포대학교 자유전공학과(사회복지전공) 교수

- 장　미

  서정대학교 글로벌산업공학과(사회복지전공) 교수

- 최인하

  부산과학기술대학교 노인보건복지과 교수

- 이재근

  경북과학대학교 사회복지과 교수

- 박신영

  영산대학교 동양상담복지학과(사회복지전담) 교수

가족복지론

1판 1쇄 발행 2025년 7월 20일
1판 2쇄 발행 2026년 2월 28일

지 은 이 | 정완립·오정화·장미·최인하·이재근·박신영
발 행 인 | 박철용
발 행 처 | 양서원
주 소 | 경기도 파주시 직지길 522 파주출판도시
전 화 | 031-955-8000(代)
팩 스 | 031-955-8005
홈페이지 | www.yswpub.co.kr
이 메 일 | yswgroup@naver.com
출판등록 | 1987년 11월 24일 제 406-2003-037 호

ISBN 978-89-994-1572-2

정가 22,000원